Franz Michael Felder

Reich und Arm

Eine Geschichte aus dem Bregenzerwalde

Franz Michael Felder

Reich und Arm
Eine Geschichte aus dem Bregenzerwalde

ISBN/EAN: 9783742893109

Hergestellt in Europa, USA, Kanada, Australien, Japan

Cover: Foto ©Thomas Meinert / pixelio.de

Manufactured and distributed by brebook publishing software (www.brebook.com)

Franz Michael Felder

Reich und Arm

nicht, und selbst wenn sein Anwesen noch einmal so groß wäre."

Zusel stand auf, stellte sich kerzengerade vor den erstaunten Krämer hin und fuhr mit immer wachsender Leidenschaftlichkeit fort: „Mein Stolz ist nicht, hoch droben just neben dem oder dem zu sitzen, wenn mir das nicht nach meinem Kopf ist. Was hätte ich dir zu danken, als daß du es mir möglich machtest, fröhlich zu leben, ohne daß ich mich um jemand etwas kümmern muß?"

So hatte der Krämer seine Zusel noch nie gehört. Unfähig seinen Aerger noch länger zu verbergen, wollte er jetzt das Kind von seiner stolzen Höhe bringen. Mehr nur, um sie zu bestrafen, als aus Berechnung, sagte er so ruhig als es ihm in diesem Augenblicke möglich war: „Ich weiß nicht, wie lang es her ist, seit du dich um keinen Menschen kümmerst, doch immer kann das nicht der Fall gewesen sein, wie trotzig du auch jetzt das Köpfchen aufrichten magst. Damals, als der Hansjörg zuerst bei den Soldaten war, hast du ihm noch geschrieben, daß du es ohne ihn hier beinahe gar nicht aushalten könntest."

Das Mädchen sank wie vernichtet aufs Kanapee zurück. Als nun der Krämer, seine Rede beinahe bereuend, seufzend mit der Hand sich über die faltenreiche Stirne fuhr, sagte sie: „Ja, Vater, das und Aehnliches hab ich ihm geschrieben. Ich schäme mich auch gar nicht, das zu gestehen, obwol ichs jetzt nicht mehr thun würde. Er war ein stolzer Bursche, der nicht immer rechnete, sondern herzhaft zugriff und alles bran setzte, wenn er einmal etwas erreichen wollte. Du wirst mich nicht kleiner, schlechter sehen wollen, Vater, als der Hansjörg ist?"

„Gelt, von dem hätte dich der Spaß mit den Eierschalen schon besser gefreut als vom Stighans?"

„Ich glaube, ja."

„Nun, da könnte der Hansjörg sich freuen," lachte der Krämer bitter, und fuhr dann nach einigem Besinnen, gleichsam jedes Wort abwägend und zuspitzend, fort: „Es ist nur jammerschade, ja fast zum Verzweifeln, daß er dein Vertrauen, deine bewundernswerthe Treue, von der man eine Geschichte in den Kalender machen könnte, so ganz und gar nicht zu schätzen weiß. Aber fragst du denn nicht, wie ich etwas von jenem Brief erfuhr?"

„Du hast ja überall deine Berichtmacher und Horcher, als ob du alles am Fädchen ziehen müßtest. Da geht es ja zu, wie im Räderwerk der Kirchenuhr."

„Von dem Briefe," sagte der Krämer mit Nachdruck, „weiß ich nur durch Hansjörg selbst. Von dem Briefe und von noch einigen, verstanden! Später jedoch scheinen sie seltener geworden zu sein, diese verliebten Zettelchen, oder sie müssen ihn sonst minder gefreut haben, kurz, er mochte sie nicht länger aufbewahren. In einem Schreiben, über das man sich so seine Gedanken machen könnte, fragt er mich ohne viele Umschweife, ob er deine Briefe seinem Vater, also dem schwatzhaften Mathisle zuschicken soll, oder ob ich ihm zehn Thaler dafür geben würde? Du kannst dir denken, was ich that. Wahrhaftig, ich hätte dem Spitzbuben auch zehn Goldstücke dafür gegeben, doch scheint er sie eben nicht so hoch geschätzt zu haben."

Wenn der Krämer mit den letzten Worten Zufels Herz noch schmerzlicher treffen, noch schwerer belasten wollte, um jede darin etwa noch lebende Neigung zu erdrücken, so schien er seinen Zweck nicht zu erreichen. Das Mädchen wurde um nichts bleicher und regte kein Glied. Wie erstarrt saß es da und starrte ins Leere. Dem Krämer wurde siedend heiß. Er bereute von Herzen, so der Leidenschaftlichkeit nachgegeben zu haben. Das war dem wohlberechnenden Manne wol noch selten begegnet, eben nur, wenn er statt zu berechnen, empfand, wenn er liebte. Daß das aber seinem hübschen Kinde gegenüber der Fall war, hörte man sogar aus dem Klange der Worte heraus, mit denen er die Erstarrte wieder zu beleben und aufzurichten suchte. „Gott Lob und Dank," hauchte er unwillkürlich, als sie die noch umflorten Augen wieder auf ihn richtete und die Lippen zu bewegen begann.

„Gelt, Vater, ich hab geträumt!" fragte sie kaum hörbar.

„Du bist nicht mehr recht bei dir selbst gewesen."

„Ja, gelt, Vater, und du hast nichts von ihm — dem Hansjörg gesagt?"

„Wenn ich nur nichts gesagt hätte."

„Es ist also nicht wahr?"

„O wie wollt ich das jetzt so gern, ich gäb wahrhaftig viel drum, wenn ich es widerrufen könnte."

Zusel, die sich schon wieder einigermaßen gefaßt hatte, fragte mit tonloser Stimme: „Warum hast du mir denn früher nie etwas davon gesagt?"

„Nur in meinem dummen Zorn konnte ich dir weh machen mit der erbärmlichen Geschichte," sagte der Krämer und verließ das Mädchen, welches wie vernichtet aufs Kanapee zurücksank.

Er konnte sein Kind so nicht sehen. Das hatte er angerichtet, und nun fand er kein Wort mehr, das die so schmerzlich Getroffene auch nur ein wenig wieder aufzurichten vermochte. Wol sagte er sich, daß er länger als ein Jahr schwieg, obwol er wußte, daß mit der heute gemachten Mittheilung die noch immer vorhandenen Spuren einer ihm so verhaßten Neigung verwischt werden konnten. Ja, das war seine Vertheidigung gegen die Vorwürfe des Herzens, aber sie half ihm nichts. Es trieb ihn zuerst fort von ihr und dann wieder vor die Thüre ihres Zimmers zurück. Er fand diese verschlossen. Lange blieb er horchend stehen, aber er hörte nichts, nicht einmal ein leises Schluchzen. Des Mädchens Schmerz hatte keine Thräne mehr. Regungslos lag es noch, wie der Krämer es hinsinken sah, und verbarg das Gesicht in den weichen Kissen. O, die Arme hätte versinken, hätte die draußen hoch aufragenden Berge über sich herstürzen sehen mögen vor Zorn und Scham. Zuerst schien es ihr auch, als ob wirklich etwas Unerhörtes geschehen werde. Alles drehte sich um sie herum; das Zwitschern der Vögel wurde ein furchtbares Hohngelächter, die Aach rauschte immer näher, immer lauter, und bald mußte sie da, unter dem Haus, hier im Zimmer sein und Kühle und Erlösung bringen. Dann aber auf einmal ward es so still, daß sie das Klopfen ihrer Pulse hörte. Der Klang der bekannten Hausglocke, die sie sonst aus dem tiefsten Schlaf geweckt hatte, ließ sie regungslos liegen. Sie kümmerte sich jetzt nicht mehr um den Laden und es kam ihr wunderbar vor, daß der Vater so rasch wie gewöhnlich die Stiege hinunter gehen und Jemandem Rauchtabak geben konnte. War es möglich, daß der jetzt da unten wieder plaudern und handeln konnte, als ob gar nichts vorgefallen sei! Dazu gehörte ein recht herzloser Mensch — und doch noch kein so herzloser wie der war, den sie bisher so hoch schätzte, und der nun ihr theuerstes Geheimniß um einige Gulden verkauft hatte. Ha! schon früher war das geschehen, und sie hatte noch heute an ihn gedacht, und gewünscht, daß er sie sehen, sie wieder einmal mit ihm sprechen könne. Lange Zeit sann sie und litt, ohne daß auch nur das leiseste Zucken ihren furchtbaren Schmerz verrathen hätte. Dann aber schrie sie plötzlich: „O Welt, o du Welt!" Und dann, als ob sie alle Kraft verlasse, sank sie mit dem Seufzer „das wäre nun mein Ostertag!" wieder in die Kissen zurück.

Erst gegen Abend ließ sie den Krämer zu sich ins Zimmer, welches er und die Magd im Nachmittage mehrmals vergeblich zu öffnen versuchten. Er erschrak über ihr Aussehen, doch hatte er sich wieder so gefaßt, daß er ihr nicht lange wortlos gegenüber stand. „Es ist nun einmal so," sagte er. „Ich bedaure dich, wenn dieser dein Kummer auch nur aus deinem Eigensinn entstand. Ich glaubte, du würdest den Nichtsnutz endlich vergessen haben."

"Das kann ich nie — nie!"

"Aber jetzt doch?"

"Jetzt — o wie schäm ich mich. Ich darf nicht daran denken, wie mir noch gestern wohl war, wenn ich an ihn dachte. Ach, wenn er in unser langweiliges Haus kam, dann wars wie wenn man frische, duftende Blumen in ein Krankenzimmer bringt, und dem Vogelsang die Fenster öffnet und dem frischen Luftzug. Und nun! — Ich sehe mich unterhöhlt, ich bin aufs Eis gekommen; drei ganze Jahre gieng ich vorwärts, weit, weit hinaus... und nun bricht alles unter mir zusammen. Hu, mir ist's, als ob ich's krachen hörte."

"Ah, das sind Dummheiten."

"Ja, Vater, du hast recht. Ich habs nicht mehr gehörig im Kopf, das merk' ich nur zu gut. Ich weiß mir nicht mehr zu rathen und zu helfen. Nimm mich, du starker, du kluger Mann, und verkaufe mich, oder mache mit mir was du willst."

Fünftes Kapitel.

**Der Mann muß hinaus,
Es ist ein Graus.**

Die letzten Tage und Stunden daheim, wie viel gibts da nicht noch zu durchleben! Ist's doch gerade, wie wenn man sich mit tausend Wurzeln und Würzelchen aus dem Boden reißen müßte, auf dem die liebsten Erinnerungen uns umblühen.

Jos mußte selbst darüber lächeln, daß ihm der Abschied so nahe gieng und er es doch auf dem Stighof immer noch riechen konnte, wenn die Mutter eine Suppe anbrennen ließ. Er lächelte darüber, aber unter Thränen; „fort ist fort," meinte er immer wieder und schaute wie fragend zu Stighausens großem Hause mit dem Hirschkopf unterm Dachfirst hinüber.

Auch der Mutter gieng der Abschied nahe, und dabei hatte sie nicht einmal die Freude, ihn mutig seinem neuen Beruf entgegengehen zu sehen. Selbst ihr Trost, daß er da statt der Zufel die gute Dorothee neben sich haben werde, that die gehoffte Wirkung nicht. Jos entgegnete klagend: „Er bleibe darum doch ein armer Teufel, um den das Mädchen sich nur wenig kümmern werde. Zusels Neckereien wären eigentlich noch eher zu ertragen, als Dorotheens Mitleid mit dem verjagten oder doch aus dem Dienste geschickten Schneiderlein, welches nun wie sie bei dem gütigen lieben Hans das Gnadenbrot essen dürfe."

Das war wieder eine der vielen, oft so schmerzlich beklagten Wunderlichkeiten, die den guten Jungen gewiß nie glücklich werden ließen. Bald schien es Demut bald Trotz, sie selbst war noch nicht mit sich eins, wie man es nennen müsse, aber es machte ihr mehr Sorgen, als alles Andere. Das Gnadenbrot essen! Sie wußte nicht, wie er darauf kam. Hatte doch der Krämer, der ihn zuweilen auch im Stall etwas thun und selbst kleinere Händel für ihn abschließen ließ, nicht selten gestanden, daß im Jos ein tüchtiger Viehpatron verdorben und zum Schneider verpfuscht sei. So einer war wie geschaffen für den etwas unbeholfenen Hans, der sich nicht ungern bei allem, was in Kauf und Lauf kommen sollte, von Andern, in der letzten Zeit vom Krämer, rathen und helfen ließ. Gewiß hätte man ihn gern gehabt auf dem Stighof, und vom Gnadenbrot wäre nie die Rede gewesen, wenn er nur nicht auch seine Sonderbarkeiten mitgenommen hätte. Das Aergste fürchtete sie von seinem Eigensinn, seiner Empfindlichkeit und ähnlichen Eigenschaften, die sie zwar an Wohlhabenden oft als schön und selbstverständlich loben hörte, die aber denen, welche nun einmal zum Leiden und Dulden da waren, zur Quelle vieler Leiden und übler Nachreden werden mußten. Das erinnerte sie daran, wie viel sie ihm noch ans Herz zu legen habe. Doch wenn sie dann den guten Jungen mit dem treuen Gesichte des unvergeßlichen Vaters vor ihr stehen sah, und der sie mit den tiefblauen Augen so wehmutsvoll anblickte, dann war alles wieder vergessen, was zu einer Predigt hätte werden können. So wie er da war, war er ihr dann recht und sie konnte nichts mehr, als ihn dem Schutze des lieben Gottes anbefehlen. Er, der ihren liebsten Wunsch noch so gnädig erfüllte, da sie selbst nicht einmal mehr zu hoffen wagte, erhörte wol auch noch ihre andern Gebete für seine Zukunft, welche sich nun immer mehr von ihrer, der der armen strafbaren Sünderin, loszulösen begann.

Mit einem wunderbaren Lächeln, in welchem sich Hoffnung und Sorge, Freude und Schmerz gleichzeitig wiederzuspiegeln schienen, trug sie in den beiden Feiertagen weit Besseres als gewöhnlich auf das wackelige Tischchen im Herrgottswinkel. O, es war ein Opfer der Entsagung, wie nur Mütter es zu bringen vermögen, wenn sie so mit allem, was sie für die nächste Zeit hatte, vor dem kleinen ärmlichen Hausaltar neben dem Kruzifix des Sohnes glückliche Zukunft im voraus schon feiern wollte, seine Auferstehung aus dem Grabe ihrer Sündenschuld. Nur der, den die frommgläubige Mutter vom Kreuz auf sich herabblicken sah, konnte die Thränen wahrnehmen, die sie zu verbergen bemüht war, während sie ihm ihre Bitt= und Dankgebete zusendete. Bloß wenn Jos einmal aus der Stube gieng, ließ sie ihren

Empfindungen freien Lauf. Dann betete sie laut: „O du grundgütiger Gott und Heiland, wie hast du es doch so gut und recht gemacht! Hilf ihm nur auch ferner, immer, und laß dafür mich um so übler dran sein; mich, die doch nichts anderes will und zu nichts anderem da ist, als dem sich zu opfern, für den zu tragen, der nur durch ihre Sünde auf der Welt und unglücklich ist. Er muß fort, darf nicht länger unter der Last meines Kreuzes bleiben. Dann hat er aber niemand mehr zu Rath und Schutz als dich. Du wirst ihn doch nie verlassen — gewiß nicht!"

Das Zusammenpacken machte den Beiden viel länger zu thun, als man hätte glauben können, wenn man sah, um wie wenig es sich dabei zu kümmern gab. Aber die Mutter hatte eben um so eher Zeit, das Wenige sorgfältig zu mustern, wobei sie dann so viel zu richten und auszubessern fand, daß sie die halbe Nacht ihre Nadel nicht mehr aus der Hand brachte. Thüren und Fensterläden wurden, wie es ihr für ähnliche Fälle vom Pfarrer strenge befohlen war, sorgfältig geschlossen, damit kein Mensch durch solche Entheiligung der hohen Festzeit geärgert werde, wenn etwa ein verspäteter Wirtshausgast hart vor der niedrigen Stube vorbei gehen sollte. Auch Jos nahm noch einmal seine Nadel zur Hand, und dachte mit schmerzlichem Behagen, wie schwer ihm die Anschaffung dieses und jenes Kleidungsstückes geworden sei. Dann lebte er sich ganz in den Tag hinein, an dem er es das Erstemal trug. Waren doch solche Tage seine einzigen Festtage, wie wenig man ihn auch eitel auf ein hübsches Kleidungsstück nennen konnte. Dann dachte er wieder daran, wie rasch der Hans einen ganzen Kronenthaler nur für Eierschalen hergeben wollte. Dabei schien ihn etwas wie ein Windzug aus dem großen vollen Hause da drüben so stark anzuwehen, daß ihn beim Anblick seiner abgetragenen Kleider ordentlich zu fröstelu begann. Der Scharfblick der liebenden Mutter wäre gar nicht nothwendig gewesen, um das zu bemerken. Wenn er wieder ein Kleidungsstück brachte, sprach er es deutlich genug aus, daß er das so durchaus nicht tragen dürfe, während er früher über ähnliche von ihr ausgesprochene Besorgnisse nur gelacht oder bitter bemerkt hatte, daß für Leute seiner Art auch das Schlechteste gut genug sei. Es that dem guten Weibe tief im Herzen weh, ihn so unzufrieden zu sehen mit dem, wofür auch sie manches, manches Opfer gebracht hatte. „Es ist doch ein Elend, daß er auch gar nie Maß zu halten weiß,“ klagte sie. „Früher hat er da das Röcklein trotzig selbst am Sonntag tragen wollen, und nun soll es auch für den Werktag nicht mehr gut genug sein. Am Ende wird er mir nun gar noch kritisch und hochmütig werden.“

Diese Sorge wäre wol den Meisten recht überflüssig erschienen, wenn sie das ursprünglich blaue, nun aber wie mit einem Register aller seit einem Schaltjahr gekauften Tuchgattungen überlegte Röcklein gesehen hätten, welches er beim Einpacken eine Bettlerfahne nannte. Aber ein klein wenig hochmütig und eitel war der Jos denn doch, seine Mutter betrog sich nur, wenn sie wähnte, daß das erst seit der Unterredung mit Hansen am Charsamstag

so in ihn gefahren sei. Da war eigentlich gar nichts
anders geworden, als daß Jos in der wehmütigen Stim=
mung dieser Stunden immer frei von der Brust weg
reden mußte, und daß der Mutter jetzt jedes seiner
Worte zu sinnen gab. Der Stolz des Burschen auf
seinen guten Kopf und seine geschickte Hand, mit dem er
innerlich allen den vom Glück zart und warm Ein=
gewickelten trotzte, wurde von ihr um so weniger bemerkt,
da sie ihn, wenn auch ihr selbst unbewußt, immer getheilt
hatte. Erst seit dem Charsamstage giengen Mutter und
Sohn hierin etwas auseinander. Die Erstere fand
gerade jetzt, wo beinahe jedes seiner Worte eine ganz
eigene Weichheit ausdrückte, so viel Gutes in ihm, daß
sie für seine Zukunft viel unbesorgter blieb als er, der
nicht ohne Herzklopfen an den Empfang auf dem Stighof
zu denken vermochte und sich — wenigstens für den An=
fang — so gern auch durch sein Aeußeres ein wenig
empfohlen hätte. Er dachte sich neben die stolze, strenge
Stigerin und die geschickte Magd, malte sich ihren all=
mächtigen Einfluß auf Hansen so lebhaft aus, daß er
sogleich wieder hätte absagen mögen, wenn er sich nicht
vor der tausendsappers Magd allzusehr geschämt hätte.
Ja, vor der war ihm schon jetzt so angst, daß ihm eigent=
lich eine Zusel, gegen die er herzhaft grob und trotzig
sein durfte, an ihrem Platze weit lieber gewesen sein
würde.

Vergebens bemühte sich die gute Schnepfauerin,
ihm die letzten Tage daheim so froh als möglich zu
machen. Durch all die tausend Zärtlichkeiten, die die

wehmütige Abschiedsstimmung erfindet, macht man einen Menschen nicht heiter, dessen Kraft hauptsächlich in seinem Trotze liegt. Wenn sie ihm das Beste auftischte, wenn sie alles that, damit er doch in seinem künftigen Glück, in seiner Herrlichkeit auf dem reichen, stolzen Stighof auch sie und die Heimat nicht ganz vergesse — das hätte sie denn doch mit aller Opferwilligkeit unmöglich ertragen können — machte sie ihm nur weh und er wünschte von Herzen, daß er, wenn nun einmal die erste Dummheit beim Krämer nicht mehr zurückzunehmen war, sogleich von diesem weg auf den Stighof hätte gehen können. Der Nachmittag des Montags war unendlich lang für Mutter und Sohn. Die Erstere quälte sich mit der Frage, was wol die neuen Verhältnisse, Ehre und allgemeine Achtung aus ihrem Lieblinge machen würden; dieser aber fühlte sein Herz von tausend lieben Erinnerungen noch schwerer belastet, als von der Sorge um die Zukunft. Beide hatten das Gefühl, daß sie so sich nie mehr. gegenübersitzen würden, und doch war es trotz allem, was sie gemeinsam zu tragen und zu dulden hatten, so schön gewesen. Ja schön, aber nun war das eben vorbei. Alles auf der Welt nimmt ein Ende und — das empfand Jos — am besten ist's, wenns recht rasch geht. Plötzlich — die Sonne war noch lange nicht über die hochaufragende Kanisfluh hinaus, warf er sich das kleine Bündelein auf die Schultern und sagte mit gewaltsam erzwungener Ruhe: „So, Mutter, jetzt geh ich und sage dir tausendmal vergelts Gott für alles Gute. Leb wohl!"

Felder, Reich und Arm.

„Wie, was?" fragte die Erschrockene. „Ich hab noch Fleisch zum Feuer gethan, das wollen wir doch Abends noch mitsammen essen und uns so wohl sein lassen als wir können."

„Und uns dabei alles noch schwerer machen," fiel Jos ein. „Na, Mutter, du hast nun genug Opfer für mich gebracht, und mir wär jetzt eine angebrannte Suppe von Dorotheen gekocht viel lieber; ich könnte sie dann doch darum ein wenig necken."

Die Mutter wollte noch etwas sagen, aber Jos war schon zur Thüre hinaus.

Jetzt sah er das Haus, in dem er nun leben sollte, mit den großen Stallungen und den stolzen Fenstern, dem hohen Dachstuhl und hundert andern Zeugen eines großen Wohlstands, den mehrere Neubauten hinten und vorn als einen wachsenden verkündeten. Jos zwang sich zum Lachen darüber, daß ihm der Abschied so schwer werden wollte, als ob er viele hundert Stunden weit gehen müßte. „Du bist doch ein recht dummer Tropf," murmelte er, und wollte schon wieder zur Mutter in die Stube zurück, als eben der Stighans daherschlenderte, der ihm schon von weitem zurief: „So, Jos, es ist recht, daß du endlich kommst! Ich hab dich gerade aus dem Nest holen und mitnehmen wollen."

„Wohin?"

„Nun natürlich nach Emaus, das heißt zum Löwenwirt drüben über der Aach. Auch meine Eigenen sind dort und wer heut ein wenig lustig sein will. Ist doch der Löwenwirt noch beim alten Brauch geblieben und

gibt Allen gedörrte Birnen und Nüsse, die am Oster=
montag zu ihm kommen. Drum nur flink. Wirf deine
Herrlichkeiten da in einen Winkel und nimm dafür die
Mutter mit, wenn sie mag. Ich sehe nicht ein, warum
die allein heute traurig daheim sitzen sollte."

Das that dem Burschen recht in der Seele wohl,
und wie ein Lichtstrahl der Freude zog es über sein
Gesicht. Seinen Augen gieng es wie allem, was schnell
aus der Kälte an die Wärme kommt, sie wurden feucht,
während er wieder ins Häuschen zurück lief, wo er es
dann kaum erwarten konnte, bis die überraschte Mutter
sich, immer noch widersprechend und dabei zitternd vor
freudiger Erregung, ein wenig ordentlich angezogen
hatte.

Dem Jos war es auch schon darum sehr erwünscht,
daß er zuerst allein mit Hansen zusammentraf, weil er
von diesem zu erfragen hoffte, was die Stigerin und
Dorothee zu dem neuen Knechte gesagt hätten.

Doch dazu sollte er keine Zeit mehr finden. Auf
dem Wege, der sie an neu ergrünten Wiesen, neben
Hügelchen, von denen Gänseblümchen und Aurikeln die
ersten Grüße des Frühlings still herüberwinkten, und
über geschwätzige Bächlein führte, sah Hans zum Ersten=
mal in diesem Jahre seine Felder und Wälder wieder.
Mit seltener Lebhaftigkeit redete er von dem, was schon
in den nächsten Wochen gethan werden könnte, und aus
jedem seiner Worte klang die Freude, die ihm seine
Bauernarbeit machte. Selbst Jos wurde von dem
herzlichen Tone so hingerissen in die Welt seines heiter

plaudernden Gefährten, daß er diesen nicht mehr nur für einen einseitigen Bauern hielt, der am Nützlichen allein mit Leib und Seele hieng. Nun sah er sich auf einmal behaglich lächelnd als Knecht auf diesem schönen Anwesen, das für sich selbst eine kleine Welt in der großen zu sein schien. Wie herrlich, wenn da nun einmal alles blühte und wogte unter seiner Pflege, wenn die Sense rauschte und Schritt um Schritt hunderte fast mannshoher Halme an die Mahdo wälzte, wenn das duftende Heufuder dem großen Stadel zuschwankte, der bald so voll war, daß man im Winter, wenn die Kühe im Stalle ungeduldig auf ihn warteten, kaum noch Platz hatte, ihnen das selbstgedörrte Futter nach Verdienst und Bedürfniß in kleinen Ballen nach der Reihe aufzuwinden, wie sie neben einander im Stalle standen.

Die Beiden kamen bald so ins Reden hinein, daß es für die ihnen folgende Mutter eine wahre Freude war, obwol sie dabei eigentlich gar nicht beachtet wurde. Hatte sie sichs auch nicht anders gedacht, als daß ihr Jos schnell und leicht sich in alles hineinleben werde, so war sie doch angenehm überrascht, ihn schon jetzt mit so viel Verständniß reden und fragen zu hören. Er ist doch ein prächtiger Junge, dachte sie mit einem frohen Blicke zum tiefblauen Abendhimmel. Der Hans mochte wol etwas Aehnliches über seinen Zuhörer denken, während er ihm mit der Länge und Breite eines ächten Bauern auseinandersetzte, wie er das und das und warum er es gerade so gethan zu sehen wünsche. Jos hatte beim Fragen und Zuhören doppelten Vortheil. Er gewann bei Hansen immer mehr Zuneigung und erhielt manchen bedeutsamen Wink für sein künftiges Verhalten, und brauchte nicht mehr wie ein Kind über alles erst zu fragen, wenn ihm das einmal nicht mehr so günstig aufgenommen, so freundlich beantwortet werden sollte als jetzt.

Im Wirtshaus wurde dem Jos und seiner errötenden Mutter an dem Tische neben dem Kanapee Platz gemacht zwischen der Stigerin und ihrer Magd, die den Ankommenden das volle Glas entgegen hielt, aber so, daß man nicht sagen konnte, ob es Hansen oder dem Jos gelte. Jos wußte selbst nicht, woher er den Muth nahm zu fragen, welcher von ihnen beiden denn auch eigentlich gemeint sei? „In der Zeit, wo du fragst und Umstände machst, hätten beide ganz leicht ein Schlücklein zum Bescheid nehmen können," antwortete das Mädchen und zog lächelnd das Glas wieder zurück.

„Das ist ein schlimmes Zeichen," bemerkte Hans. „Noch immer hat Dorothee es mir ordentlich zugebracht, wenn sie einmal etwas Gutes hatte; nun aber, da auch der Jos mit kommt, thut ihr die Wahl so weh, daß sie keinem mehr etwas anzubieten wagt."

Die auf diese Bemerkung folgende Stille mußte Dorotheen etwas zu lang vorkommen, denn bald sagte sie: „Jetzt geht ein Engel durch die Stube und schreibt sich etwas auf."

„Vermuthlich, daß die Schnepfauerin einmal ins Wirtshaus gieng," meinte Hans.

„Und daß ihr der Wirt ein geschliffenes Glas

bringt," sagte Jos, und hätte beinahe noch beigefügt: „wie den Vornehmen"; aber er fühlte dunkel etwas Unpassendes und unterließ es, in diesem Augenblicke so derb an kaum vergessene Gegensätze zu erinnern, die sich gewiß früh genug von selbst wieder geltend machten.

Das geschliffene Glas war übrigens nicht das einzige, was den etwas empfindlichen Jos auf das angenehmste überraschte. Hans hatte gesagt, die Mutter sei da mit den Eigenen; darauf hatte denn Jos erwartet, die ganze hochlöbliche Verwandtschaft derer vom Stig in vornehmer Langweiligkeit beisammen an einem eigenen Tische zu treffen. Nun aber sah er statt der ehrwürdigen Reihe die Stigerin mit Dorotheen in einem Kreise von Tagwerkern sitzen, welche gewöhnlich den stattlichen Hof bearbeiten halfen. Früher hatte das Schneiderlein oft gespöttelt über die halberfrorenen Taglöhnerseelen, die sich im Glanz ihrer Herrschaft zu sonnen suchten und es sich noch zur Ehre rechneten, als Schweif des prächtigen Kometen am Himmel des mit einer eingelegten Schiefertafel fast ganz bedeckten Herrentisches beim Kanapee zu gelten. Nun aber gestand sich Jos: es sei denn doch etwas Schönes, dieses Zusammengehören aller, die zur Ehre und zum Wohlstand eines Hauses das Ihrige beitrugen. Es that ihm wohl, sich mit seiner Mutter in so einem Kreise zu wissen, und er beeilte sich, die seltene Freundlichkeit aller als etwas Selbstverständliches lächelnd zu erwiedern.

Fröhlich stießen alle auf ein langes, glückliches Zusammenwirken an, nur dem Jos war etwas wunderbar zu Muthe, als unterdessen der Wirt die ledigen Paare auf die Kammer zu dem an diesem Tage wenigstens bei ihm — das wurde besonders stark betont — noch üblichen Nußklopfen einlud.

In Stighansens und Dorotheens Gesicht hätte kein Zug sich ändern können, ohne daß es Jos so schnell und wol viel eher noch als sie selbst bemerkt hätte. Selbst als Hans den Stuhl zurückschob, erschrak Jos nicht, weil er den Entschluß zum Aufstehen noch nicht aus seinem ruhigen Blicke zu lesen vermochte. So hätte er auch die Lippen schwerlich gespitzt, wenn er „komm, Dorothee" sagen wollte; damit beruhigte sich Jos und er hatte Recht: Hans blieb sitzen und fragte den Wirt, ob denn bloß auf der Kammer droben Ostermontag sei?

„Das gerade nicht."

„Gut, so bring du deine Herrlichkeiten nur her; auch hier ist alles lustig und ledig, oder wenn Verheiratete da sind, so mißgönnt ihnen das Mithalten um Gottes willen nicht. Ich wüßte nicht, warum die Ledigen auch noch den Vortheil des Nußklopfens vor den Bedauernswerthen haben sollten."

„Das ist wieder einmal vernünftig geredet," rief ein nirgends in der Stube Sichtbarer dem Stighans zu. Jos wäre fast im Zweifel gewesen, ob dieser Beifallsruf etwa ihm selbst entronnen sei, wenn er nicht sofort die wohlbekannte Stimme des Krämers erkannt hätte. Der saß also drinnen im sogenannten Herrenstüble, dessen Thüre eine große Spalte offen ließ, und er hätte es nun nicht gerne gesehen, wenn da nun auf einmal nichts mehr als das Geschwätz einiger Verheirateter von strengen Wintern und ungezogenen Kindern zu erhorchen gewesen wäre. Davon kam seine Freude über Hansens entscheidendes Wort und darum fuhr er jetzt fast singend fort: „Der Hans trifft halt den Nagel auf den Kopf und weiß immer genau das rechte Gewicht aufzulegen. Ja, das ist einer!"

„Nur schade, daß er kein Krämer worden ist, wenn ihm allenfalls auch dann das rechte Gewicht nicht abhanden gekommen wäre," bemerkte Jos, der dem Verhaßten seine Freude so viel als möglich verderben wollte. Es entstand über diese Rede ein Gelächter in der Stube, als ob er weit etwas Witzigeres gesagt hätte. Nur Hans blieb ernsthaft und sagte strenge verweisend: „Das ist etwas grob für deinen Vetter; sei doch nicht gar so kindisch!"

Jos, erschrocken aufblickend, begegnete zuerst dem strengen Gesichte der Stigerin, dann brachte ihn eine unmutige Bewegung Dorotheens und die Verlegenheit seiner Mutter noch ganz aus der Fassung. Das durfte nicht so auf ihm liegen bleiben; wie er es auch immer wieder abwälzen mochte, es mußte weg.

„Vetter hin oder her," sagte er ohne langes Besinnen. „Was kümmert der Herr Vetter sich selbst um seine Eigenen? Ich will gar nicht von mir reden; aber da drunten bei den Schnäpslern sehe ich den Andreas, seinen Töchtermann sitzen und ins Herrenstüble hinüberblicken wie ein Stiefkind."

„Für den Andreas ist dort eben die passendste Gesellschaft," bemerkte Hans mit seltener Hast. Hatte es schon viel Redens gegeben, daß Jos auf einmal vom Krämer weg auf den Stighof kommen sollte, so mußte ein solches Gespräch um so eher die allgemeine Aufmerksamkeit erregen. Es war auch wirklich so still, daß sogar der zu unterst in der Stube sitzende Gatte Angelikas die über ihn gefallenen Bemerkungen gehört hatte. Die gedrungene Gestalt richtete sich langsam auf, die buschigen Augenbrauen hoben sich und sein Auge funkelte, als er mit heiserer Stimme sagte: „Hans, der Stich trifft mich nicht mehr. Lieber unter Schnäpslern frei und selbherr, als gebunden wie du am Herrentische. Wozu hätte mein Vater gespart und mir kein warmes Winterkleid kaufen dürfen, wenn ich noch jetzt von euerer Gnade abhängig wär? Laßt mich immer der Lümmel sein, wenn ich nur mein eigener Herr bleibe. Uebrigens kann ich ja Stiefvater werden, wenn ich nicht mehr gerne Stiefkind bin. Es gibt noch ganz anständige Leute, die nicht ungern eine Flasche mit mir leeren, wenn ich einmal andere so gnädig bevatern will wie Hans."

„Es wär klüger gewesen, wenn du die Angelika mitgenommen hättest," rief Hans dem Erregten verächtlich zu.

Andreas fuhr erschrocken zusammen. Dann aber erwiderte er trotzig: „Gelt, du wähnst, es ärgere mich, daß sie nicht mit geht? Nein, Hans, darüber bin ich endlich hinaus. Ihr habt mich an viel gewöhnt. Sie bleibe nur, wo ihr wohl ist. Ich mach es auch so.

Was hätt ich auch sonst noch von meinem Geld, als die Freud an euerem Neide?"

Das Eintreten des Pfarrers unterbrach den Andreas in seiner immer leidenschaftlicher werdenden Rede. Es wurde stiller in der Stube als in der Schule und wie Kinder blickten alle zu dem hochwürdigen Gaste auf. Jeder wünschte und fürchtete, daß er sich an seinen Tisch setze. Die Ehre wäre eine große gewesen, wenn man nur etwas mit ihm zu reden gewußt hätte. Der ehrwürdige Greis richtete an manchen ein freundliches Wort, das aber oft nur mit einem leisen Kopfnicken erröthend beantwortet wurde. Jetzt war Jos, der eine Zeitlang wie auf Nägeln saß, wieder ganz der Mann. Der Pfarrer setzte sich auch bald neben ihn und begann ein Gespräch über die ihm im Winter geliehenen Bücher, bis er von seiner Häuserin zu einem schwer Kranken geholt wurde.

Von diesem begannen nun auch die zurückbleibenden Bauern zu reden, während sie die langen Zipfelkappen wieder aufsetzten. Nur am Tische neben dem Kanapee blieb alles still. Dem Jos aber machte man andere, viel freundlichere Augen, als während des von ihm angezündeten Streites, der nun ganz vergessen war. Hans kam unmöglich aus seinem Erstaunen darüber, daß ein Mensch, nicht einmal ganz in seinem Alter, der nur seinen Lehrer hatte und noch dazu ein armer Teufel war, so sicher und glatt mit dem hochstudiertesten Mann weit und breit zu reden verstand. „Ja, gelt Mutter!" nickte er der Stigerin zu, die gar nicht zu wissen schien, was für ein Gesicht sie zu dem Vorgange machen müsse. Jos schien sich darum auch gar nicht zu kümmern. Er hatte genug an dem glücklichen Lächeln seiner Mutter, und Dorotheens strahlendes Auge sagte ihm, daß auch sie den Muthigen schätze, der vor dem Pfarrer und einer Stube voll neidischer und besitzstolzer Aufpasser so herzhaft zu reden und sogar seine Meinung über Bücher zu sagen wagte.

Der Krämer, der jetzt langsam in die Gaststube heraus kam, schien mit einem Blick in den Augen aller gelesen zu haben. Er stieß mit Hansen an und wünschte ihm kalt lächelnd Glück zu dem neuen Knechte, der wenigstens schwätzen könne wie ein' Briefträger. Der Handel sei freilich etwas schnell gegangen, doch werde man ihn hoffentlich nie einen übereilten nennen. Er wenigstens gönne dem armen Wicht einen so guten Platz, auf dem er manches lernen könne, wenn er nicht zu eigensinnig sei, recht von Herzen und wünsche nur, daß er ihn lange zu behaupten vermöge. Dienstwechsel sei stets schlimm, da man sich immer allerlei nachzureden wüßte, doch der Gescheitere gebe nach und möge nicht durch Nachreden ganz zwecklos schaden und auch den Andern zum Reden zwingen.

„Der Mann scheint mich ein wenig zu fürchten," dachte Jos, und das freute ihn mehr, als ihn die Zumutung ärgerte, daß er es einem recht bösen, geschwätzigen Weibe gleichthun könne. Behaglich begann er mit den Andern über das Sprichwort „neue Besen kehren gut, aber die alten wissen die Winkel besser" zu plaudern;

der Krämer schlich wieder zu seinem Schoppen zurück; doch blieb er nicht lange ruhig, da es unter so vielen Menschen für ihn gar bald wieder etwas einzufädeln gab. Bald wurde an jedem Tische ein eigenes Gespräch laut, und Jos war wol beinahe der einzige Bauernknecht, der einige Handwerker bemerkte, welche sich beim Ofen an einem kleinen Tischchen allerlei Bemerkungen über die stolzen Bauern und ihr Gesindel zuflüsterten. Sonst war dort auch sein Platz und heute kam er gewiß nicht ungehechelt weg, wenn sie auch an ihm den ärgsten Spötter verloren. Nun, sie konnten ihn immer als einen untreu gewordenen Zünftler betrachten. Er hatte für sich selbst zu sorgen. Es lebte sich auch gar nicht übel bei einem reichen Bauern. Das Feste, Sichere im Wesen dieser gutherzigen Leute that ihm wunderbar wohl. Die Mutter hätte gar nicht so ängstlich husten müssen, damit Jos die Witze seiner ehemaligen Gefährten nicht höre, denn er hatte nicht die mindeste Lust noch einmal Händel anzufangen, oder auch nur ein unebenes Wort zu erwidern. Mit dem gutmütigsten Lächeln sah er hinüber zu der alten Stigerin im Herrgottswinkel, welche die von Dorotheens rundlicher Hand ihr vorgelegten Aepfel und Nüsse sich vortrefflich schmecken ließ. O die da unten, ohne festen Boden unter sich und jeder der natürliche Gegner der Andern, sie wußten nicht, was es hieß, zu einem geschlossenen Ganzen zu gehören. Sie waren ja die unbeachteten Diener von Hunderten, da konnte kein Verhältniß zu ihren Kunden entstehen, wie zwischen Bauer und Knecht, die sich eine ganze kleine

Welt beherrschen halfen, wo es gleichzeitig immer
zu schaffen und zu zerstören, zu säen und einzu=
heimsen gab. Jos hatte schon oft gesagt: Stall= oder Haus=
gedanken, kurz, der ganze Jammer des Werktaglebens
mit allem was drum und dran hänge, gehöre so wenig
ins Wirtshaus als in die Kirche. Jetzt konnte er sich
selbst nicht mehr davor erwehren. Die, welche nun etwa
wegen seiner Unterhaltung da waren, mußten ihn aller=
dings merkwürdig schweigsam finden; ihm selbst aber
war dabei so wohl wie noch nie. Immer tiefer dachte
er sich in sein Knechtleben hinein. Er sah die wohl=
gepflegten Kühe die Köpfe aufrichten und auf sein
Kommen horchen, dann fuhr*) er mit dem selbstgezogenen
Rind aufs Feld, und hätte fast überlaut zu jauchzen und
zu singen angefangen. Es litt ihn nicht mehr auf dem
Stuhl. Plötzlich leerte er mit wenigen Zügen sein ge=
schliffenes Glas, stand rasch auf, wie wenn er auf einmal
zu einem Entschluß gekommen wäre, den er trotz allen
Einwendungen sofort auszuführen gewillt sei, und sagte:
„Hier wät alles recht und hübsch, aber ich glaub, deine
Kühe, Hans, thäten nicht wünschen, daß immer Oster=
montag wär."

Die Magd wollte gleich gehen, um einstweilen ein
Futter zu geben.

„Das ist jetzt meine Arbeit," widersprach Jos nicht
ohne Selbstgefühl. „Nur den Schlüssel zum Heu müßt

---

*) d. h. zog, gieng.

ihr mir sagen, dann könnt ihr alle dableiben, so lang ihr wollt."

Dorothee meinte: „Man dürfe ihn denn doch nicht wie einen Einbrecher ins öde Haus lassen, ohne Gruß und ohne alles. Sie wolle lieber mit und ihn grüßen für alle und ihm Glück wünschen."

„Ja, geht nur und gewöhnt euch zusammen," lachte Hans.

Jos verließ rasch die Stube, während Dorothee durchaus noch einmal trinken mußte.

Vor dem Hause wartete Jos etwas ungeduldig auf die Magd und eilte dann wie ein von ihr Verfolgter zum Dörfchen Rehmen hinaus. Erst als das kleine Tannenwäldchen am Ufer der Aach sie in seinen Schatten aufnahm, redete Jos das erste Wort, und es kam gar nicht so überlegt heraus, als man nach der langen Bedenkzeit hätte erwarten können. „Mich nimmts Wunder," begann er, und schwieg dann erschrocken darüber, daß er bald laut gewünscht hätte, zu wissen was alle dachten, die ihnen mit so eigenthümlichem Lächeln nachsahen.

„Was nimmt dich Wunder?" fragte das Mädchen, aber erst als sie wieder aus dem Wäldchen hinausgekommen waren. Es schien Dorotheen auch gar nicht aufzufallen, daß sie keine Antwort mehr erhielt. Sie beide sahen erröthend ihre Schatten hart neben einander daherschreiten, als ob sie Arm in Arm giengen, bis der Schatten eines mächtigen Baumstumpfs wie ein Riese zwischen sie zu fahren schien. Erschrocken über die gehörnte Gestalt mit dem kurzen Hals wichen sie auf die

Seite. Dann lachten beide laut auf und eilten dem über die tosende Aach führenden Stege zu.

Erst hier sah Jos, daß auch die Mutter ihm langsam folgte. Er wartete bis sie bei ihm war, um ihr allenfalls hinüber helfen zu können, wofür sie ihm mit einem freundlichen Lächeln dankte, wie er es noch selten auf diesem kummerbleichen Gesichte sah.

Sie hatte heut seit vielen Jahren die schönste Stunde erlebt. Nicht der so seltene Wein, die erlebte Ehre machte sie so froh und weckte tausend Hoffnungen auf eine schöne, glückliche Zukunft. Einmal über das andere drückte sie des Sohnes kräftige Hand, die sie führte, und wenn auch Dorotheens Anwesenheit sie zuerst etwas scheu machte, so konnte sie doch nicht unterlassen, ihre Freude über das Erlebte auszusprechen. Freilich kam sie auch auf die Worte, mit welchen Jos den Krämer neckte, und der Ton ihrer Stimme wurde dabei sehr ernsthaft, aber sie waren schon zu hart bei den Häusern von Argenau, um darüber noch lange reden zu können. Sie dachte wieder an den Abschied, der ihr jetzt weit weniger schwer fiel als zwei Stunden vorher. „Daheim sich wohl sein lassen," meinte sie, „können arme Leute nun einmal nicht, und das angenommen, haben es wenige besser als wir, da wir uns ja täglich einen guten Morgen wünschen können."

Sie sprang wie ein junges Mädchen, um dem Jos die eingepackten Kleider aus dem Häuschen zu holen, und als er ihr die Hand reichend „behüt Gott" sagen wollte, meinte sie: „Es wäre doch lächerlich, so

viel Wesens zu machen, wenn man nur in ein Nachbar=
haus gehe."

Dennoch zitterte ihre Stimme, als sie das sagte.
Dann aber mußte ihr eine sehr dringende Arbeit ein=
gefallen sein. Sie drehte sich rasch um und eilte ins
stille, öde Häuschen zurück.

Stighansens neuer Knecht bemerkte kaum, wie
groß ihn die hungrigen Kühe ansahen, bevor sie sich an
das ungestüm geforderte Futter machten, so sehr waren
seine Gedanken mit dem wunderlich gestalteten Schatten
beschäftigt, der sich so zwischen ihn und Dorothee ge=
drängt hatte. Je länger er ihn vor sich sah oder zu
sehen glaubte, desto ähnlicher wurde er dem etwas stark
gebauten kurzhalsigen Stighans.... Jos ließ alles, was
er heute sah und hörte, an sich vorüberziehen, und war
noch mit der Frage beschäftigt, ob Dorothee mit einer
goldenen Kette zu fesseln sei vom nächstbesten Hans,
oder ob nicht viel mehr ein höherer Muth aus diesen
lieben, braunen Augen blicke. Da hörte er des Mäd=
chens wundervolle Altstimme von dem einsam auf der
Alp stehenden Hause und von der Sennerin singen.
O wie klang das gleichsam durch all seine Nerven hin=
durch! Er setzte sich auf einen Melkstuhl und lauschte.
Jetzt rechnete er nicht mehr und fragte nichts. Um
sein Herz weitete sich's und feuchten Auges dankte er
Gott, daß er da war, es mochte nun kommen wie es
wollte.

Sechstes Kapitel.
Der erste Tag im neuen Dienst.

Im ersten Traum unter fremdem Dache pflegt man Vorbedeutungen für Künftiges zu suchen, als ob man darin wie in einem freilich trüben Spiegel sähe, was man in diesem Hause noch erleben werde.

Es that dem noch etwas scheuen Jos ungemein wohl, als am andern Morgen beim Kaffeetrinken sich Dorothee sogleich mit der Frage an ihn wendete: „Was er denn heut Nacht im Traum erlebt und für seine Zukunft Bedeutungsvolles gesehen habe?"

„Ich kann mich an gar nichts mehr erinnern," antwortete er fast traurig darüber, daß sein Bericht nicht länger währen konnte, denn gestern beim Abendessen war ihm die Stille beinahe peinlich geworden.

„Das," meinte die Stigerin etwas bitter, „könnte leicht bedeuten, daß du in unserm Haus auch nicht viel, oder doch nicht viel Unvergeßliches erlebst."

„Ich freilich hab mir es ganz anders ausgelegt," wagte Jos zu erwiedern. Und als sich ihre Lippen etwas strenge verzogen, fuhr er, wie immer, wenn er sich noch nicht recht sicher fühlte, geschwätzig fort: "Auch ich hätte recht gern eine gute Vorbedeutung gehabt. Nach dem Erwachen hab ich mich angestrengt, wie früher als Schüler, wenn ich mich auf die gestern so' mühevoll auswendig gelernte Katechismusaufgabe besann, um mich eines Traumes zu erinnern. Doch das gieng nicht und gieng nicht, wie müd' ich mich auch sinnen mochte. Ja, ich ermüdete und wäre bald über dem Nachdenken wieder eingeschlafen, als mir, wie vom Schutzengel eingegeben, die Vorstellung kam: Nicht ein Traum entscheide über meine Zukunft, sondern ich selbst. Darüber hab ich mir dann eine ganze Predigt gemacht und so muthig, so froh bin ich dann zu den Kühen in den Stall gegangen, daß es wol selbst der kaum glaubt, den mein Jauchzen und Singen weckte."

"So etwas," meinte Dorothee, "kann man nicht jedem sagen, aber zeigen läßt es sich; drum werden wir schon auch noch davon erfahren."

Solchen Muth, wie aus diesen Worten, hatte Jos von seiner selbstgemachten Predigt schwerlich gewonnen. Er wurde also doch von dem guten Mädchen liebevoll beachtet. Nun konnte seinetwegen die alte fette Frau kichern und meinen: "man werde eben nicht viel sehen," ihm war das ganz gleichgültig, oder vielmehr, es war ihm recht, daß er die beiden sogleich etwas auseinander gehen sah.

Nun sagte Hans, der inzwischen seine "Kaffeeschüssel" geleert und das große Butterbrot verzehrt hatte:

„Heut muß denn doch endlich das Heu abgewogen und heimgebracht werden, welches mir der Krämer vom Lipp gekauft hat. Es kostet wahrhaftig nur einen Spottpreis."

„Ja," rief Jos, „das war auch so ein Handel, für den man den Krämer einige Wochen einstecken sollte."

„Ein Teufelskerl ist er, der Krämer," lachte Hans. „Wenn unsereiner da oder dort einmal mit Baarem aus der bittersten Noth helfen will, so bekommt er nichts mehr als des Teufels Dank dafür zurück. Er aber steckt seine Finger überall hinein und verbrennt sie doch nie, sondern immer hängt etwas nicht Unbeträchtliches daran, wenn er sie wieder zurück zieht. Mit den Leuten, die immer schon vorgegessenes Brot in Bäckers Tagebuch haben, kennt er sich aus, es hat eine Art! und zu fangen und zu binden versteht er sie, daß man oft noch beinahe lachen muß."

Jos fuhr wie von einem Wespenstich getroffen auf und fragte: „Kannst du das Wuchern lächerlich finden?"

„Der Lipp ist so mit dem Krämer eins worden," antwortete Hans ein wenig spitz. „O der braucht den Leuten nicht nachzulaufen. Wie gut sie ihn auch kennen, sie gehen doch freiwillig in seine Falle."

„Freiwillig," wiederholte Jos verächtlich. „Der Krämer hat dem Lipp sein Darlehen gekündet, als das Heu billig und nirgends Geld aufzutreiben war, als etwa bei solchen, die mit dem alten Sünder unter einer Decke zu spielen scheinen."

Jos war so erregt, daß er, um sich nicht allzuviel Gewalt anthun zu müssen, die Stube verlassen wollte, da er sah, daß Schweigen hier jetzt Gold, Weiterreden aber nur Oel in das auf dem Gesichte der Stigerin sich verrathende Feuer sei. Schon hatte er die Thüre geöffnet, als die Stigerin ihn etwas rauh an den Tisch zurück rief. „Bei uns wird gebetet, bevor man geht," sagte sie, und begann noch zornroth eine endlos scheinende Zahl Vaterunser zu beten für Lebendige und Todte, Gott und seinen Heiligen zu Ehren und den armen Seelen zum Trost.

Auch Jos brummte mit, von Andacht war aber dabei keine Rede. Dieses gedankenlose Beten mit den Lippen, die noch vor einer Minute den Krämer vertheidigen wollten, kam ihm fast wie eine Gotteslästerung vor. Das Gute aber war, daß die Stigerin sich in eine ganz andere Stimmung hineingebetet zu haben schien. Nachdem sie endlich das letzte Kreuz gemacht und noch einmal den armen Seelen die ewige Ruhe gewünscht hatte, befahl sie Hansen, doch für Lipps arme Kinder etwas Obst, Weißbrot oder Zucker mitzunehmen. „Die armen Tröpflein," sagte sie, „haben so selten etwas Gutes, und mit nur Wenigem kann man ihnen eine Freude machen, daß sie eins sein Lebtag drum ansehen."

„Und das ist schon eine Kleinigkeit werth, sagte Jos rauh, aber zum Glück hatte die Stigerin, die schon nach ihrem Speicher geeilt war, diese Bemerkung nicht mehr gehört.

Dorothee sah den Knecht mit einem vorwurfsvollen Blicke an. Ja, sie hatte eben auch schon als Kind Weißbrot und Zucker bekommen, drum mußte sie mit allem einverstanden sein, und mußte freundlich lächeln beim Abschied vom einzigen Bruder, der jetzt für Hansen des Kaisers Rock trug. Herrgott, wer hätte dem alten Mathisle und Dorotheens kränklicher Schwester alljährlich so und so viel Magdlohn gegeben, wenn Dorothee nicht mehr gelächelt haben würde! Auch das war Zucker und Weißbrot für die armen Tröpflein, und Hansjörg der Heustock, den man um ein Sündengeld kaufte. Du lieber Gott, von dem allen siehst du nichts, denn wie ein großer, grauer, undurchdringlicher Schleier fällt das lange und breite Tischgebet darüber herab.

Auf dem Wege zu Lipps ärmlicher Behausung erzählte Hans dem Knechte von seinen Kühen und wie er zu jeder einzelnen gekommen sei. Jos erfuhr dabei, daß wenigstens in den letzten Jahren immer der Krämer dazu geholfen und gerathen hatte. „Das ist Einer, mit dem man die Andern fängt," bemerkte der langsame Erzähler nebenbei. „Fehlen kanns ihm freilich auch, aber dann hat mir doch die Mutter nichts vorzuwerfen."

Vor dem fast ganz neu gebauten Hause des Andreas stand er still und flüsterte dem Knechte zu: „Du, aber der da hätte wieder eine schöne Kuh feil. Die möcht ich kaufen, aber selbst, denn der Krämer thät wol eher auf des Töchtermanns Vortheil denken als auf den meinen. Geh doch einmal in den Stall und sieh dir den Weißfuß drum an, was er werth ist. Aber höre noch: handeln laß dann mich allein. Die Angelika — will sagen der Andreas — wenn der seinen Rausch von gestern schon ausgeschlafen hat — sie beide sollen nicht meinen, daß sie mit einem zu thun haben, den man so leicht überlisten kann."

Hans blieb beim Wagen*) stehen, bis Jos wieder kam und seine Meinung sagte. Dann giengen beide in die Stube, wo sie das sehr übernächtig aussehende Ehepaar beim Morgenessen antrafen.

Das schöne blasse Weib stieß einen leisen Schrei aus, als es Hansen so unerwartet eintreten sah. Andreas aber sagte ruhig und kalt: „Ihr seid da dem Weib in die schönste Predigt hinein gekommen."

„Schäme dich," rief das Weib, und glühende Röthe färbte ihr Gesicht. „Schäme dich, vor Fremden davon zu reden."

„Der Hans ist dir doch noch nicht gar so fremd, und Jos ist ein armer Teufel, vor dem sich kein Mensch zu schämen braucht."

„Wo keine Scham ist, da ist auch keine Ehr." Hans sagte das nur, weil ihm just nichts Anderes einfiel und er doch diesem peinlichen Auftritte so gern ein Ende gemacht hätte.

Mit solchen Sprichwörtern ist ein Haus gewöhnt,

---

*) Es sind kleinere Wagen, die nur von den Leuten selbst gezogen werden.

jeden aus der Fassung und zum Schweigen zu bringen. Hier jedoch hatte er nicht den rechten Mann getroffen. Andreas erwiederte mit bitterem Lachen: „Und wo keine Ehr, ist auch keine Scham. Ich aber bin nun einmal der Lümmel bis in die alten Tage und hab nichts Gutes an mir, als daß ich zuweilen am hellen Werktag in eine Predigt komme. Nützen thun an mir diese Predigten freilich nichts, als daß ich den Trost daraus schöpfe, sie hab mich doch immer noch ein wenig lieb."

Bei den letzten Worten hatte seine Stimme ein wenig gezittert. Jetzt war es so still, daß man das im Nebenzimmer erwachende Kind die Mutter zu sich rufen hörte. Die Gerufene flog ans Bettchen, und Mutter und Kind beteten laut ihren Morgenspruch. Andreas fragte unterdessen, was sein früher Besuch eigentlich wolle. Hans brachte stotternd sein Anliegen vor. Er war jetzt gar nicht mehr zum Handeln aufgelegt, wie sicher ihn auch die Angaben seines Knechtes gemacht hatten. So mußte denn Jos das Geschäft abschließen und es gieng um so schneller, da Andreas das Geld gleich holen durfte. In seinem Eifer, zu zeigen, daß man künftig des Krämers Rath nicht mehr nöthig haben werde, war Jos bemüht, mit der Noth des Verschwenders den Preis des Thieres herabzudrücken. Es gelang ihm das auch so gut, daß sogar Hans es bemerkte, und ihn gleich vor dem Hause darüber zur Rede stellte. „Ich sehe wol, du bist nicht besser als der Krämer," sagte er.

Den Knecht ließ sein Gewissen sogleich errathen,

was Hans damit meine. „Aber," antwortete er, „der Andreas ist denn doch kein armer Lipp."

„Aber er hat auch Weib und Kind."

„O die sind sich selbst genug; sieh nur, wie froh sie sich da oben zulächeln."

Das Weib, welches mit einem wunderlieblichen Mädchen auf dem Arm am offenen Fenster stand, schien wirklich nicht mehr dasselbe, welches vorhin die Stube verließ. Hansen schien dieser Anblick recht in der Seele wohl zu thun. Er langte sogleich in die Tasche und warf dem holden Geschöpfe ein großes Stück Zucker zu. Was er sonst noch in der Tasche hatte, warf er in Lipps Stube auf den Boden und hatte am Haschen und Zerren der ärmlich gekleideten Kinder seine Freude. Selbst die Mutter sah eine Zeit lang behaglich lächelnd dem Kriege zu, bei dem ja doch immer eines ihrer Kinder gewann. So gut als Hansen schien ihr aber die Sache doch nicht zu gefallen. Sie gieng auf einmal seufzend hinaus, während Hans, der nun seine Tasche geleert hatte, seinen Geldbeutel zog und kleine Kupfermünzen auswarf. Der Eifer der Kinder wurde immer größer, immer weniger schonten sie sich, und es begann bald da bald dort eines laut zu weinen. Das trieb die Mutter wieder in die Stube zurück. Rasch trat sie ein und sah den reichen Bauern gar nicht wie einen Wohlthäter an, indem sie sagte: „Wenn du aus der Leidenschaftlichkeit der Kinder sehen willst, wie grausam nöthig wir alles brauchen könnten, so wirst du nun bald fertig sein. Ich könnte dir noch viel erzählen, wenn du nicht selbst an den Heustock denkst, den wir aus purer Armut um einen Spottpreis verkaufen mußten. Mir hat das weh gethan, aber doch nicht so weh als es mir thut, meine Kinder jetzt um des leidigen Geldes willen zum erstenmal in ernstlichem Unfrieden zu sehen."

Der Schusterlipp warf einen großen Leisten so heftig in die Schublade, daß alle andern Werkzeuge in derselben klirrend aufflogen. Dann sagte er mit schlecht verhaltenem Unwillen: „Sie werden sich noch vielmal wehren müssen ums liebe Geld. Es gab auch zum Anfangen wol keine erwünschtere Gelegenheit als heut. Eins gewinnt ja immer, und wenn dir das nicht recht ist, so mach dich lieber gleich wieder in die Küche."

Das Weib, so erschrocken über den seltenen Ton in den Worten ihres sonst so guten Lipp, daß sie die Anwesenheit der Fremden gar nicht mehr beachtete, bat mit feuchten Augen: „Sei doch um Gottes willen nicht so! Du weißt ja, daß ich immer dabei bin, wenn es für die Kinder etwas zu verdienen giebt, du weißt, daß es mir da weder zu heiß noch zu kalt ist. Aber, Lipp, nicht gegen einander sollen sie sein, jedes für sich und gegen die andern, das thät mir weher als alles, was sonst unsere Armut mitbringt."

„Wir wollen lieber in den Stadel zum Heu," murrte der Schuster. „Wenn du einmal auf deine Kinder kommst, kann man dir doch nichts mehr aus- oder einreden."

Die letzten Worte sprach er weich, beinahe freundlich, und Jos hatte das Gefühl, hier wäre doch besser sein, als in dem neugebauten Hause des Andreas. Trotzdem aber war er so froh als eine arme Seele über ein Vaterunser, daß man jetzt vom Gehen redete. Rasch wendete er sich und erfaßte den hölzernen Thürnagel mit beiden Händen, Hans aber blieb wie angebannt stehen. Eine Zeit lang nestelte er an seinem Geldbeutel herum, dann warf er ihn auf den Tisch, und sagte etwas unmuthig: „Da, du böses Weib, nimm du die wenigen Thaler, und vertheile sie besser als ich es kann. Nimm nur," drängte er, „gleich vor meinen Augen nimm. Es ist nicht gebettelt und auch nicht geschenkt. Ihr beide müßt mir dafür eine Gefälligkeit thun."

„Nur gefordert," rief Lipp fröhlich.

„Ihr dürft von der dummen Geschichte kein Wort mehr mit einander reden," bedingte Hans, und eilte dann so schnell hinaus, daß Jos ihm kaum aus dem Wege kommen konnte.

Beim Abwägen und Aufladen des Heues war Lipp in der heitersten Stimmung. Er erzählte viel Liebes und Gutes von seinem Weibe. „Dulden und entbehren," sagte er alles entschuldigend, „haben wir zusammen gelernt; aber daß jemand etwas bringt, war uns noch ganz ungewohnt, drum haben wir heut unsere Sache so schlecht gemacht."

Jos und Hans waren ziemlich schweigsam. Jeder schien mit seinen eigenen Gedanken vollauf beschäftigt, und diese sprachen sie erst aus, als sie beisammen in der Deichsel des schwerbeladenen Wagens giengen, der ihnen auf dem ziemlich guten, ein wenig abwärts gehenden

Wege langsam nachschwankte. Hans sprach den Wunsch aus, daß doch auch beim Andreas so leicht zu helfen wäre wie hier, dann sollte Angelika keine böse Stunde mehr haben.

„Dann," fragte Jos, „wähnst also du, die Reichen seien schlimmer dran als ein Armer, ein in der warmen Stube Sitzender, der einmal hinaus muß, mehr zu bedauern, als der halb Erfrorene, den ein Sonnenstrahl erquickt?"

„Ich hab nicht gleich die ganze Welt im Kopfe wie du."

„Aber sag mir, warum ist Angelika gar so zu bedauern? Sie mußte den Andreas kennen, als sie sein Weib wurde."

„Damals war er nicht so arg wie jetzt."

„Vielleicht ist aber gerade sie an Manchem schuld."

„Sie? Angelika?"

„Der Vater des Andreas hat ihn hart gehalten, dafür suchte er Ersatz, als er sein eigener Herr wurde. Folgen wie ein Knecht hat er gelernt, sich selbst beherrschen kann er nicht."

„Drum eben hätt er auf Angelika hören sollen, das hätte ihm keine Schande gemacht."

„Der Krämer sagte, daß sie das auch geglaubt und ihm oft eingeredet habe, geprebigt wie heut, das machte ihn erst recht trotzig. Er mochte nicht mehr daheim sein, suchte Unterhaltung im Wirtshaus und that so, daß man ihn einen Lümmel nannte. Das größte Unglück, meint der Krämer, sei das, daß er sich jetzt auch selbst für einen Lümmel halte."

„Aber wie du auf einmal den Krämer so viel gelten lassen kannst?"

„Der kennt die Menschen sicher so gut als die Kühe, und gleichgültig ist ihm sein Töchtermann denn doch nicht, wenn er sich vielleicht auch wenig um sein Seelenheil kümmert."

„Und der Krämer wüßte also nicht, mit was der guten Angelika geholfen werden könnte?"

„Einmal in der übelsten Laune hat er gesagt: Es wäre vielleicht kein so großes Unglück, wenn ihnen alles niederbrennen thät. Dann aber hat er an sein liebes, hübsches Enkelchen gedacht und ist über seine Rede fast zu Tode erschrocken. Ich aber hab mich später oft mit dem Gedanken beschäftigt. So ein reiches Muttersöhnchen würde Augen machen in der Schule der Armut. Sehen möchte ich schon einmal, wie mancher sich anschickte, wenn er oft um etwas den doppelten Kreuzweg machen müßte, dem jetzt alles bis vor das Kanapee getragen wird."

Hansen schien dieser Wunsch nicht besonders zu erbauen. Er sagte etwas bitter: „Nun, wunderlicher würden die Reichen sich auf dem Platz der Armen nicht benehmen, als diese, wenn man tauschen wollte. Man darf nur daran denken, wie närrisch es in so einer schlechten Hütte zugeht, wenn unverhofft einmal ein Stück

Geld oder sonst eine Kleinigkeit hinein kömmt. Gerade heute haben wir ein herrliches Beispiel erlebt. Wir, ich und die Mutter, haben auch einmal einen ähnlichen Fall erlebt wie heute beim Lipp. Es ist aber schon lange seitdem. Ich war noch ein ganz kleiner Bursche und hieng immer an der Juppe der Mutter. Mein Bruder selig war mit dem Vater, nachher auch mit den Tagwerkern in Feld und Wald, ich aber blieb immer daheim oder bei dir. Nur mit der Mutter gieng ich aus, wenn die einmal eine Base besuchte, oder den Tagwerkern das Essen brachte. Noch weiß ichs ganz gut, wie das eine schöne Woche war, in der wir am Argenstein einige Tannen zu Schindeln fällen ließen. Das Mathisle hatte gesagt, es übernehme für den Hauszins die Verpflichtung, das Häuschen in Stand zu erhalten, wenn man ihm das Holz dazu schaffe. Das war freilich nur wenig. Aber wir brauchten das Häuschen einzig nur als Heustadel für das Gut*) daneben, auf die weite Gasse setzen konnte man das arme Männchen auch nicht, und so nahm denn mein Vater den Antrag an.

„In dem Allen," bemerkte Jos, der den Wagen fast ganz allein ziehen mußte, „sehe ich keine Aehnlichkeit mit dem heutigen Fall."

„Wird schon noch kommen; laß mich nur reden."

„Es ist also eine ganze Geschichte?"

---

*) d. i. Wiesenstück.

„Ja, und Lipp hätte nicht meinen Beutel mit sammt dem Gelde bekommen, wenn ich nicht bei ihm wieder so lebhaft daran erinnert worden wäre."

„Großer Gott! Was werde dann erst ich bekommen, wenn ich sie geduldig bis zu Ende angehört habe!"

„Ueberwindung wirds dir sicher genug kosten."

„Nein, erzähle nur," sagte Jos lächelnd.

„Also, wo war ich? Wol bei unserm Häuschen am Argenstein, in dem schon damals das Mathisle wohnte. Nein — ich war noch nicht dort. Wir giengen erst hinauf, ich und die Mutter. Sie mit dem eingepackten Mittagsessen für die Holzhacker kam nur langsam, mir viel zu gemach, vorwärts. Mit einem großmächtigen Butterbrot in der Hand sprang ich voran über Stock und Stein. Da begegnet mir ein Mädchen, noch kleiner als ich, und richtete die schönen Augen auf meine Hand, daß sie mich beinahe zu brennen schien. Ich wußte nicht, wie weh der Hunger thut, aber ich hatte das Gefühl, die gute Dorothee möchte mein Butterbrot. Anfangs wollte ich theilen, aber als ich sie darüber so erfreut sah, schenkte ichs ihr ganz. Sie sprang heim, ich zur Mutter zurück. Als wir nun mitsammen zu Mathisles oder eigentlich zu unserm Häuschen kommen, da steht Dorothee vor der Thür und weint die hellen Tropfen, will es aber mich und die Mutter durchaus nicht merken lassen. Erst als ich frage, ob sie mit meinem Butterbrot schon fertig sei, kann sie sich nicht mehr

zwingen und weint nun überlaut. Die Mutter aber hat
darum den Lärm in der Stube doch noch gehört, denn
ihr ist das bei weitem nicht so zu Herzen gegangen wie
mir. Zuerst blieb sie stehen und horchte. Da war
wol zu merken, daß man stritt, aber warum es sich
handelte, das konnte man aus den einzelnen Worten
nicht erlesen. Just das aber wollte die Mutter wissen.
Sie gieng in die Stube ohne lange anzuklopfen, und da
hat sie denn sogleich den ganzen Sachverhalt erfahren.
Voller Freuden war Dorothee mit ihrem Butterbrot
heimgeeilt. Das Mathisle wollte eben auch ins Feld,
obwol es noch nicht zu Mittag gegessen hatte. ‚So,‘
sagte es, als es Dorotheens guten und ihm so seltenen
Bissen sah, ‚da gäb es jetzt noch etwas zum Mitnehmen
für die lange Weile.‘ ‚Ja, nimm nur,‘ soll das Mädchen
schnell gesagt haben. Der Vater hat schon nach dem
gelangt, was das Mädchen ihm gibt, mit weggewendetem
Gesichte wol, aber doch schnell und ohne zu theilen. Das
ist denn seiner Mutter gewaltig zu Herzen gegangen.
Er sei herzloser, unverschämter als ein wildes Thier, hat
sie ihn angewettert, sonst würde er dem hungrigen Tröpf=
lein doch nicht so den ersten guten Bissen, den es be=
komme, wegnehmen dürfen. Nun klagte auch der Mann
seine Noth und behauptete: das Kind könne doch nicht
einzig von diesem Butterbrot, wol aber von seiner Arbeit
leben. Ich weiß nicht mehr, was alles die beiden sich
nun im Zorn sagten, wenn schon es mir und der Mutter
lang und breit erzählt wurde, wobei denn der Streit
von neuem angieng, obwol sie sich im ersten Schrecken

recht ordentlich zusammen genommen hatten. Es war, als ob sie nun miteinander zu rechnen angefangen hätten, und mir ist wol noch nie etwas so nahe gegangen als diese Rechnung. Und doch dachte ich dabei nur an Dortheen, die zitternd neben dem Vater stand, nicht auch an ihren Bruder und an die ältere Schwester, die während des Lärms mit einander spielten, als ob sie so etwas lange gewohnt wären, oder als ob es sie rein gar nichts angehen thät. Mir kam es ganz unbegreiflich vor, daß meine Mutter heute so lange still sein und ganz geduldig zuhören konnte. Dafür aber fuhr sie dann auch endlich um so wilder auf: ‚Euch ist nicht zu helfen, ihr Elenden, denn jede Gabe brächte nur neuen Krieg ins Haus. Dem Kind aber soll geholfen, es darf durch euer Beispiel nicht auch noch verderbt werden. Wie konnte nur Gott euch ein so schönes unschuldiges Wesen anvertrauen?'

„‚Es wär ihm von Herzen zu gönnen, daß es Euch gehören thät,' murmelte das Mathisle.

„‚Gott hat es mir gezeigt,' sagte meine Mutter, wie wenn sie beten thäte, so feierlich, wie ich sie nie gehört hab. ‚Sein heiliger Schutzengel hat deutlich genug zu mir gesprochen. Wenn ihr selbst mir das Mädchen wünscht, so will ich es nehmen, bevor ihr es noch gar an eine Zigeunerbande verkauft.'

„So hat meine Mutter gesagt. Vom Mathisle und seinem Weib ist dann noch viel mehr Wesens gemacht worden, als man hätte vermuthen können.

Besonders dem Weib ist es schwer gefallen, daß man ihr das Kind nehmen wollte, und daß sie zu seiner Erziehung nichts mehr sagen, ja es nur höchst selten einmal besuchen sollte. Trotzdem hat sie am Abende des nämlichen Tages das Mädchen und sein kleines Bündelein in unser Haus gebracht. Die gute Mutter Dorotheens — Gott tröste sie im ewigen Leben — hat im voraus für alles Gute mit feuchten Augen gedankt, und dem Mädchen zugesprochen zum Abschied, daß mir dabei ganz kalt worden ist. Nun, sie könnte zufrieden sein mit dem Mädchen, wenn sie noch lebte, und mit uns auch, und meine Mutter hat ihre Güte auch nie bereuen müssen."

Jetzt erst bemerkte Hans, daß er und Jos und der Heuwagen noch beinahe auf demselben Platze standen, wo er seine Erzählung begonnen hatte. Jos, der alles lebhaft vor sich sah, was er hörte, hatte immer schwächer gezogen und dachte auch jetzt noch nicht an seine Arbeit. „Nun," sagte er herzlich, „jetzt begreife ich, warum dir das heute wieder einfallen mußte."

Zu einer andern Zeit hätte es den Jos ordentlich ärgern können, hier wieder ein neues Band zu sehen, welches das Mädchen an dieses Haus fesseln mußte. In diesem Augenblicke aber war er der alten Stigerin von Herzen dankbar für einen Entschluß, der Dorotheen aus ihren elenden Verhältnissen heraus half. „Es sind doch gute Leute und sie meinen es redlich, wenn einer es auch nicht immer so empfindet," dachte er, indem er sich mit seltener Freudigkeit wieder an sein Tagwerk machte.

„Da ist's denn doch ganz anders als beim Krämer, der nur für sich selbst wohlhabend ist," dachte er, als er Abends neben Dorotheen beim Nachtessen saß.

Siebentes Kapitel.

Jos fängt an gemüthlich zu werden.

Jener Handwerker, welcher sagte, „um den Tag=
lohn trage er das ganze Jahr Wasser vom Brunnen
in den Bach, oder werfe seinem Arbeitgeber Prügel und
Steine nach," war gewiß ein armer Mann, der täglich
im Schweiße des Angesichtes sein Brot verdienen mußte,
und auf der Welt nichts Höheres kennen lernte, als den
Feierabend. Er war doppelt arm, weil er die Freuden
der Arbeit nie empfand, weil er sich nicht für einen
Schaffenden, sondern nur für ein Werkzeug hielt. Die
Bauern haben daher vielleicht gar nicht so unrecht,
wenn sie jene Rede einen Fabriklerspruch nennen.

Und auch der arme Ladenschneider hinter einem
Berge von unfertiger Arbeit, worauf sollte er sich freuen
als auf Feierabend und Lohn? Wer soll ihm danken für
seinen Fleiß, wer seine Geschicklichkeit loben, wenn es
sein Arbeitgeber nicht thut, dem das alles zu gute kommt?
Ihm fehlt sogar das gemüthliche Verhältniß mit seiner
Kundschaft, das andern Handwerkern, die selbst mit

dieser verkehren, so wohl thut. Bei seinem Schaffen hat er nicht die Befriedigung, sein Werk allmählich werden und wachsen zu sehen, hier schon die bisherige Thätigkeit belohnend, dort neuen Fleiß, neue Anstrengung fordernd, wie der Bauer, dessen einzelnes Tagwerk einem Nadelstich gleicht an dem Kleide für sich selbst, zu dem ihm sein eignes Wollen und Können das Maß gibt.

Auf dem Stighof, der dem Jos wie eine kleine Welt vorkam, fiel es ihm bald gar nicht mehr ein, daß er eigentlich immer nur für einen Andern arbeiten müsse. Müssen — davon war jetzt keine Rede mehr. Wer hätte die Kühe hungern, die schönen Felder unbearbeitet lassen können? Hier schaffte er nicht mehr, wie beim Krämer, nur ins Blaue hinein. Die Wohlthat jeder Arbeit kam seiner ganzen kleinen Welt zu, der sie, wie der Segen des Herbstes, gleichzeitig Frucht und Samenkorn wurde. Dorothee war ihm bald wie eine Schwester, Hans wie ein Bruder geworden, und das Lächeln der alten Stigerin, die er nicht selten Mutter nannte, seit er erfuhr wie sie an Dorotheen handelte, belohnte ihn wie das Mädchen, und es that ihm wohl, wenn die gute Frau ihn und Hansen wegen ihrer Eifersucht neckte.

Andern Leuten, die gern hatten sehen wollen, wie lange die selbstolze, strenge Frau mit dem trotzigen Jos erträglich auskommen werde, kam das bald etwas kopfschüttelich vor. Man wollte bemerkt haben, daß Jos und Dorothee sich lieber hätten, als zur Verrichtung ihrer Arbeiten nöthig wäre. Viele Väter wohlhabender, hübscher Mädchen, die bisher eine Heirat Hansens mit seiner Magd gefürchtet hatten, begannen wieder neue Rechnungen zu machen und sagten sich sogar, der klugen Stigerin sei vielleicht Dorotheens Liebelei mit dem Knechte ganz erwünscht, und sie sehe nicht ungern, daß der so zwischen sie und Hansen gekommen sei.

Wenn aber auch die Stigerin so gedacht hätte, so wäre es ihr ein Leichtes gewesen, sich selbst zwischen die Beiden zu stellen, und sie hätte darum gewiß nicht eine andere Liebschaft großziehen mögen. In dem Stücke war sie ungemein streng. Von jener Weisheit, die den Menschen erst alles durchgenießen und dann ein lebendiges Buch des Predigers werden läßt, hatte sie freilich nichts, und wie jetzt hatte sie schon vor dreißig Jahren immer nur gefragt: Was etwas nütze und was im besten oder im schlimmsten Falle daraus entstehen könnte? Einzig ihre vielen Wohlthaten wurden nicht auf dieser Wage gewogen.

Als das einzige Kind wohlhabender Aeltern, und von Jugend auf gesünder und kräftiger als ihr Vater, hatte sie schon früh den Sohn ersetzen müssen, wie vorher ihre Mutter den Vater. Alles was in Kauf und Lauf kam, gieng durch ihre Hand, und selbst der Neid mußte ihr nicht nachzureden, daß sie dabei jemals einen schlechten Schick gemacht hätte, wenn man nicht ihre Heirat einen solchen nennen wollte. Wer aber sie und diejenigen kannte, welche um sie warben, dem mußte es ganz begreiflich vorkommen, daß sie, wenn nun einmal durchaus geheiratet werden sollte, nur dem Reichsten gestattete, von ihr oder eigentlich ihrem Hofe den Namen Stiger zu bekommen.

Nie stellte der Bregenzerwälder sich trotziger, verschlossener der „Welt da draußen" und allem was aus dieser zu ihm kommen wollte, gegenüber, als gleich nachdem die alte freie Verfassung des kleinen, kaum beachteten Aachthals aufgehoben wurde. Früher strebte der Ehrgeiz der Unabhängigen nach Höherem als nach Geld und Gut; man hatte gesucht, in der Gemeinde, im Lande etwas Rechtes zu sein, im Männerrathe ein entscheidendes Wort mitzusprechen und sich bei den Wahlen zur Geltung zu bringen. Nun aber mußte auf einmal das alles den studierten Herren überlassen werden, und der Bregenzerwälder sah nichts Besseres mehr vor sich, als den Genuß des Erworbenen. Die sogenannten unruhigen Köpfe und Neuerer wurden aus dem Lande verdrängt, wenn sie es nicht vorzogen, freiwillig zu gehen, und die Ruhigen besannen sich bald: Es sei nun das Gescheidste, sich wohl sein und die ganze Welt unbekümmert gehen zu lassen. Ward einer einmal in seinem Dorfe zu den Reichern gezählt, oder hatte er wenigstens ein Anwesen, welches ihm einen Knecht trug, so konnte er sich hinsetzen zu den großen Vielbeneideten, oder mit ihnen die Wette eingehen, wer es wol am großartigsten zu treiben vermöge. Die Volksfeste, jetzt unter geistlicher und weltlicher Aufsicht stehend, wurden, sobald ihnen der frohe Tanz und das freie Wort fehlten, zu gemeinen Schlemmereien, von denen die Bessern sich ins sogenannte Herrenstüble zurückzuziehen begannen. So wurde denn vom Strom des Vergnügens, der rohesten Genußsucht fast jeder Ungebundene fortgewirbelt; der

Gebundene, durch Noth Gefesselte aber stand allein wie eingesandet, und warf denen neidische Blicke nach, die ihn lachend sich selbst und seinem Schicksal überließen. Nur die Frauen und Mädchen hatten am häuslichen Herd noch eher eine sichere Stätte. Je weiter die männliche Bevölkerung von der nun einmal eingerissenen Strömung fortgetrieben wurde, desto mehr mußten s i e ihre Kräfte üben, damit doch nicht alles zu Grunde gehe. Ein Menschenalter später führten so zu sagen in allen wohlhabenden Häusern die Weiber das Hausregiment, denn die, in welchen das n i c h t geschah, waren lange keine wohlhabenden Häuser mehr. Nie standen beide Geschlechter sich mißtrauischer, spröder gegenüber, als in dieser traurigen Zeit. Der Wirkungskreis des Weibes erweiterte sich mehr und mehr, aber dieses verlor dabei so viel als der Mann, und das Volk an ihm wol mehr als an dem Letzteren. Herzensgüte und Milde, der Kunstsinn, die Freude am Schönen und die Begeisterung für das menschlich Große schienen verschwunden und der Mensch zum Stallknechte geworden zu sein. Das unter der Herrschaft der Mannweiber herangewachsene Geschlecht wurde kleinlich, pfiffig, sparsam und arbeitsscheu; der Thaler galt alles, und den Werth des Menschen pflegte man in seinem Steuerbüchlein zu suchen.

Auch die Stigerin war so ziemlich ein Kind jener Zeit. Nutzen und Schaden — das war ihr Gewissen. Darum hielt sie auch den Reichthum für die Frucht der Arbeit, für den Gotteslohn jeder Entsagung, und kurz für die sichtbar gewordene Gestalt aller menschlichen

Tugenden und Vorzüge. Sie gieng fleißig in die Predigt und nahm alles ohne Grübeln und Deuteln an; aber als einst ein Kapuziner die Behauptung aufstellte, daß Wohlstand und Glück viel öfter eine Strafe Gottes für allzu irdische Gesinnung seien, da mochte sie gar nichts mehr weiter von ihm hören, und als man bald darauf für das Kapuziner-Kloster in Bezau die übliche Buttersammlung in der Gemeinde vornahm, war der Stollen, den sie in den Pfarrhof schickte, bei weitem der kleinste, und den Gruß, welcher Dorotheen mitgegeben wurde, wagte diese gar nicht auszurichten. Es war wirklich Dorotheen nicht zu verargen, wenn sie alles für unüberlegt hielt und sogar den kleinen Stollen verstohlen noch einmal in den Keller trug, um ihn ein wenig wachsen zu machen; wofür sie dann aber von der Stigerin, die das sogleich merkte, die strengsten Vorwürfe erhielt, die sie je unter diesem Dache erschreckt hatten. Doch noch am nämlichen Tage hatte die Magd Gelegenheit zu bemerken, daß die Frau noch keine kärgere Geberin werde; ja, wie vielleicht immer fand ihr mildes Herz Ersatz im Wohlthun für das, was es dem strengen Verstand hatte opfern müssen. Wenn sie auf das lange Tischgebet zu zu reden kam, welches auch während der dringendsten Feldarbeit nicht um ein einziges Vaterunser abgekürzt wurde, so sagte sie: Gott sieht das und kanns auf andere Weise wieder reichlich ersetzen. Von ihrer Mildthätigkeit aber redete sie, besonders mit ihren kargen Freundinnen und Basen, am liebsten gar nicht, oder sie sagte ganz kurz, wie um sich zu entschuldigen: Sie habe nicht anders können, als dem armen Teufel mit dem oder diesem wieder ein wenig auszuhelfen. Jos hatte diese Seite ihres Wesens, die sie wie eine Schwäche sorgfältig geheim zu halten, ja mit einer recht unnatürlich rauhen Rinde zu umgeben suchte, erst kennen gelernt, seit er als Knecht mit ihr unter einem Dache lebte. Der unerwünschte Spielgefährte Hansens war ihr, besonders als Vater und Sohn mit seltener Beharrlichkeit für ihn einstanden, zu sehr zuwider, als daß je ein wärmender Strahl aus ihrem Herzen in sein dunkles, kaltes Kindesalter hätte fallen können. Dieses listige, trotzige, dem Vorsteher und ihrer ganzen Verwandtschaft zum Aerger in die Gemeinde herein geschmuggelte Kind der Sünde war ihr recht in der Seele zuwider, und wenn Hans für seine Mittheilung am Ostermorgen, daß er den Jos als Knecht gedingt hatte, keine besonders lange Strafpredigt hören mußte, so kam das einzig davon, weil sie glaubte, der schwache Schneider werde seinen Platz nicht eine Woche behaupten können. Weil sie aber das ganz bestimmt vorauszusehen meinte, begann sich schon auch das Mitleid mit dem Armen zu regen, in dessen traurige Lage sie sich jetzt unwillkürlich immer wieder denken mußte, bis sein Trotz eine ganz andere Stimmung weckte. Doch Hansens Erzählung beim Heuführen hatte nicht nur diesem Trotze seine Spitze genommen. Mit einer Art Ehrfurcht blickte er zu Dorotheens Mutter und Erzieherin auf. In jedem Augenblicke glaubte er ihr für tausend dem armen Kinde zugekommene Wohlthaten danken zu müssen. Sein ganzes Wesen schien sich in wenigen Tagen verändert zu haben, und die Stigerin nahm mit Freuden den guten Einfluß ihres Hauses auf den etwas verderbten Burschen wahr, den sie nun mit fast mütterlicher Sorgfalt zu umgeben begann.

Jos nahm das für einen Ausdruck ihrer Zufriedenheit mit dem Knechte, und dadurch wurde ihm die ungewohnte strenge Feldarbeit bedeutend leichter. Sein Ehrgeiz und der Gedanke, Dorothee dürfe ihn nicht für einen Schwächling halten, gaben seinem schwachen Körper eine Kraft und Ausdauer, wie er früher das wol selbst kaum für möglich gehalten hätte. Anfangs blickte er am heißen Mittag wol zuweilen etwas traurig in die schattigen Werkstätten hinein und ließ das Köpfchen hängen, während er wieder an sein Tagwerk gieng. Aber immer mehr richtete er sich auf, so daß die Leute bald bemerkten, das Bürschchen sei am guten Tische der Stigerin nicht nur fetter und kräftiger geworden, sondern auch sein Köpflein sei ihm in der immer stark eingeheizten Stube erwarmt, wie allen, die es früher darum ausgelacht habe.

Gar so arg, als die Leute meinten, war es nun freilich nicht; aber wenn ein Mensch, den man einmal als so und so sich vorzustellen gewohnt ist, nur in einem Stücke umschlägt, so ist jedermann zu Uebertreibungen geneigt, welche eine vorgefaßte Meinung zu bestätigen geeignet sind. Freilich verbrauchte er seine Kraft nicht mehr in trotzigem Dulden; bei den wohlhabenderen

Bauern, mit denen er als Seele des Stighofes fast täglich verkehrte, seit ihm den Krämer als Rathgeber und Nothhelfer zu verdrängen gelang, hatte er etwas ganz anderes zu suchen, als belachenswerthe Fehler. Zwar stolzer als ehemals war er nicht, wenn er auch etwas sicherer auftrat und neben Dorotheen seine ehemaligen Gefährten beinahe vergaß; aber ganz der Alte schien er auch sich selbst nicht mehr, und hielt sich in manchem Stücke für besser. Wie — teuflisch — hatte er sich am ersten Tage gefreut, wenn er die Besitzer des Stighofes und Dorotheen in ihren Urtheilen über etwas auch nur ein wenig auseinander gehen zu sehen meinte. Da glaubte er gleich einen Platz entdeckt zu haben, wo er sich vielleicht zwischen sie hinein setzen konnte; jetzt aber machte es ihn noch viel glücklicher, sie alle als zusammengehörig zu betrachten. Das Mädchen, das er schon früher zu lieben wähnte, weil er es neidisch, eifersüchtig bewachte, stand jetzt zu groß, zu hoch vor seiner Seele, als daß er noch ärgerlich den Eindruck jedes freundlichen Wortes, jedes Geschenkes auf sein Herz hätte berechnen können. War es nicht recht und ganz natürlich, daß Dorothee auch bei Andern, bei Allen etwas galt? Hatte doch er in der Zeit, wo noch die gemeinste Selbstsucht ihn so beherrschte, daß er der Magd keine Freude gönnte die ihr Andere machten, bei Tag und Nacht an sie denken, nur ihretwegen sich oft weit über seine Kräfte anstrengen müssen. Die war eben der Mittelpunkt im Hause, und er schätzte sich jetzt glücklich genug, daß ihm neben ihr zu leben und mit ihr zu arbeiten vergönnt war. Selbst das Haus, die Felder*) und alles, was sie je betrat, wurde ihm lieber und werther. Immer mehr lebte er sich mit Leib und Seele in den Zauber= kreis hinein, aus dem er anfangs nicht ungern auch das liebe Mädchen herausgerissen hätte. Die alte Stigerin mit dem früher rabenschwarzen Haar, auf welchem bereits der Winter lag, und mit der großen Hornbrille auf den grauen Augen, deren ungewöhnlich starke Brauen mit der die niedere aber breite Stirne bedeckenden Pelzkappe zusammengewachsen zu sein schienen, kam ihm ganz anders vor, wenn er sich vorstellte, wie sie ein armes Mädchen allem Spott und Neide zum Trotz aus der Hütte des Elends, des Unfriedens und der tiefsten Armut rettete, um ihm Mutter zu sein und es zu so einer Doro= thee zu erziehen. O, er gab ihr von Herzen recht, wenn sie, von der Geschichte redend, mit einem Stolz, der ihm recht in der Seele wohl that, sich ein Werkzeug des lieben Gottes nannte, der keinen Menschen unschuldig Armut und Noth ertragen lasse, bis er dadurch an Leib und Seele verderbt werde. Wol hundertmal bat er sie, die die gute Dorothee schon damals liebte und schützte, als er noch ein recht ungezogener Junge war, in Gedanken um Verzeihung für die groben Verse, die er auf die nicht besonders schöne und ihm recht in der Seele verhaßte Mutter seines Spielkameraden gemacht hatte, und die Schneeballen, die er in ihren Kamin warf, wenn die

---

*) Es ist nur an Weide und Wiese zu denken (Getreidefelder gibt es dort nicht).

Milchsuppe auf dem Herdfeuer stand, und für all die tollen Streiche, durch die er es hatte rächen wollen, daß sie Hansen stets mit einem unheilverkündenden Pfiff heimrief, sobald sie ihn einmal mit ihm spielen sah.

Immer mehr lebte Jos sich in die Verhältnisse des lieben Mädchens, sogar in seine Familie hinein, nicht nur Freude und Leid mit ihr theilend, sondern jede Pflicht, alles was ihr groß und heilig war. Es gab nichts Schöneres für ihn, als ihre Erzählungen aus der Vergangenheit, wie unbedeutend sie auch immer sein mochten. Dorothee wurde oft verlegen, daß ihr aufmerksamer Zuhörer später manche Kleinigkeit aus ihrem Leben, die ihr nur einmal im Erzählungsdrange mit samt allen Nebenumständen einfiel, bei weitem genauer wußte als sie selbst. So wunderbar als sie meinte, war das freilich nicht, denn oft genug beschäftigte er sich mit jeder Einzelheit, und besonders ihre wichtigen Tage waren bald auch ihm bedeutend geworden, hauptsächlich der zwölfte März, an dem sie in dieses Haus kam, und der zwölfte Hornung, der Abschiedstag ihres Bruders. Früher vermochte er nicht zu begreifen, wie sie nach diesem Tage noch auf dem Stighof bleiben konnte. Jetzt aber dachte er sich nie mehr an Dorotheens, nur noch an Hansjörgs Stelle. Dieser that dem Wohlthäter seiner Schwester gewiß nicht ungern einen so wichtigen Dienst, wenigstens hätte er es sollen, meinte Jos, als er sah, wie treulich Hans noch immer daran dachte, und wie überreich er auch dem Mathisle das ersetzte, was allenfalls Hansjörg als Wochenlohn jeden Sonnabend heimgebracht hätte.

So rechnete Jos und zeigte damit so gut als Einer, was alles die Liebe zu überwinden oder zu verklären vermag.

Aber Jos war ja gar nicht mehr verliebt, — er war weit über die elende Selbstsucht hinaus, die ihn quälte und bitter machte, als er in dieses Haus, in den Kreis so guter und glücklicher Menschen eintrat. Er wollte Dorotheen nicht mehr vor jedem Blick, jeder Wohlthat, kurz vor allem warnen, was nicht von ihm kam. Sie war seine Schwester, der er alles Gute und Erfreuliche recht von Herzen gönnte. Er glaubte seine verliebte Zeit vorüber, seit er nicht mehr jeden Schritt des Mädchens und derer, die mit ihm verkehrten, mit der Aengstlichkeit der Eifersucht beobachtete, seit er, wie er sich selber sagte, sogar das zu opfern vermochte, was eine Andere als brüderliche Zuneigung durchaus für sich verlangen würde. Früher hatte er seinen schönsten Tag, wenn Dorothee zu ihm aufs Feld kam und ihm arbeiten half. Dann hatte er Glück in allem was er machte, und wenn er auch halbe Viertelstunden nur plauderte oder ihr zuschaute, wie flink sie den Rechen durch die schöne Hand gleiten ließ, wie regelmäßig ihre Sense den Halbkreis durchrauschte und die hohen Halme aufeinander legte, am Abend hatte er doch immer weit mehr ausgerichtet, als wenn er allein war. Dann kam er sich auch Abends beim Heimgehen nicht mehr als ein einsamer, ganz besonders gearteter Trübsalblaser mit von

keinem Lebenden getheilten oder auch nur verstandenen
Leiden und Sehnsuchten vor. Sogar im frohen Wett=
gesang der Vögel hörte er sich selbst. Alles in ihm
weitete, leichtete sich, und es nahm ihn fast Wunder, daß
er nicht zu fliegen vermochte. Ja zuweilen wars ihm, als
ob er es schon könnte, wenn er sich anders von Dorotheens
Seite weggewünscht hätte. Das aber war damals eben
nie der Fall. Dorothee sollte nirgends sein, nirgends
arbeiten als nur neben ihm. Schon wenn sie mit
andern, besonders wohlhabenden Burschen, oder sogar
mit Hansen ein freundliches Wort wechselte, klagte er
über Zurücksetzung und konnte halbe Tage lang sehr
übler Laune sein, gerade als ob man ihm weiß Gott
welches große Unrecht angethan hätte. Ja, er war ein
recht unerträglicher Mensch gewesen in den ersten fünf
Wochen. Nun aber war denn diese verliebte Selbstsucht
doch glücklich überwunden.

An heißen Julitagen, wo die Blätter an den Sten=
geln schon Vormittags zu erlahmen begannen, konnte er
es nicht mehr übers Herz bringen, Dorotheen den ganzen
langen Tag neben sich schaffen und schwitzen zu sehen.
„Bleib doch daheim, wo du ja genug zu thun hast —
wol mehr als ich draußen," bat er oft, wenn er aufs
Feld zur Arbeit gieng, und wie ein Strahl der eben
aufgehenden Sonne zog es über sein jetzt auch gebräuntes
Gesicht, wenn sie endlich nachgab. Erst dann war sie
den ganzen Tag recht bei ihm, und wenn er Abends das
Gethane übersah, so wars wirklich, als ob sie ihm ge=
holfen hätte. Ach, was das eine Lust, so für sie zu

arbeiten, und dabei unterhielt er sich besser mit ihr, als wenn sie da war. Ja dann wußte er oft gar nichts zu sagen. Es war ihm ordentlich angst vor dem Mädchen, und was er sagen wollte, wäre immer zu lustig oder zu ernsthaft herausgekommen. Doch nur selten ließ die fleißige Magd ihn allein neben dem rauschenden Wiesenbächlein den Sängern des nahen Waldes lauschen und dem Geschwätz der Blätter. Immer wollte sie dabei sein und helfen, wenn ihr nicht auch Hans daheim zu bleiben befahl. Das aber geschah immer häufiger. Sonst war es dem Burschen nie eingefallen, daß das Mädchen einen strengen Dienst habe. Er hatte sich schon daran gewöhnt, sie von früh bis spät in einem fort arbeiten zu sehen, und wenn er mit der kurzen Pfeife im Munde neben ihr stand, so dachte er nur selten daran, daß er ihr wol auch ein wenig helfen könnte. Erst Jes hatte ihn, ohne es gerade zu wollen, darauf gebracht. Die Arbeitslust, die sich nun auf einmal in dem sonst etwas trägen Besitzer des Stighofes zu regen begann, hätte in seinem Knechte gewiß allerlei Gedanken und Sorgen wach rufen müssen, wenn er noch immer nur eifersüchtig gerechnet und nicht lieber sich herzlich gefreut hätte über alles, was Dorotheen auf irgend eine Weise zu gute kommen mußte. Daß Hans sie gern habe, das war ganz klar, aber wer konnte es ihm verargen? Mußte man ihm nicht gerade darum gut werden, weil er dadurch zeigte, wie weit er über andern reichen Bauernburschen stehe?

Die Beiden redeten viel von der Magd, wenn sie

allein mitsammen arbeiteten. Dem Jos war es fast zu viel, und besonders weh that ihm, daß Hans sich so bitter über ihren gemeinen, verschwenderischen Vater aussprechen konnte, über den Krämer dagegen und seinen Töchtermann sich kaum ein tadelndes Wort gefallen ließ. Wenn es der Andreas immer bunter trieb, so beklagte Hans allerdings die arme Angelika, aber nie gab er zu, daß auch diese durch ihr unfreundliches, strenges Wesen ihn aus dem Hause treibe. „Sie passen nicht zusammen und sind mehr unglücklich als schuldig," sagte er kurz abbrechend. Das Mathisle aber und sein Hansjörg sollten an allem selbst schuld sein, da thaten die Verhältnisse gar nichts. Dorotheen war ein besseres Loos geworden, weil sie ein besseres verdiente, behauptete Hans, und begann dann seine Magd auf Kosten ihrer Eigenen zu loben. Das wäre dem Jos rein unmöglich gewesen. Die, für welche Dorothee das ganze Jahr sparte und sorgte, mußte er entschuldigen so lang er konnte, dann aber wenigstens ihre Fehler, wie weh ihm diese auch thun mochten, mit dem Mantel der christlichen Liebe zu bedecken suchen. Es fiel ihm nie ein, von Hansens Tadel gegen das Mathisle, den Hansjörg und sogar Dorotheens kränkelnde Schwester auf das Nichtvorhandensein einer wirklichen Neigung zu schließen. Es konnte ja eben so gut in dieser Härte ein Unbehagen des stolzen Bauern verborgen liegen, der sich von so gemeiner Leute Kind gefangen fühlte.

Hans ließ dem Knechte nie Zeit, über seine Reden lange nachzudenken. Nicht etwa daß er unermüdet arbeiten sollte. Hans hielt im Gegentheil das Leben eher für eine Kurzweil, als nur für eine Reihe von Tagwerken, und als Arbeiter war ihm sein Knecht fleißig mehr als genug, aber beinahe zu still. Er bat den Jos oft, ihm ruhig etwas recht Lustiges zu erzählen, und hörte dann so aufmerksam zu, als ob Jos sein Rathgeber und Tröster sei. Aber der arme Knecht hatte nicht immer einen lustigen Einfall in der Tasche, und beide waren oft, ja immer herzlich froh, wenn Dorothee mit dem Mittagsessen kam, wie wenig sie bei der ungewöhnlichen Hitze dieses Sommers auch hungern mochten. Wenn sie zum Essen rief, dann kam der Appetit sicher. O, ihre Stimme konnte befehlen. Jos hatte noch nie eine ähnliche gehört, als vielleicht — denn ganz wunderbar bekannt, ja eigen war sie ihm immer vorgekommen — in seinen Träumen, in denen er überhaupt manches aus seinem jetzigen Leben schon einmal durchgemacht zu haben behauptete, ohne jedoch noch ersinnen zu können, wie es dann endlich gekommen sei. Schon früher wollte er im Traum, oder er wußte selbst nicht wann, unter der großen Buche neben Hansen und Dorotheen gesessen sein, unter der er jetzt sein Mittagsmahl einzunehmen pflegte. Auch dann hatte das Bächlein gemurmelt und die Vögel hatten laut gezwitschert, wenn Dorothee über seine nun dutzendweise kommenden Einfälle laut auflachte. Aber das hatte er in seinen Träumen denn doch nicht erlebt, daß Dorothee nicht nur für Hansen, sondern auch noch für ihn einen besondern Lieblingsbissen auspackte. Das war eine Freude! Dorotheens wunderbare

Stimme mußte nochmals bittend befehlen, bevor Jos so etwas zu vernichten wagte.

Die glücklichsten Menschen, wie die besten Frauen sind häufig die, von welchen man am wenigsten zu sagen weiß. Das Glück unseres Knechtes glich nicht der künstlichen Arbeit der Blumenmacherin, die den Kirchenaltar ziert, sondern dem bescheiden blühenden und duftenden Kinde des Frühlings, welches vielleicht kaum Beachtung findet. O schade, daß so ein liebliches, duftumflossenes Kind der schönen Jahreszeit mit aller Kunst nicht auch den Sommer über erhalten bleibt, und daß es um so schneller verdirbt, wenn man es der einsamen Stelle entreißt, wo es wuchs und blühte.

.

Achtes Kapitel.

Was Jos mit den Eierschalen dem Krämer und seiner Tochter säete.

Zu Ostern hatte nicht nur für Jos, sondern auch für den Krämer ein neues Leben begonnen. Die Eierschalen vor der Hausthür konnten keine andern sein, als die, welche er am Abende vorher in Stighansens großmächtigem Wetterhut auf einem Balken der Brücke stehen sah. Was war auch natürlicher als das! Angelika und Zusel hätten sich, wären sie im gleichen Alter gewesen, fast zum Verwechseln ähnlich gesehen. Ja, Zusel hatte nach des Krämers Ansicht entschieden noch den Vorzug gegenüber Angelika, welcher der feurige Blick ihrer Schwester fehlte, und jenes grelle Roth der Wangen, ohne welches der Bauer sich ein schönes Gesicht nicht zu denken vermag. Schon die Angelika hatte Hansen die Mutter und seine ganze Verwandtschaft kaum zu erwehren vermocht. Jahre lang trauerte er um sie, aber endlich mußte doch Zusel seine Trösterin werden. Das war dem Krämer ganz klar, seit ihm durch die Entfernung

Hansjörgs die Gunst der wunderlichen, stolzen Stigerin zu gewinnen gelang.

Länger als im allgemeinen gerade Brauch ist, ließ der Krämer des scheuen Burschen erstes Liebeszeichen vor der buntbemalten Hausthüre liegen, als ob das 'den vielen hier nach dem Gottesdienste Vorübergehenden nicht nur etwas zu rathen, sondern viel zu verstehen geben sollte. Das seltsame Betragen seiner Tochter war nicht im Stande, ihn für die Länge aus seiner Festtags= stimmung herauszubringen. Nachgesagt muß ihm werden, daß er bereute, dem Mädchen durch seine Mittheilung und seinen Beweis von Hansjörgs Treulosigkeit so weh gethan zu haben. Es war das wirklich mehr in der Leidenschaftlichkeit des Augenblickes, als, wie sonst das Meiste was er that, nur aus Berechnung geschehen. Er hätte diese Waffe gegen eine Neigung, die er noch immer im Herzen seines Kindes lebendig fürchtete, schon lange brauchen können, wenn er dem lieben Geschöpfe nicht gar so weh zu thun gefürchtet hätte. Nun aber war es geschehen, das ließ sich nicht mehr ändern, und es galt nur an das zu denken, was jetzt zu thun oder zu ver= hüten sei. Zusel krankte jetzt an dem, was doch einmal, früher oder später, über sie hätte kommen müssen. Eine alte Geschwulst war plötzlich aufgebrochen. Das that freilich weh und erschreckte, wenn man sich schon daran gewöhnt hatte; doch die Hoffnung, bald geheilt zu werden, war nun berechtigter als je vorher. Es mußte schmerzen, sich von dem noch unvergessenen Geliebten so ver= rathen und verkauft zu sehen, aber nun erst mußte sie sich gewaltig zu dem festen, ehrlichen Stighans hingezogen fühlen, der so etwas gewiß niemals gethan hätte.

Und — das vergaß der Krämer denn doch nicht ganz — ihm hatte es schon auch weh gethan, die hinter seinem Rücken an den ihm verhaßten Hansjörg, den elenden Schneider, geschriebenen Briefe zu lesen. Das aber gestand er seinem Kinde jetzt nicht mehr zu. Mit Ueberlegung, nicht im Aerger wollte er geredet haben, während er sonst sogar seinen berechnetsten Reden und Handlungen etwas Unwillkürliches, einen Schein von Herzlichkeit zu geben suchte. Es schien ihm ein Trost, sich selbst einzureden, daß nothwendig alles zum Biegen oder Brechen habe gebracht werden müssen. Erst als er selbst sich das einmal glaubte, war er wieder ruhig und kalt genug zum Rechnen. Nur war ihm, wie sonst gewöhnlich, jeder menschliche Trieb, jedes Bedürfniß und jede Regung des Hasses und der Liebe nichts weiter als eine Naturkraft, die er beliebig einspannen und zu seinen Zwecken ausbeuten zu dürfen meinte. Er that das um so ruhiger, weil er glaubte und erfahren haben wollte, daß es eigentlich jedermann so mache, nur daß mancher nicht klug genug sei, um viel damit zu gewinnen, wenn nicht sein besonderer Stand, seine Stellung ihm seine Opfer locke. An Beweisen fehlte es ihm nie, wenn seine Tochter das Gegentheil behauptete. Doch pflegte er ihr nicht von dem Pfarrer zu erzählen, der seine Mutter zur Erbin des Vaters gemacht hatte, um dessen Vermögen so seinen Zwecken dienlich zu machen, auch nicht von der geld- und namensstolzen Stigerin, die ihm nie einen freundlichen Blick gegönnt hatte, bis er den Hansjörg für ihren unbeholfenen Jungen zu den Soldaten brachte. Das alles gab ja ihm selbst zu sinnen und konnte ihn noch jetzt so ärgern, daß er meinte, es passe nicht für Mädchen, die nun einmal zum Singen und Lachen und zu einem frohen und erfreulichen Leben geschaffen seien. Wenn daher Zusel ihm vormalte, wie schön das Leben desjenigen dahinfließe, der wie ein Wiesenbächlein immer nur die nächste Gegend in seines Innern Spiegel aufnehme, so sagte er, daß er nur einen Menschen kenne mit dieser Gemüthlichkeit, die aber ihn selbst und Weib und Kind höchst unglücklich mache, nämlich den Andreas, seinen Töchtermann. Angelika, die allerdings bei ihren Basen das ängstliche Sorgen und Rechnen habe satt bekommen können, werde vermuthlich einmal Abwechslung gewünscht haben. Wenigstens sei ihr, das habe sie oft gestanden, kein Leben schöner vorgekommen, als eines, welches immer nur dem gegenwärtigen Augenblicke gehörte. Drum sei ihr Hans mit seinem leichten Humor ganz der Rechte gewesen. Sie habe sich wenig drum gekümmert, ob er aus Schwäche oder Kraft, aus Ueberlegung oder Dummheit entstand, bis sie vom Widerstand der alten Stigerin auf diese Frage gebracht worden sei. Die Zaghaftigkeit des Burschen habe auf Angelika zurückgewirkt und ihr Betragen gegen den Burschen verändert. „Das," meinte der Krämer, der jetzt viel öfter als sonst auf die Geschichte kam, „das, nicht etwa das Geschwätz der Weiber hat die Beiden getrennt. Ich kenne Hansen, er kann, wenns ihm einmal ernstlich drum ist, recht verteufelt eigensinnig sein, selbst der alten Stigerin gegenüber. Hat er doch den Jos, den sie ihr Lebtag niemals leiden konnte, ins Haus gebracht und darin behalten können. Und ich hätte doch gedacht, er sollte es noch eher durchsetzen, wo sich's um ein liebes Mädchen handelte. Und weißt du," konnte der wohlberechnende Mann dann plötzlich fragen, „wer dem Andreas am ähnlichsten wäre, wenn er in seinen Verhältnissen steckte?"

„Nein, wer?"

„Der Hansjörg."

Wenn der Krämer auch hundert Mal so fragte, so ließ Zusel ihn doch immer selbst antworten, ja, sie konnte sich's nie erwehren, daß sie bei Nennung dieses Namens zusammenzuckte. Der Krämer aber schien das gar nicht zu bemerken und fuhr ruhig fort: „Leute, die der Stunde leben, können sich bald selbst für nichts Rechtes mehr halten, dann folgt dem Genusse der Katzenjammer, den man, wie ein Trinker, wieder mit Trinken vertreibt. Wer nicht das Leben für ein Ganzes ansieht, der zerschlägt den schönsten Wandschrank, um ein glattes Bret zu einem Melkstuhl zu bekommen, den er gerade braucht. Just so ist der Andreas. Die Angelika aber hat so viel unter den berechnenden Basen, und besonders unter Hansens Unentschlossenheit gelitten, daß ihr der Leichtsinn, die Raschheit ihres jetzigen Mannes eine Weile recht wohl gefiel. Jetzt aber ist sie unglücklich und verachtet ihn. Sie geht wieder zu weit, und gerade der trotzige Stolz, den sie ihm sehen läßt, nimmt ihm noch den Glauben an sich selbst, treibt ihn aus dem Haus und macht ihn schlecht."

„Was wäre denn da noch zu machen?" fragte Zusel traurig.

„Sicher nichts als eine gute Lehre für sich selbst daraus zu nehmen. Ueber den Andreas hat niemand Gewalt, nicht einmal er selbst. Da schätze ich mir einen Hans, der vor- und nachgibt, auch dem Hausfrieden ein Opfer bringt, wenn es sein muß. Könntest du ihm im Ernste etwas Böses nachreden?"

Zusel antwortete nicht, denn sie wußte nur zu gut, wie leicht hier auch der vorsichtigste Widerspruch den sonst so gelassenen Krämer leidenschaftlich machte. Dieser wurde immer dringlicher, denn er fürchtete, daß Hans bald nach der Heldenthat am Osterfest einen zweiten Anlauf nehmen werde, und dann sollte der Erfolg ihn nicht wieder abschrecken. Der Krämer sah wol, wie ungern Zusel noch von Hansjörg reden hörte, drum stellte er ihn immer wieder dem Stighans gegenüber. Wenn sie immer nur an diese Beiden dachte, so glaubte er seiner Sache sicher zu sein. Hatte er es doch schon so weit, daß das Mädchen, wenn auch wider Willen, zuweilen den Wunsch verrieth, den wunderlichen Stighans etwas genauer kennen zu lernen. Schon als der Geliebte ihrer jetzt so unglücklichen Schwester war er ihr immer bedeutender, je Schlimmeres man von dem Andreas zu erzählen wußte.

Nun verbreitete sich durch des Gerichtsboten Weib die Nachricht, der Stiger habe Hansjörgen Geld geschickt und es ihm möglich gemacht, schon in wenigen Wochen auf Urlaub heimzukommen. Den Krämer ärgerte das um so mehr, weil er, wie er nun einmal war, es nicht Hansens Gewissensunruhe wegen der Verschacherung des armen Burschen, sondern einzig und allein Dorotheens Einflusse zuschrieb. Zum Glück und Trost für ihn hatte die Nachricht auch seine Tochter ganz anders zu stimmen vermocht. Das Mädchen hatte ein Gefühl, als ob es, die leichtesten Sommerkleider tragend, in der größten Winterkälte stehe und sich nicht zu regen vermöge, wenn es sich — ohne Liebhaber dem Treulosen gegenüber dachte. Ja, jetzt auf einmal wünschte sich Zufel einen Liebhaber, wenigstens dem Namen nach. Jetzt wollte sie nicht mehr traurig, nicht mehr ruhig sein. Jammerschade, daß es im Sommer, zur Zeit der strengen Feldarbeiten, gar keine Hochzeitsfeierlichkeiten gab. Sie wäre gewiß dabei gewesen und hätte mit dem Nächstbesten gelacht und getanzt bis zuletzt. Oft und oft klagte sie, daß es gar so still im Dorfe zugehe, und daß die schöne Jahreszeit nichts als Arbeit für die jungen Leute bringe. Der Krämer lächelte. Beide waren jetzt wieder einig, und im schönsten Frieden redeten sie wol täglich vom Stighof und seinen Bewohnern. Der Krämer hatte immer wieder etwas ausgekundschaftet, was, wie unbedeutend es auch sein mochte, dennoch ihm und zuweilen auch der Zufel wichtig war. Aus einer Menge solcher Kleinigkeiten brachte der Krämer endlich heraus, daß zwischen Knecht und Magd sich eine ernstliche Liebschaft anzuspinnen beginne. Das nun wäre ihm ganz das

Rechte gewesen, denn er sorgte schon immer, daß Dorothee den Hans sowol als die alte Stigerin am besten kennen und am Ende ihm gar noch einen Strich durch seine wichtigste Rechnung machen möchte. Diese Sorge quälte ihn besonders, seit er, obwol er die Gunst der wunderlichen Alten gewann, doch immer umsonst die Magd aus dem Hause zu bringen versucht hatte. Dorotheens Liebelei mit dem Sohne der Schnepfauerin aber war der strengen Frau gewiß recht von Herzen zuwider und Hansen auch, wenn allenfalls das Mädchen ihm nicht ganz gleichgültig sein sollte.

Zusel aber wollte an diese Liebschaft nie glauben. „Sie kenne nun die Leute aus dieser Verwandtschaft," sagte sie. „Da sei jedes Wort, jeder Blick berechnet, und aus Berechnung mache man mit dem Jösle nicht viel Wesens. Hansjörg — jetzt redete sie zum Erstenmale selbst und unaufgefordert von ihm — Hansjörg habe oft den Wunsch ausgesprochen: Wenn sie doch arm wäre! — da er ihr dann zeigen wollte, wie wenig er sich ums Geld kümmere und was er für sie zu thun im Stande sei. So habe der Falsche gesagt, der sie dann um einige Thaler so schmählich verrathen."

„Zum Glück," fiel der Krämer ein, „hat er dich nur in die Hände deines Vaters gegeben."

Das Mädchen gieng seufzend in die Küche.

Dort war es jetzt überhaupt viel häufiger als sonst, und überraschte den Krämer sogar einmal mit der Behauptung, daß man eigentlich gar keine Magd im Hause brauchen würde. Sie hatte mehrmals gesehen, wie gut

Dorotheen die Arbeit anstehe in der saubern Schürze und mit zurückgerollten Aermeln. Das trieb sie zuerst in die Küche. Dann aber hatte sie, die früher bei ihrer Näharbeit den Tag kaum herumbrachte, gar bald auch ihre Freude und Kurzweil an der Arbeit selbst, so daß sie ernstlich die leichtere Hausarbeit allein zu verrichten wünschte.

Der Krämer, welcher meinte, das Mädchen wolle sich so nun als Bäuerin ein Ansehen geben, damit auch nicht ganz fehl schoß, gab lächelnd und mit der einzigen Widerrede nach, daß man die gute Magd nicht gleich aus dem Hause jagen könne, sondern ihr erst künden und sechs Wochen Zeit lassen müsse, wie es früher wörtlich ausgedingt worden sei.

Das that er denn auch wirklich, tröstete aber die fast zu Tode erschrockene alte Jungfer damit, daß er lächelnd sagte: „Gar so ängstlich brauche sie sich nicht um einen andern Dienst umzusehen. Den Winter über beziehe sie den Lohn fort, das Essen verdiene sie daheim auch und wenn der nächste Frühling komme, vielleicht noch früher, könne man wieder mit einander reden."

Die Magd sah große Veränderungen im Hause voraus. Sie machte eine wichtige Miene, während sie ein kleines Trinkgeld einsteckte, und versprach, wie ein Grab zu schweigen, ohne daß der Krämer das gerade von ihr verlangt oder gefordert hatte.

Man sieht, der Krämer konnte der Zusel auch Opfer bringen, und dabei noch sorgen, daß Reue wegen einer augenblicklichen Laune ihr nicht lange weh thun mußte. Die Zusel aber war noch nicht recht zufrieden, denn sie hätte am liebsten gleich jetzt alles allein übernehmen mögen. Sie konnte es kaum erwarten, bis endlich die zweite Heuernte begann. Sie mußte ins Freie, mußte sich regen und etwas thun. Nicht der um sie besorgte Vater, aber das Rauschen der Sensen hart vor ihrem Hause *) weckte sie schon früh am Morgen. Dann eilte sie hinaus, begann selbst zu mähen, und kam sich viel größer vor, wenn sie die von ihr gemähte Strecke übersah. Es war erst August, aber ihr kamen diese Tage kürzer vor, als gewöhnlich die im Winter. Bald nahm sie auch an den Gesprächen der angestellten Tagwerker lebhaftern Antheil. Selbst ein Gespräch vom Arbeiten kam ihr nicht mehr langweilig vor, und sie plauderte selbst so lebhaft mit, als ob sie dabei ganz Neues beobachtet und gedacht hätte.

Am muntersten aber und geradezu ausgelassen war sie am Freitag vor der Kirchweih.

Einem rosenrothen Morgen folgte ein ungewöhnlich heißer Vormittag. Die Berge, die man jeden Augenblick noch näher rücken zu sehen meinte, schienen alle zu lächeln, nur die zackigen Felsen schauten etwas düster drein. Und immer größer wurden die dunkeln, geisterhaft ins Thal herabschauenden Köpfe. Auf dem grünlichrothen Flor, der sich von einer Spitze zur andern zu ziehen begann, zogen feuerrothe Rosse kohlschwarze Wasserfäßchen ob das Thal herein. Hart neben einander

---

*) Die Häuser stehen mitten drin in Wiesengrund.

beigten sie sich auf und ein heftiger Sturmwind band sie plötzlich haufenweise zusammen und hieng sie an hochaufragende Felsenköpfe fest. Das Tosen der Aach war mehr ein Pfeifen oder Schreien zu nennen. Das Mittagsläuten, vom eiskalten Wind auseinandergeworfen, war einem Sturmsignale viel ähnlicher, als einer Mahnung zu Ruhe und Andacht. Und wer auch hätte jetzt Zeit gehabt zum Ruhen und Beten? Der Pfarrer und sein Amtsgehülfe waren wol die Einzigen im Dorfe, welche sich vor dem drohenden Gewitter heim unters schützende Dach flüchten konnten. Männer, Weiber und Kinder, Krankenpfleger und Handwerker waren wie rasend dran, das am Vormittag so herrlich dürr und fest gewordene Heu noch unterzubringen, bevor der Regen es verdarb, daß nicht nur die Arbeit einer halben Woche, sondern auch die beste Kraft des lieblich duftenden Futters verloren gienge. Hier rasselten leere, dort knarrten und ächzten schwerbeladene Wagen, die wie vom Sturme getrieben beim geräumigen Heustabel zuschwankten. Das war ein Rennen und Jagen überall, ein Durcheinander von Befehlen und Erwiderungen, die nur noch der Eingeweihte deutlich fand, wie die Rufe des Seemanns beim Sturm. Kein Mensch gieng noch seinen gewohnten Schritt. Selbst Stighans war aus der Fassung gekommen. Es jagte — oder wie man hier sagt, wenn beim Heuen ein Gewitter droht — jeuchte auch ihn so sehr als Einen. Im Sprung brachte er ein Fuder heim, welches der Knecht denn doch gar zu breit und zu hoch gelaben hatte. Noch hart vor dem engen Stabelthor, welches wol für ein nicht so bedeutendes Anwesen gebaut war, knackte ein Rad und der Wagen leerte seine allzugroße Last gerade da ab, wo beim Regen, der schon näher und näher kam, auch die lange Dachrinne auszuleeren pflegte. Die, welche Hansen das Futter heimbringen halfen, wollen ihn sogar leise fluchen gehört haben, während er fortlief, um einen schon zum dürren Heu gezogenen Wagen zum Umladen einer Last zu holen, die er schon gerettet glaubte, und die nun, hart vor dem Stadelthore, nicht nur schwer von der Dachtraufe bedroht, sondern auch seiner ferneren Thätigkeit ein Hinderniß war, welches durchaus zuerst auf die Seite geräumt werden mußte.

Andere erlebten ähnliches. Da zog einer zwei an einander gebundene Wagen auf einmal zu seinem Heu, und hatte dann die Heugabel vergessen, ohne welche durchaus nichts zu machen war; dort nahm einer aus Versehen den Wagen seines Nachbarn weg, — die Aufregung, der Lärm wuchs mit jedem neuen Donner, der Minuten lang durch die Berge rollte. Mancher Zuschauer hätte da seinen Spaß gehabt, aber es gab eigentlich keine Zuschauer mehr, seit der Pfarrer sich in seine hinter der Kirche zwischen Bergen versteckte Wohnung geflüchtet hatte. Selbst des Krämers Zusel that heute mit und zwar so streng als Eine. Selbst als die ersten großen Tropfen auf den neuen Strohhut fielen, der zu ihrem glühenden Gesichtchen so prächtig stand, ließ sie sich nicht aus dem Felde treiben, wo sie bei ihrer Vertheidigungs= und Rettungsarbeit, bei dem rauschend dürren Heu weit mehr Freude als sonst beim Zusehen hatte. Mit einem flinken Heuer aus einer andern Gemeinde wollte sie ausharren bis zuletzt. Und wirklich fuhren die Beiden erst mit einem kaum halb geladenen Wagen heim, als es um sie dunkler und dunkler zu werden begann und der Nebel*) auf sie herabhieng, daß sie immer hart an einer Schneewand zu stehen schienen, über die ein mächtiger Wasserfall zischend und brausend herunterstürzte. Tropfnaß kam Zusel heim, die schwarze, glänzende Juppe und der neue Strohhut waren verdorben; dennoch hatte man das Mädchen lange nie so froh und aufgelegt zu jeder Neckerei gesehen als jetzt. Während einige vom Barometer redeten und bedauerten, daß man ihm mehr als der unheilverkündenden Morgenröthe geglaubt habe, hatte Zusel, die jetzt wieder trocken gekleidet, frischer und schöner war als je, nur von ihren und des Heuers Heldenthaten zu erzählen. „Das war herrlich, und ich hätte noch gern eine Weile fortmachen mögen," sagte sie mit der Fröhlichkeit eines vom muntern Spiele heimgekommenen Kindes. „Schade nur, daß es gar nicht mehr gieng. Aber wir beide, ich und der Heuer, haben uns tapfer gewehrt, drum müssen wir schon noch übermorgen mitsammen Kirchweih halten und auch auf dem Tanzplatze die Letzten sein. Nicht wahr, Heuer?"

Daß der Heuer Ja sagte, versteht sich wol von

---

*) So nennt man dort alle Regenwolken, die immer in Nebelform im Thale lagern.

selbst. Es war der größte Augenblick, den der Bursche erlebte, wie eine gute Meinung er auch schon früher von sich selbst gehabt haben mochte. Eine ganz neue Welt that sich vor ihm auf, und bald stand er mitten unter tausend schönen Hoffnungen, so daß ihn selbst der Krämer nicht in die Wirklichkeit zurückzurufen vermochte, wie alltäglich kühl er auch sagte: „Nun, nun! man muß noch nicht glauben, daß alles schon angebunden sei, was einem einmal etliche Schritte nachläuft. Mädchenlaunen sind übernächtig*), und wer ihnen traut, dem kann es gehen wie dem, der über ein schnell entstandenes Eis fährt. Doch ich gönne der Zusel den Spaß, und der Heuer ist wol klug genug, um selbst ganz richtig über die Sache zu denken."

Mit diesen Worten, nur so im Vorbeigehen flüchtig hingeworfen, glaubte sich der Krämer schon im voraus sicher stellen zu müssen gegen allerlei, was im stolz aufgerichteten Köpfchen des Heuers vielleicht sich zu regen begann. Er konnte sich den raschen Entschluß des wunderlichen Mädchens nur erklären, wenn er als gewiß annahm, was er sich und ihm wünschte. Wenn Zusel jetzt einmal neben Hansen vorbei gieng, so redete sie ihn immer ganz besonders freundlich an; ja in der Woche vor der Kirchweih blieb sie wol auch auf der Gasse neben ihm stehen, als ob sie erwarte, nun müsse er vom nächsten Sonntag anfangen und sie wenigstens

---

*) übernächtig, was sich über Nacht ändert, nur eine Nacht über dauert.

um ein Tänzchen bitten. Der Krämer nahm das um
so gewisser an, da sie nie die beste Laune von ihm zu
holen schien. Tanzen aber wollte Zusel durchaus, das
hatte sie schon lange gesagt, und nun sollte wol auch
noch Hans ein wenig geärgert werden. Dazu nun war
der Heuer ganz der Rechte. Er stand gar zu niedrig,
als daß dieser Spaß mit dem etwas eiteln Menschen
für mehr als eine Spielerei gehalten werden durfte.
Als daher der Krämer nach seinem Zuspruch Zusels
spöttisches Lächeln zu bemerken glaubte, war ihm wieder
so wohl, wie einem armen Sünder mit dem Beicht-
schein in der Tasche. Seine Freundlichkeit gegen den
Heuer machte, daß diesem der Kamm noch mehr
schwoll, und er am Samstag mit den vom Krämer
angestellten Heuerinnen kaum noch reden mochte.

Wer den alten Mann seinen Laden für die Kirchweih herrichten sah, so bedächtig und sicher, der ahnte
nicht, wie viel Anderes dieser starre Kopf unterdessen
rechnete. Aber es mußte gut gehen, die Zahlen schienen
zu stimmen, denn über sein hartes Gesicht flog zuweilen
etwas wie ein Lächeln. Ja ja, er hatte schon viel
gewonnen. Das Mädchen war wenigstens aus seiner
Starrheit, aus dem unverfolgbaren Disteln und Grübeln
heraus. Allerdings mußte Zusels toller Streich viel
zu reden geben, doch damit war vielleicht mehr zu
gewinnen, als im schlimmsten Falle verloren gieng.
Daß der träge Hans sich am Charsamstage selbst
wegen Eierschalen ungesehen hatte, war eine That
gewesen, wie billiger Weise wenigstens in diesem Jahre

keine zweite mehr von ihm verlangt werden konnte, wenn es nicht gelang, ihn mit Gewalt zu treiben. Das aber sollte nun geschehen und geschah auch ziemlich sicher durch die Laune seines Kindes. Ja, es stimmte alles so gut, daß der Krämer seine Zusel für ein verteufelt kluges Mädchen zu halten begann. Die Eifersucht ober nichts mehr mußte wirken. Das war ganz klar, nun erfuhr man jedenfalls, woran man mit dem närrischen Burschen sei. Hans war gewohnt, sich alles auf halbem Wege entgegenkommen zu sehen; nun aber sollte er sich wenigstens so rühren und regen lernen um das hübscheste und eines der reicheren Mädchen, wie gestern um sein vom Gewitter bedrohtes Heu. Immer siegesgewisser begann der Mann sich Hansens langes Gesicht vorzustellen, wenn der Angelikas Schwester mit dem fremden Heuer auftreten sehe. Stolz, Neid, Mitleid, alles mußte sich regen und den Burschen neben seiner armen, bleichen Magd keine frohe Minute mehr erleben lassen. Und wenns nun gleich zünden sollte, wenn es ihn mit Gewalt zu Zusel trieb, dann war ja der Heuer eben der rechte Mann, den man jeden Augenblick wieder ganz ruhig fallen lassen durfte, ohne daß dabei etwas zu fürchten war.

Und wenn Hans wirklich und wider alles Erwarten sich gar nichts abtrotzen ließ, wenn er noch länger Dorotheens Narr sein wollte, und die alte Stigerin das litt, nun dann war das Mädchen darum noch nicht unglücklich. War er doch mit dem Hansjörg endlich so weit, daß das Denken an ihn der Zusel lästig zu werden begann und sie eine Zerstreuung suchte. Ja, Hansjörg war nun doch glücklich weg. Das war dem Krämer jetzt genug, und freudig hoffte er, daß der morgige Tag etwas Gutes bringen werde, während Zusel sich von der Ungeduld eines tanzlustigen Mädchens nicht mehr das Mindeste anmerken ließ.

Neuntes Kapitel.
Die Auer Kirchweih.

Wer, der im hintern Bregenzerwalde jung war, hätte sich noch nie beim Arbeiten, beim Essen und selbst beim Geldzählen unterbrechen lassen, wenn unvermuthet von der Auer Kirchweih die Rede war? Wie ein mächtiger Zauberspruch ruft dieses Wort eine ganze Reihe froher und trüber Bilder wach, die wol auch den gestandenen Mann und die fleißige Hausmutter noch länger beschäftigen, als sie Andere gern glauben ließen. Kaum dürfte je ein Menschenleben hier so arm gewesen sein, daß keine Auer Kirchweih darin liebe, süße Hoffnungen geweckt oder zerstört hätte. Kommt, ihr Väter und Mütter unter der Strecke Himmelsbläue, die man hier sieht, und sagt, ob es nicht eine Kirchweih war, wo ihr euch zuerst als Pärchen öffentlich zeigtet, wo ihr einmal recht seelenvergnügt sein konntet, oder euch zum allererstenmal recht grausam ärgern mußtet.

Wer wäre wol so geld- und freundesarm, daß er selbst heute nichts kaufen, niemanden beschenken und erfreuen könnte? Das alte Bäschen dort strickt nicht nur darum die Wochen vorher so fleißig, um eine Kirchweih zu vergessen, sondern auch um dem Schwesterkind an diesem Tag etwas kaufen und damit eine Freude machen zu können. Die Stände (Buden) der aus ganz Vorarlberg und noch weiter her gekommenen Krämer sind den ganzen Tag derart belagert, als ob da um halbe Preise verkauft würde, obwol vielmehr das gerade Gegentheil der Fall zu sein pflegt. An diesem Tage wird mancher noch unerfahrene Vogel gerupft; am meisten aber scheint man es auf die ziemlich vollen Beutelchen der Sennen abgesehen zu haben, die dieses Fest gewissermaßen als das ihrige betrachten, weil sie da die Erzeugnisse der Alpenwirtschaft zu verhandeln pflegen. Man erkennt sie schon an den Hüten als Aelpler, da auf diesen neben den Rosmarinstengeln der Geliebten auch die seltensten, zu dieser Zeit nur noch auf den höchsten Bergen wachsenden Frühlingsblumen zu stecken pflegen. Die Sennen sind neben den großen Alpenbesitzern die Helden des Tages. Aber diese Ehre ist eben nicht umsonst. Man scheint sie dafür herzunehmen, daß sie, die den ganzen Sommer nie aus der Alp kamen, nun schon seit Monaten kaum einem Menschen einen Kreuzer verdienen und gewinnen ließen. Manchem geht in seinem Eifer, zu geben und zu erfreuen, beinahe der halbe Sommerlohn drauf. So wird denn der schäbige Eigennutz der Wirte und Krämer zum dunkeln Hintergrund, von dem sich die Gutmütigkeit der Festgäste um so schöner abhebt. Es ist die Freude am Umgang mit Menschen und an ihren Werken, die die Bewohner der einsamen Alpen unvorsichtig macht, wo sichs ja doch nur um Kreuzer und Batzen handelt. Die wohlbeleibten Käse= und Butterhändler, die von Sennen und Alpenbesitzern umgeben beim Kaufhause stehen, der Schellengießer, bei dem die Aelpler für den Tag der Heimfahrt sich einrichten, und auch die Tuch= und Lederhändler wissen davon zu erzählen, daß diese Leute schon noch rechnen können, sobald ihr gutes Herz nicht mehr mit im Spiel ist. Auf dem Platz unter der Kirche, rechts und links wird den ganzen Tag hindurch gehandelt und gelärmt, daß kein Mensch mehr etwas hört vom Tosen der Aach, die sich hart neben dem Platze zwischen niedergestürzten Trüm= mern des hochaufragenden Fluohfelsens dem Schnepfauer Walde zuwälzt. Die sagenumwobene Kanisfluoh und die stolze Liggsteinpyramide schauen ernst und still auf das bunte Getriebe herunter. Doch was kümmern die tausend Geschäftigen hier die ernsten Berge mit ihren dunkeln Tannen und den wunderbaren Sagen. Nur die buschi= gen, wunderbar duftenden Bergblumen und Alpenrosen auf den Hüten der Sennen vermögen die Blicke der Mädchen zu fesseln, die immer ungeduldiger auf die Tanzstunde warten. Beinahe unerträglich wird Nach= mittags nach der Vesper die Lage derjenigen, die den Ihrigen noch nicht gesehen oder doch noch nicht gesprochen haben, obwol ihnen ihre Brüder und Freundinnen schon vor einer Weile sagten, daß „seine" Geschäfte bereits abgethan seien und „er" nun jeden Augenblick kommen müsse. Ihre Ungeduld hinter einem Lächeln verbergend, stehen die Wartenden dutzendweise auf dem etwas erhöhten Eingang zur Brücke, welche über die Aach führt, und überblicken immer wieder mit einem leisen Seufzer verstohlen den Platz, während sie, scheinbar die Lustigsten, mit jedem Vorübergehenden ein recht lautes Gespräch anzufangen suchen.

Bei diesen stand heut auch des Krämers Zusel in aller Pracht und Herrlichkeit, noch schöner, frischer, als da sie zum Erstenmal als Biggel auftrat. Sie hatte beinahe ihre Freude am Aerger ihrer ehemaligen Schulgefährtinnen, den die immer ungeduldiger Wartenden ihrem Scharfblicke vergebens zu verbergen suchten. Warum auch trauten diese Tröpflein einem Mannsbild, und banden ihre Hoffnungen, ihr Glück, die ganze Zukunft an seine Launen fest? Früher freilich — noch als unerfahrenes Kind — hätte auch sie lang so hier stehen und ihre De= und Wehmut hinter einem bittersüßen Lächeln so gut als eben möglich verbergend auf i h n warten können. Nun aber war das denn doch überwunden.... Statt nur gezwungen zu lächeln, konnte sie lachen über ihren guten Heuer, den sie nicht eine Minute lang aus dem Auge verlor.

Dort drüben stand er bei einigen Bekannten und drehte sich auf den hohen Absätzen der noch gestern Abends geflickten Stiefeln herum, daß die silberne Uhrkette flog, an welcher sich — wie Neider und Spötter behaupteten — in wohlverwahrter Tasche — ein neugewachsener Erdäpfel befinden sollte. Sei dem nun wie ihm wolle, die silberbeschlagene Tabakspfeife war

entschieden nur entlehnt. Der Feuer aber wußte sich
damit zu stellen, daß einem ordentlichen Bäuerlein bei=
nahe angst neben ihm werden mußte. Die Blicke aber,
die er dann der Zusel drüben vor der Brücke zuschießen
ließ, waren denn doch wieder so demütig bittend, daß
man es wirklich bewundern mußte, wie diese nur im
Kopfumdrehen wieder so streng und stolz und kalt werden
konnten. Alles Drängen und Drücken brachte ihn nicht
weg von seinem Platze zwischen der bereits heisern Obst=
händlerin und dem Laden des Buchbinders, mit dem er
zuweilen um den Preis eines silberbeschlagenen Gebet=
buchs stritt und sich schließlich, als der Buchbinder nach=
zugeben begann, in seiner Verlegenheit noch derart
erhitzte, daß er von dem in den nahen Bergen schon
furchtbar tosenden Herbststurme nichts bemerkte, bis das
Fluchen des Buchbinders und der übrigen Krämer ihn
auf ein Naturereigniß aufmerksam machte, welches jetzt
gerade recht kam, um seine Geldnoth zu verbergen. Die
Berge waren schon ganz dunkel, wie glühend roth auch
die Abendsonne über den Schnepfauer Wald, der immer
näher und näher zu kommen schien, herein leuchten
mochte. Jetzt war alles ganz still, dennoch schien ein
gewaltiger Sturmwind alles und alle zu erfassen und zu
drehen. Die Krämer begannen so schnell als möglich
einzupacken, denn es nahm wol nur noch der Wind etwas
von ihrer Waare mit. Viele Bauern eilten zum Pfarrer
und baten ihn, die Unterbringung des noch im Felde
aufgehäuften Heues zu gestatten, bevor es vom Winde
weiß Gott wohin getragen werde. Diese Dispens war

ihnen auch noch selten so schnell und gerne ertheilt worden, da der Pfarrer sie an diesem Sonntag viel lieber beim Heu als im Wirthshaus und auf dem Tanzplatze wissen wollte.

Jetzt verschwand die Sonne hinter einer buntfärbigen Wolke, die sich wie mit schwarzen Haken an die Spitzen der Berge zu hängen begann. Draußen im Walde brummte, rauschte und knisterte es immer lauter. An der Fluoh krachten mehrere Tannen und surrten hart neben der Brücke in die zischende Aach. Drinnen in Argenau knallten die zugeworfenen Fensterläden, und losgerissene Dachschindeln mit samt den sie bisher festhaltenden Steinen hagelte es von rechts und links auf die Gasse, daß kein Mensch mehr sicher war. Selbst auf dem Marktplatze begann es nachgerade gefährlich zu werden. Zwar von der Wolke der über die Gasse getriebenen Hüte, ausgespannten Regenschirme, Ablaßbriefe, Hosenträger, Heiligenbilder, Knopftafeln und Taschentücher war nicht viel zu ersorgen; doch wurden schon auch die Breter, welche die nur für diesen Tag aufgerichteten Buden lose genug bedeckten, von beiden Seiten herein geworfen, und diesen suchte jedermann; auch unser Heuer, so schnell als möglich zu entrinnen.

Es war für ihn schon die höchste Zeit, und drüben über der Brücke, wo es ziemlich scharf aufwärts geht, mußte er sich beinahe athemlos laufen, um die Zufel, die wie ein Reh davon geeilt war, noch vor dem Gasthaus zum Rößle glücklich einzuholen. Er kam noch

gerade recht und schritt nun senkelaufrecht neben dem
hübschen reichen Mädchen ins Haus, die Stiege hinauf
und eines Ganges dem Tanzsaale zu. Hier war es
schon so voll, daß Zusel ihm kaum noch zu folgen ver=
mochte. Wer daheim weder Kind noch Rind, im Felde
kein Heu zu versorgen hatte, mochte nicht mehr ans
Weitergehen denken, nachdem hier einmal ein sicheres
Unterkommen gefunden war, wo es auch überdieß noch
so lustig zugieng wie hier. Besonders die nun endlich
einmal wieder für einen Tag „entalpeten" Sennen
langten auf einmal nach allem nun so lange Entbehrten,
was die Gesellschaft dem Einzelnen zu bieten vermag.
Jauchzend, mit dem vollen Glas in der Hand, umtanzten
sie ihre Mädchen, und machten dabei so tolle Sprünge,
daß wol auch der ärgste Griesgram sich des Lächelns
kaum erwehrt hätte und des behaglichen Gefühls, welches
in Jedem sich regt, der Andere sich einem Genusse gänz=
lich hingeben sieht. Es gab schon solche, die sich zu=
flüsterten: was die Welt, der Umgang mit Menschen
und die Theilnahme an den Früchten gesellschaftlicher
Verbindung dem Einzelnen sei, ahne man am ehesten,
wenn man den beobachte, der das nur einige Monate
entbehrt habe! Aber nur wenige beschäftigten sich jetzt
mit solchen Gedanken, und unser Heuer und die reiche
Krämerszusel sicher am allerwenigsten. Sie hätten auch
kaum geglaubt, daß noch jemand die Sennen beachte.
Jeder Kopf und jede Lippe, wähnten sie, bewege sich
einzig nur ihretwegen und ihretwegen suchten die hintern
Zuschauer, sich auf die Zehen stellend, über die andern

wegzusehen, und ihretwegen hätte man jetzt aufgehört zu tanzen und aufzuspielen.

Richtig! Sobald der Heuer mit Zufel in den Kreis der Tanzenden trat, begann ein Walzer so lieblich und lustig, wie die guten Musikanten heute wol noch keinen aufgespielt hatten. Natürlich, Einer, mit dem des Krämers hübsches Kind sich öffentlich zeigen mochte, mußte auch nicht auf einer Bettlersuppe daher geschwommen sein, das konnten diese Leute sich denken. Nun aber galt es, sich dieser Auszeichnung auch werth zu zeigen. Hiezu nun gab für ihn, der sich selbst heute gestand, daß er als Gesellschafter nicht besonders viel zu leisten vermöge, der Tanzplatz wol die beste, ja die einzige Gelegenheit. Daß er der beste Tänzer war, konnte ihm nicht abgestritten werden; er hätte bei den gewagtesten Wendungen ein volles Weinglas auf den Kopf stellen dürfen, ohne etwas für seinen weit hervorstehenden Hemdkragen fürchten zu müssen. Doch das ängstliche Bemühen, es recht schön und künstlich zu machen, kam bald allen lächerlich vor, denen es nicht peinlich war, sich schon beim Zusehen müde werden zu fühlen. Der Heuer jedoch hatte keine Ahnung von einer solchen Wirkung seiner schweißtreibenden Arbeit. „Die werden Augen machen," dachte er, während er sich zu noch verzweifeltern Sprüngen, einer noch strammeren Haltung zwang. Der Bursche hatte es heute viel strenger als die Woche hindurch beim Heuen. Er war daher auch noch viel schweigsamer als dort, und hatte für seine Tänzerin kaum alle fünf Minuten ein schwer zu verstehendes Wort.

So hatte diese denn Zeit zum Beobachten, wobei sie sich, wenigstens eine Zeit lang, weit besser unterhielt, als der Heuer sie zu unterhalten vermocht hätte.

Gleich hinter ihr her tanzte der Stighans mit seiner Magd. Das närrische stolze Gänschen hatte doch immer etwas zu reden und zu lachen, so daß Zusel ordentlich Gewalt brauchen mußte, um sich nicht einmal umzukehren und der Schwätzerin zu sagen: Man wisse schon noch, wem sie sei, obwol sie sich auf dem Stighof schon lange gebärde, als ob sie allein der Hahn im Korbe wäre, und jeder Tannenwipfel sich nur ihretwegen bewegte. Noch widerwärtiger wurde ihr das Mädchen, als sie es vom Hansjörg reden und dabei die Hoffnung aussprechen hörte, daß er nun wol bald heimkommen werde. Jetzt gieng ihr ein Licht auf. Der Bursche mußte sich opfern, um den gutmütigen Hans für sein Lebtag zum Schuldner zu machen. Darum wol nur redete das Mädchen von ihm in einer Gesellschaft, wo Hans leicht auch bedeutendere Mädchen hätte bemerken können, wenn er nicht durch diese dumme Geschichte auf einem Punkte festgehalten worden wäre. Sie hatte dem Vater sehr, sehr unrecht gethan mit dem Verdachte, daß er den Hansjörg ihr weggetrieben habe. Der gieng wol selbst, als sie sich nicht geneigt zeigte, sich sofort zu verehelichen und ihm einige Tausende zu verschreiben — um so wenigstens der Schwester den Hans zu fangen. Sein Handel mit ihren Briefen bewies ja, daß der Elende zu so etwas schon der Mann sei. Wunderbar, daß ihr das nicht schon längst einfiel, daß sie den guten

Vater in so schlimmem Verdacht haben konnte. Wie um Verzeihung bittend schaute sie zu ihm hinüber. Er stand neben den Musikanten und sah ihr lächelnd zu. Ja! er konnte lächeln und ihr ihre kindische Freude am Tanzen lassen, wenn sie ihm damit vielleicht einen Plan, eine Hoffnung verdarb! Er sorgte so sehr für ihren Namen und hielt sie von allem immer fern, was ihr auf irgend eine Weise schädlich oder nachtheilig hätte werden können. Und nun warf sie sich öffentlich, wenn auch nur für heute, an diesen Springinsfeld weg, nur wegen einem flüchtigen Vergnügen. Vergnügen? du lieber Gott! was war es denn Herrliches, sich von dem eiteln Tropfen einige Stunden herumreißen lassen und allen Gaffern ein Schauspiel sein? Ja, heut war Dorothee wirklich besser dran als sie, das mußte sich Zusel gestehen, und sie gestand sich's auch so laut, daß sogar der gute Heuer etwas davon zu merken begann. Sie hätte gern ihren Aerger an ihm ausgelassen, und begann daher den Stighans und sein schönes Anwesen über alle Maßen zu loben. Dann erzählte sie, daß sie den Wackern jeden Augenblick haben könnte, wenigstens würde die ganze Verwandtschaft die Hände nach ihr ausstrecken; sie aber verachte die groben, selbstsüchtigen Leute, also die Mannsbilder recht von Herzen, und brauche sie nur zuweilen zum Spaß, um sich über die Tröpfe wieder recht lustig machen zu können.

Zusels Reden waren immer bitterer, je lauter, fröhlicher das Reden und Lachen des nachtanzenden Paares wurde. Aber nicht nur ihr thaten Hans und

Dorothee ganz unbewußt weh, der Jos war durch sie noch in viel üblere Stimmung gekommen. Und doch saß er ganz im Dunkeln an der Wand auf einem Bänkchen unter jungen Burschen, die bedauerten nicht tanzen zu können, und Greisen, welche von der guten, alten Zeit mit Begeisterung erzählten, daß man hätte glauben können, Jos vermöchte sonst nichts mehr zu hören und an nichts Anderes zu denken. Gehört wird er auch nicht alles haben, aber er glaubte dem Hans und Dorotheen die Worte von den glühenden Gesichtern lesen zu können. Die Beiden waren so glücklich jetzt, und er blieb vergessen bei seinem Tirolerwein in der dunkelsten Ecke sitzen. Kein Wunder, daß er heute nicht mehr der alte opferwillige Jos war; schienen doch auch jene beiden ganz anders geworden zu sein, seit er nicht mehr allein mit ihnen war und für sie arbeiten mußte. Wie dem Bettler das Almosen, hatte Hans ihm einen Thaler hingeworfen, damit er sich einen Humor trinken könne, und als er dann bat, ihm doch auch einige Tänze mit der Magd zu erlauben, ja da hatte diese Hansen angesehen, als ob er über Leib und Seele ihr Vormund sei. Freilich, daß das ihn noch gar so ärgern würde, empfand er damals nicht, sonst würde er den Tanzsaal gar nicht betreten haben. Damals wollte er die Beiden als Paar sehen, jetzt ärgerten sie ihn ungeheuer, und sein Glas wurde immer schneller leer. Was auch sollte er an der Kirchweih thun als trinken? Heute brauchte ihn niemand. Ganz war er sich selbst überlassen und konnte thun was er wollte, wenn er nur morgen wieder für alle schwitzte, sorgte und lief. Da die Zusel, die er doch immer nur für ein eitles Ding hielt, hatte mit einem armen Heuer auftreten mögen, Dorothee aber, die fromme, demütige Magd, hatte für ihn nichts mehr, als einen Blick des Mitleides. So nämlich nannte er das, was ihr schönes Auge ihm einmal — verstohlen, glaubte er — in seine Ecke geschickt hatte. Ihm war dabei ganz heiß geworden und trotzig rückte er noch tiefer in den Schatten seines Winkels, sich selbst quälend mit der Vorstellung, daß der Glücklichen sein Anblick nicht recht angenehm sein könnte. Bald war ihm, daß er hätte heim mögen zur Mutter, um sich auszuweinen; dann wieder regte sich alles in ihm, daß er lärmen wollte und Händel anfangen mit der ganzen Welt. Dennoch kam es zu nichts Anderem, als daß das Glas neben ihm von neuem wieder gefüllt und geleert wurde.

Des Krämers Heuer hatte, wie eng es jetzt auch sein mochte, soeben einen seiner kunstreichsten Sprünge begonnen, als Zusel ihn, ohne ein Wort zu sagen, aus dem Kreise der Tanzenden führte und raschen Schrittes mit dem willenlosen Erstaunten den Saal verließ.

Bald hernach suchte Hans den Knecht und sagte, ohne sich um sein unfreundliches Gesicht zu kümmern: „Die Zusel ist fort und uns wirds jetzt auch zu heiß und zu eng. Komm!"

Ohne eigentlich zu wollen, folgte Jos dem Paar in die Kammer, wo neben dem Krämer und den Seinigen

für die eben Eintretenden gerade noch drei Stühle auf=
gestellt werden konnten.

Dem Jos wurde hier noch heißer als auf dem
Tanzplatze. Angst aber war ihm nicht, obwol er sich
von den Angesehensten der Gegend umgeben sah. Er
überflog die Gesellschaft mit einem Blicke und sagte dann
mit eigenthümlichem Lächeln, den Heuer ins Auge fassend:
„Heut laß dir das Gnadenbrot nur schmecken. Vielleicht
sitzen wir beide in der Gesellschaft beim letzten Abend=
mahl, und das schöne, große Osterlamm neben dem
Heuer wird wol ein Anderer, möglicherweise sogar noch
einer allein bekommen."

Das hätte man allenfalls für die Eröffnung eines
jener witzigen und derben Wortgefechte halten können,
wie sie der Bregenzerwälder im Wirtshaus liebt. Aber
wem auch der Anfang noch nicht besonders auffiel, den
ließ doch das Zittern der Stimme bei diesen Worten
und der starre Blick des Sprechenden leicht errathen,
daß hier Spaß und bitterer Ernst wenigstens stark ge=
mischt sein mußten. Aller Augen richteten sich auf den
Heuer. Man war begierig, wie der eitle Mensch so
einen Anfall aufnehmen und wieder zurückgeben werde.
Dem wäre aber sicher noch wenig Arges eingefallen,
wenn ihm nicht die fragenden Blicke der Anwesenden
gesagt hätten, es schicke sich schlecht für so ein Bürschchen,
so etwas zu sagen, und für ihn noch schlechter, es geduldig
hinzunehmen. „Neben so einen Frosch," rief er plötzlich,
„läßt sich unsereiner nicht stellen, und kommst du mir
noch einmal so, daß man nicht weiß ob's gehauen ist

Felder, Reich und Arm. 11

oder gestochen, so soll ich sterben, wenn ich dir nicht zeige, wo der Zimmermann das Loch gelassen hat."

„Das hab ich in dem Hause schon lange vor dir gewußt," lachte Jos, und fuhr dann mit eisiger Kälte fort: „Es ist nicht zu übersehen, größer, stärker und meinetwegen auch hübscher bist du allerdings als ich, aber gerade das könnte noch dein Unglück werden und dich allenfalls, solltest du etwa gar zu hübsch und gewandt sein, noch unter die Soldaten bringen, wenn du nicht schon fast zu alt dazu wärst. Man weiß von Leuten zu erzählen, die das auch schon erlebt haben."

Das hieß nun wieder einmal zwei oder noch mehrere Fliegen mit einem Schlage getroffen, wie es überhaupt weit herum keiner so gut konnte als der Jos.

Der Heuer zwar verstand von der ganzen Rede nicht viel mehr, als daß er schon fast zu alt sein sollte, aber auch das war recht genug, ihm die feurigste Zornesröthe ins Gesicht zu treiben, und seine Hände zur Faust zusammenzukrämpfen. Der Krämer, obwol er den Stich jedes Wortes empfand, zeigte sich bei weitem nicht so schmerzlich getroffen wie der Heuer, doch war auch er zu sehr aus der Fassung gebracht, um sich nicht dennoch als den Getroffenen zu verrathen. Die Zusel aber that sich durchaus keinen Zwang an. „Wär ich doch ein Bub!" hauchte sie. „Wär ich ein Bub, ich wollt es versuchen, ob man nicht mehr ungestört und ungeschimpft eine Stunde in guter, anständiger Gesellschaft sein könne, ob man sich von jedem Neidhammel allen zusammengescharrten Unrath nachwerfen lassen müsse."

Der Einzige, welcher vielleicht mit einem Worte wieder Frieden hätte schaffen können, Stighans, fühlte sich von dem Stiche selbst ein wenig getroffen, und wenn das einmal der Fall war, so hatte er seine Gewalt über den Gegner wenigstens für den Augenblick gänzlich verloren. Wie ein Geschlagener saß er neben Dorotheen, der es anzusehen war, wie sehr es sie schmerzte, eine Familienangelegenheit, die sie selbst noch oft beschäftigte, vom Jos nun schonungslos vor die Oeffentlichkeit gerissen zu sehen. Ihren Unmut hatte der Knecht auch sofort bemerkt und er litt furchtbar unter ihrem vorwurfsvollen Blicke. Ruhiger aber wurde er leider nicht, und das Gefühl, sich doch recht ungeschickt benommen zu haben, brachte ihn nur noch mehr aus der Fassung. Er saß wie auf Kohlen, und wol hauptsächlich nur um das ihm so peinliche Schweigen zu unterbrechen, sagte er, an Zufels Ausruf anknüpfend: „Wo der Unrath so leicht zusammenzubringen ist, muß wenigstens vieles nicht recht sauber sein."

„Wer will das noch ertragen und wer es vergelten?" sagte Zufels Blick, der rasch von Einem zum Andern schoß. Endlich blieb er an dem Heuer hangen, nicht mehr stolz, sondern demütig bittend, und ihre Stimme zitterte, als sie fragte: „Kannst du denn nichts als schöne Sprünge machen auf dem Tanzsaal? Warum sitzest du denn auch neben mir, wenn der Lästerer da so redet! Entweder schäme dich meiner, oder deiner selbst und geh!"

„Hätt ich ihn doch so in meiner Heimat!" wich der Heuer etwas verlegen aus. „In einem fremden Dorf ists denn doch nie recht rathsam, sogleich, ohne recht zu wissen warum, mit dem Nächstbesten Händel anzufangen. Bei uns — ich soll sterben, hätt ich ihn schon lange braun und blau geschlagen!"

Den übrigen im Zimmer anwesenden Burschen war es ordentlich eine Genugthuung, daß der Heuer sich des ihm schon lange mißgönnten Platzes neben dem hübschen, reichen Mädchen so unwerth zeigte. In manchem regte sich die Lust und fuhr ihm in die Fingerspitzen, der Zusel nun zu zeigen, was er könne und wen man an ihm hätte. Noch ärger wurde das, als das Mädchen rief: „Fremdes Dorf? Ich, die Beleidigte, bin hier nicht fremd." Der Krämer, der längst auf glühenden Kohlen saß und sich durchaus nicht als getroffen verrathen wollte, befahl ihr auf das entschiedenste zu schweigen. Zusel aber fuhr erregt fort: „Ich bin hier nicht fremd, mußt du wissen, und es wird schon noch solche geben, die sich für mich gegen einen Schneider wehren dürfen."

Nun begannen auch die ernsten Väter zu brummen, das Mädchen sei eigentlich herzhafter als alle, die sich gleichsam mit ihm von so einem Knechtlein foppen ließen. Das feuerte die Burschen, denen schon Zusels Rede durch die Glieder fuhr, nur noch mehr an, und Jos sah, wie aller Blicke sich drohend auf ihn zu richten begannen. Es ward ihm so heiß, daß er aufstehen und sich ins offene Fenster legen wollte, da er weder so gehen mochte, noch ein Wort reden konnte. Der Heuer, gewohnt, immer auf Wind und Wetter zu achten, hielt nun ein entschiedenes Vorgehen nicht mehr für besonders gewagt, seit er in aller Augen gelesen zu haben meinte. Anfangs dachte er, das Bürschlein würde ohne sichere Hinterhut gewiß nicht so herzhaft auftreten dürfen. Nun aber sprang er auf den Jos und faßte ihn hinten beim Halstuch, als ob es nicht nur seine Ehre, sondern auch sein Leben gegolten hätte.

So wären wir denn leider vor einer Wirtshausrauferei. Freilich ist sie, wenn auch nur Bauerknecht und Heuer die Helden sind, eben so gut Ausdruck verschiedener Ideen und Leidenschaften als eine andere, die mit Beobachtung der feinsten Formen vor sich geht. Da es aber beim besten Willen nicht möglich ist, unsere Kämpfer noch geschwind zu adeln, und ihnen Schwert oder Pistole in die Hand zu geben, so wärs wol am besten, wenn man die Sache so schnell als möglich abthun könnte. Die Beiden scheinen auch wirklich bald fertig zu sein. Kaum fühlt Jos von hinten sich gepackt, so dreht er sich gegen den Heuer um, und zwar so schnell und mit solcher Kraft, daß er den langen Heuer beinahe niederreißt und dieser das halb zerrissene Halstuch mit sammt dem Jos erschrocken fahren läßt. Während der Heuer das volle Gleichgewicht wieder zu gewinnen sucht, und noch bevor er sich von seinem Schrecken auch nur ein wenig erholt hat, steht Jos zornschnaubend mit geballter Faust vor ihm, und das Bürschchen schaut so wild, so drohend zu dem großen Manne auf, daß dieser von Herzen gern die Zuschauer, die erstaunt und wie angebannt dastanden, um Hilfe angerufen hätte.

Jos schien das zu bemerken, denn er rief: „Nur mit dir hab ichs jetzt zu thun, und wenn auch ein Anderer noch etwas will, so soll er doch warten, bis ich mit dir fertig bin."

Den Heuer erschreckte das schallende Gelächter, welches dieser Rede folgte. Es war klar, daß man sie beide sich einstweilen überlassen und dem Spaße zusehen wollte. Aug in Auge standen sie sich etwa eine halbe Minute lang gegenüber, jede Bewegung beobachtend und immer auf Angriff und Abwehr gefaßt. Im Zimmer war es so still, daß man eine Nadel hätte fallen hören. Es war fast unbegreiflich, wie so viele Zuschauer sich ohne Geräusch hereinbringen und Platz finden konnten. Erst als die Wirtin hereinstürzte und nach der Ursache des Streites fragte, wurde es wieder laut. Jeder wollte erzählen und wurde sogleich von dem Nebenansitzenden unterbrochen oder widerlegt. Der Wirtin wars aber auch viel weniger um den Anfang als das Ende des ihr heute doppelt unangenehmen Zwischenfalles zu thun. Ohne lange zuzuhören, begann sie beiden das Kapitel zu lesen und sie mit derben Worten zum Frieden oder zum Heimgehen zu ermahnen.

„Meinetwegen," lachte Jos bitter, „soll der Tropf ungestört gehen, wenn er nichts kann als zierlich tanzen. Ich bleibe hier und hab ihm nichts abzubitten."

Wie ein wildes Thier stürzte der Heuer auf Jos,

oder eigentlich auf den Platz, wo der gewandte Bursche noch vor einem Augenblicke stand, der ihn jetzt von der Seite anzupacken suchte. Es war wunderbar, wie das Jöslein sich wehren konnte, und wie es rechts und links, hinten und vorn zugleich zu sein schien. Die kräftigsten Streiche des Heuers fuhren in die Luft und rissen ihn selbst beinahe zu Boden, so daß er nach und nach um mehrere Schritte zurückweichend in der Verzweiflung endlich nach einer leeren Bierflasche langte, die er als Waffe benützen zu wollen schien.

„Jetzt ists genug," riefen mehrere Mädchen, die schaudernd seine Absicht erriethen.

„Nein, laßt ihn mir!" schrie Jos.

„Wozu noch?"

„Wir sind nicht fertig."

„Aber es ist genug," rief man von allen Seiten, und begann dem Jos einzureden: „Er habe sich tapfer gehalten, aber das Schönste sei doch noch, wenn er nun auch noch zur rechten Zeit wieder aufzuhören wisse."

„Ja!" rief Zusel schneidend. „Ihr stolzen Burschen meiner Heimat, seid doch so gut und schützt den Fremden, der für mich und meine Ehre einstehen wollte. Schützt den Schwachen, wenn ihr sonst gar nichts thut."

Diese Worte hatten eine wunderbare Wirkung. Der Heuer mit seiner Flasche stand wie vernichtet da; die andern Burschen aber begannen mit dem Jos in einem ganz andern Tone zu reden, und der Zusel antworteten sie: „Wir stehen schon auch für dich ein, mußt du wissen, und zwar besser noch als der Beschützer, den du heute mitgebracht hast. Der Heuer soll darum nur ruhig sein, wir wollen das kleine Bürschchen schon wegbringen."

„Hab noch keine Lust zu gehen," trotzte Jos.

„Es wird am Ende wol zu helfen sein," riefen Mehrere.

„Einem allein geh ich nicht, wer etwas gegen mich hat, der soll kommen."

„Gehst du auch mir nicht?" rief Hans, so zornig über den eigensinnigen Knecht, wie ihn dieser noch niemals gesehen hatte.

„Hast du denn auch etwas gegen mich?"

„Ja."

„Und Dorothee redet kein Wort für mich?" frug Jos wehmütig.

Alles blieb still.

„O wie seid ihr elende Leute," rief Jos plötzlich. „Alle kniet ihr vor dem goldenen Kalbe, mag es Zusel heißen oder Hans."

Die Burschen, und Hans mit, drangen auf den Aufgeregten ein. Dieser floh gegen das offene Fenster und rief mehrere Male: „Auch Hans kommt! alle und er — er bringt mich um alles!" Jetzt ein Sprung, und der Verfolgte war, ohne daß eine Hand ihn auch nur zu berühren vermochte, aus dem Zimmer verschwunden.

Hart neben dem niederstürzenden Strahle der durch

ein Gewitter angeschwollenen Dachtraufe lag er auf einer Steinplatte und wälzte sich langsam aus dem Kreise der aufspritzenden kalten Tropfen hinaus. Im Zimmer begann man vom Kriminalgericht und sogar vom Köpfen zu brummen. Wer nicht heim schlich, setzte sich auf einen Stuhl und suchte so schnell als möglich von etwas Anderem zu reden. Nur Dorothee begehrte auf, wie man sie noch nie gehört, und Hans saß neben ihr, als ob ihn der Blitz getroffen hätte. Es wurde ihm ordentlich wohl, als die Magd ihn gegen Schick und Brauch verließ und vor das Haus hinab eilte, nachdem sie hörte, daß Jos nicht mehr einen Tritt zu gehen im Stande sei.

Zehntes Kapitel.

Die Heimkehr.

Erbärmliche Kreaturen ihr!

Das war die erste Antwort, welche Jos denen gab, welche sogleich vor das Haus geeilt waren und sich nach seinem Zustand erkundigen wollten. Ja, nun kamen sie zu allen Löchern heraus und streckten die Hälse und die Ohren, um etwa zu sehen, was wol der so gedemütigte Trotzkopf für ein Armesündergesicht machen werde.

Tausend Element, das sollten sie nicht!

Aber vergebens strengte Jos sich zum Aufstehen an. Mühevoll hatte er sich mit Händen und Füßen in die Laube des Hauses, den sogenannten Schopf, gebracht, wo er nun doch wenigstens vor dem Regen geschützt war. Hier saß er auf einem kleinen Heubündel und schaute die aus allen Winkeln des großen Hauses kommenden Leute trotzig an.

„Jesus, Maria und Josef! sein Kopf ist ja blutig!" riefen mehrere der Herbeigeeilten erschrocken aus. „Hat dich denn einer geschlagen? Wer?"

„Niemand als ich selbst," antwortete Jos, und fuhr dann wie von Widerwillen und Ekel geschüttelt fort: „Wenn mich einer so geschlagen hätte, hu — einer der Elenden, und ich müßte jetzt auch so wehrlos daliegen und mich von jedem angaffen und bemitleiden lassen — Gott, es wäre um den Verstand zu verlieren."

„Und wie ist dein Zustand jetzt?"

„Jetzt," lachte der schmerzgequälte Jos bitter, „jetzt hab ich gar keinen Zustand, nur noch einen Zusitz, das muß doch jedes Kind sehen."

Nur mit größter Mühe und vielen Kreuz- und Querfragen brachten einige Schulfreunde des Leidenden endlich heraus, daß er zwar im Sprung aus dem offenen Fenster glücklich auf die Beine gekommen, dann aber auf der abgewetterten glatten Steinplatte auch noch auf den Kopf gefallen sei.

Jos erzählte das, mit vielen bittern Bemerkungen über die verschiedensten Ausrufe des Mitleids sich unterbrechend. Diese Weichheit, dieses Beklagen des — durch eigene Schuld nur — Geschehenen, was war es Anderes als der jämmerliche Tribut, mit dem sie ihrem Hochmut, ihrer frommen Eitelkeit die beste oder eigentlich die schwächste Seite ihres Wesens' wieder gewinnen wollten. Ha, Jos hätte rasend werden mögen, als er einen sagen hörte, man könne unmöglich begreifen, warum so ein Unglück Gottes heiliger Wille sei. Also auch an dem sollte der liebe Gott die Schuld haben! Wie! Wenn er nun der Gewalt nicht gewichen wäre, wenn er statt dessen einige seiner Gegner verletzt hätte?

Dann wär gewiß nur der Sohn der Schnepfauerin und nicht der liebe Gott an der ganzen Geschichte schuld gewesen. Aber diese Leute kamen eben niemals auf das Richtige. Da standen sie und jammerten über den blutenden Kopf, während ihm sein rechter Fuß wol zehnmal weher that. Anfangs freilich wars ihm selbst auch nicht anders gegangen. Erst als er sich zum Gegenstande eines ihm widerlichen Mitleids gemacht sah, dem er so schnell als möglich entfliehen wollte, empfand er im Fuße einen furchtbaren Schmerz, der bei der ersten Bewegung den ganzen Körper durchfuhr und ihn mit Gewalt auf den blutbedeckten Platz zurück warf, von dem er sich, da er jede Hilfe trotzig verschmähte, nur langsam wegzubringen vermochte. Jetzt hatte er eine ganz eigene Freude daran, daß die Umstehenden, das Aergste gar nicht ahnend, noch immer über die gewiß nicht bedeutende Verletzung am Kopfe jammerten.

Bitter lachend starrte er die Umstehenden an und wies Einzelne, die ihm ihre Dienste anboten, trotzig zurück. Als dann aber die guten Leute sich kopfschüttelnd zu entfernen begannen, wurde ihm auf einmal wunderbar angst. „Laßt mich doch um Gottes Willen nicht allein wie ein Thier!" flehte er. „Ihr seht ja, daß ich einen Fuß gebrochen hab' und auch nicht einen Tritt mehr zu gehen im Stande bin."

Diese Worte wirkten wie ein gewaltiger Schlag. Alle standen einen Augenblick, als ob ihre Beine sie nicht mehr tragen wollten, und eilten dann wieder zu dem Unglücklichen, um den sich bald noch ein dichterer Kreis gebildet hatte als vorher. Und nun regte sich in dem Unglücklichen wieder der frühere Trotz, der für das bestgemeinte Wort im besten Falle nur ein bitteres Lächeln zur Antwort hatte. Das wurde nicht anders, bis Jos die Stimme Dorotheens hörte, welche sich mit Gewalt durch die müßigen Zuschauer zu ihm hin arbeitete.

"Wie ists doch gegangen? Was fehlt ihm? Kann er wirklich gar nicht mehr gehen? Ist denn um Gottes Willen noch kein Doktor da?" So fragte das Mädchen so schnell nach einander, daß kein Mensch zum Antworten kommen konnte.

Jos strengte noch einmal alle seine Kräfte zum Aufstehen an. Es war vergebens; er mußte sich ins Unabänderliche fügen, mußte leiden, wie er noch niemals litt, an Leib und Seele zugleich. Nichts ist so herb, nichts so beinahe unerträglich, als wenn man auf einmal seine liebsten Pläne und Hoffnungen als todte Last auf dem Gewissen fühlt, wenn man sich sagen muß, daß man sich selbst aus seinem Glückshimmel stürzte.

Jos schien ein ganz Anderer geworden, seit er Dorotheens auch in der Aufregung noch so leicht erkennbare Stimme hörte. Bisher hatte jede leise Bewegung nur die in seinem Innern kochende Wuth verrathen, so daß den Umstehenden immer doppelt weh und bange war; jetzt aber begann sein ganzer Körper zu beben, wie vom Frost des Fiebers geschüttelt, und die zitternden Hände suchten umsonst die aus den halbgeschlossenen Augen hervorquellenden Thränen zu verbergen. Dorotheens fortgesetzte Fragen, noch viel bringlicher als die früher von den Andern an ihn gerichteten, die er nur trotzig zurückwies, machten ihn ganz weich, und nur vor Weinen war er nicht im Stande, sie so schnell zu beantworten, als sie an ihn gerichtet wurden. Jetzt erst dachte er auch an seine gute Mutter. Sie hatte doch wahrlich nicht verdient, auch das noch an ihm zu erleben. Ach, die lieben Bilder aus vergangenen Tagen, das schöne Leben neben Dorotheen auf dem Stighof, es war nicht etwa nur einfach dahin, verschwunden und verloren, sondern war ihm zur drückenden Last, und alle Rosen, die ihm auf seinem Lebenswege jemals blühten, hatten sich in schmerzlich stechende Dornen verwandelt. Er hatte geglaubt, Dorotheen verachten, hassen zu können als die Gefühllose, die berechnende Geliebte des reichen Bauern, nun aber lag er wehrlos und unfähig zu Spott und Trotz. Nur noch weinen konnte er und weinen mußte er, wenn ihm auch mit verhaltenen Augen die Anwesenheit der vielen Neugierigen schmerzlich gegenwärtig blieb.

Dorotheens Erscheinen und ihre Fragen brachten etwas Leben in die Menge, die vorher wie erstarrt um den Leidenden herum stand. Vielleicht mochten die von der Magd gestellten Fragen an manches Versäumniß erinnern, und dazu kam noch, daß die Veränderung im Wesen des Unglücklichen keinem Einzigen ganz entgieng und alle etwas weicher stimmte. Jedermann wollte nun gleich etwas für ihn thun. Während viele, ohne noch Regenschirme mitzunehmen, forteilten, um den Doktor zugleich daheim und in allen Wirtshäusern zu suchen, brachten die Zurückgebliebenen Salben und Wein, Binden und Tücher aus dem Hause oder trugen aus der Nachbarschaft herbei, was in Hausarzneibüchern belesene Mütterchen nur immer wünschen und empfehlen mochten.

Als Dorotheens weiche, jetzt leise zitternde Hand das Haupt des Verwundeten berührte — sie that das so leise, daß man glauben mußte, er werde es gar nicht merken, — da öffnete er die Augen wieder und schaute zu ihr empor, so freudig stolz und doch auch wieder so demütig bittend, daß das Mädchen erbebte vor dem Blicke, in welchem des guten Burschen ganze Seele lag. Ja sie, die bisher sich so tapfer gehalten, wurde jetzt schwach, und vergaß in der Verwirrung die Umstehenden und was sie eigentlich wollte. Zitternd stand sie da und wurde bald blaß bald roth, bis ihr endlich die Wirtin geduldig das Wasserglas abnahm und den Kopf des *** zu waschen begann.

Erst als der Unglückliche auf die in der Eile zusammengeflickte Tragbahre gelegt und heimgebracht werden sollte, kam Dorothee wieder vollkommen zu sich selbst, und während sie sich umsah, ob nicht auch etwa dem andern Mädchen beim Anblicke des Blutenden beinahe übel geworden sei — wie ihr —, befahl sie den Trägern die größte Sorgfalt, damit nicht am Ende das Unglück durch ihre Schuld noch größer werde.

Während sie nun mit der kleinen stillen Gesellschaft das Haus verließ, wurde droben getanzt und gejubelt, daß die Fluoh drüben über der Aach die frohen Töne auch da noch wiedergab, als sie schon zu weit ins Argenauer Dörflein hinein gekommen waren, um aus dem Wirtshause selbst noch etwas hören zu können. Dorotheen kam das jetzt ganz verrückt, ja unmenschlich herzlos und grausam vor, so daß in ihr der Vorsatz erwachte, ihr Lebtag keine Tanzmusik mehr zu besuchen. „Kann man," mußte sie sich fragen, „so fröhlich sein, nachdem man so kalt und lieblos war? Sieht niemand die Lücke, die das Unglück in dem frohen Kreise riß?" Allerdings lärmte die Fluoh herüber, daß man das könne, und von dem, der sich da seufzend zum armen Mütterlein tragen lassen mußte, sagte sie nichts. Aber wars denn am Ende nicht mit jedem Vergnügen so, wenn auch der Leidende nicht so hart daneben und für sie so hörbar ächzte? Was mochte nicht schon vielleicht beim nächsten Nachbar alles vorgefallen sein, während ihr die Stunde in der besten Unterhaltung unerwünscht rasch vergieng!

Es hatte aufgehört zu regnen, aber noch war der Himmel benebelt und auf die Tannen herab hiengen gewaltige Wolken, von denen der Kalendermacher, noch der für heute angegebenen Tageslänge zu urtheilen, durchaus keine Ahnung gehabt haben mußte. Schon lange vor sieben Uhr war es fast plötzlich Nacht und so dunkel, daß die Freunde des unglücklichen Jos, sich mehr auf das Gehör als das Gesicht verlassend, den Weg zwischen den rechts und links noch niederplätschernden Dachtraufen suchen mußten. Es war Dorotheen immer noch gewesen, als ob sie in recht kurzweilige Gesellschaft

komme, wenn sie zwischen den ihr so wohlbekannten
Häusern dahinschritt. Heut aber konnte sie sich keinen
frohen, glücklichen Kreis um die wenigen Lichter herum
denken, die sie auf ihrer Wanderung erblickte. Da saß
wol das arme Mütterlein mit dem Rosenkranz in der
Hand auf der breiten Ofenbank und erwartete, von Zeit
zu Zeit nach dem schwarzen Zifferblatte der alten
Schwarzwälderuhr blickend, ungeduldig den einzigen
Sohn, der noch im Wirtshause saß und wol den halben
Sommerlohn verjubelte. Dort am Fenster lehnte die
arme Therese, die heute hart neben der Zusel auf dem
Brückeneingang den Geliebten erwartete, bis dieser mit
einer Angesehnern, Reichern, ohne sie noch zu beachten,
an ihr vorüberschritt. Hier saßen hungrige Kinder mit
der traurigen Mutter bei den ersten Erdäpfeln dieses
Jahrgangs, die gestern so fröhlich heimgebracht wurden.
Man dachte sie gemeinsam zu essen am Kirchweihtag und
Gott dafür zu danken. Nun aber fehlte der Vater, und
trotz des Hungers wollte es niemand recht schmecken.
Dort polterte der biedere Vater und weinte die Mutter
über die ungerathene Tochter, welche, wie man von
Freunden, Feinden und Nachbarn hören mußte, ein be=
welter Taugenichts den ganzen Abend auf dem Tanz=
platze festhielt. Auch Angelika hatte ein mattes Licht im
Zimmer. Ihr Kind half ihr auf den Vater, den An=
dreas warten, welcher schon früh etwas angetrunken war
und mit einer Kellnerin tanzte. Und immer noch tönte es
von der Fluoh herüber, die Hörner brüllten, die Burschen
lärmten immer wilder, und sicher hätte Dorothee sich

Felber, Reich und Arm. 12

beinahe zu fürchten angefangen, wenn sie jetzt mit ihren Gedanken allein gewesen wäre. Vor ihr her trug man den Liebling, den einzigen Sohn der armen Stickerin, die wol jetzt noch ganz arglos daheim saß, ihre Wochenrechnung machte und nebenbei dem lieben Herrgott dankte, daß ihr Jos einen so guten Platz bekam und denselben auch zu behaupten im Stande war. Ganz laut, gerade als ob sie das widerliche Echo von der Fluch sich aus dem Gehör bringen wolle, rief sie schmerzlich aus: „O du Welt, du böse, kalte, herzlose, selbstsüchtige Welt! Du bist ein Wehhaus und ein Thränenthal, wie es im Kirchengebete heißt."

Wie der vom Sturme vertragene Funken oft in viertelstundenweiter Entfernung als mächtiges, weithin leuchtendes Feuer aufflammt, so spinnt sich dem Aufgeregten, besonders im Dunkel der Nacht, wo Aug und Ohr so bald an die wenigen äußeren Eindrücke gewöhnt sind, ein einziger Gedanke auf seinem Wege bis zum anscheinend Entferntesten wunderbar und beinahe unbemerkt fort. Mit dem einzigen Worte aus einem wohlbekannten Kirchengebete, dem Salve Regina, kam sie vom Lärm des heutigen Tages hinweg in die Kirche, wo sie schon als frommes Kind dem lieben Gotte und der heiligen Mutter so manches Leiden klagte. Auch jetzt wieder versuchte sie zu beten. Aber es gieng ihr wie immer — sie konnte viel besser danken als bitten. Wenn sie recht glücklich war, dann fühlte sie sich dem Allvater am nächsten und wurde demütig; hatte sie aber Klagen über die Welt, dann fehlte es ihr nicht an Worten, aber die rechte Andacht wollte nicht kommen und es war, als ob sie sich schäme, mit so etwas vor den lieben Gott zu treten. Auch heute gieng es ihr so, und immer wieder fühlte sie sich in ihrer Andacht gestört, obwol die Vorangehenden noch kaum ein Wort gewechselt hatten. Sie waren alle noch zu erschrocken, als daß ihnen selbst Dorotheens lauter Ausruf über die böse Welt besonders hätte auffallen können. Während Jos dem Heuer und den Andern gegenüberstand, waren sie alle auf dem Tanzsaal gewesen. Erst der auch dorthin bringende Bericht von dem Unglück ihres ehemaligen lustigen Ge= fährten hatte sie an seine Seite gerufen und sie giengen um so lieber mit ihm heim, da nun doch die Lust zum Tanzen ihnen allen gänzlich vergangen war.

„Weiß die Mutter schon von der traurigen Ge= schichte?" fragte einer der Burschen, das bange Schwei= gen endlich unterbrechend.

Diese Frage gab Dorotheen wieder Leben. Sie dachte an den Schrecken der armen Stickerin, wenn nun Jos auf einmal so in ihre Stube gebracht würde. Nein, das durfte nicht geschehen. Vorher sollte das arme Weib so gut als möglich darauf vorbereitet werden. Dorothee eilte voran und sann, wie sie es nun anzugehen habe. Es waren peinliche Gedanken, mit denen sie sich jetzt beschäftigte, und doch war ihr wohler, als da sie noch müßig klagte und betete und einen Wink des Himmels erwarten zu wollen schien. Ja, seit es wieder etwas zu thun gab, fühlte das Mädchen sich mutig, wie es noch selten nach einem Gebete war, welches nur

einem Nothschrei glich. Vor dem Häuschen der Schnepf=
auerin aber wurde ihr wieder himmelangst. Zitternd
trat sie in die dürftig erleuchtete Stube, wo die Schnepf=
auerin fast zu Tode erschrak, als sie den späten Besuch
endlich denn doch trotz seiner ungewöhnlichen Blässe
erkannte. Dorothee begann, sich wunderbar beherrschend,
mit einer Abhandlung über den Willen Gottes, ohne den
kein Haar von unserm Haupte fallen könnte. Die
Schnepfauerin schnitt diese Einleitung kurz und gewalt=
sam ab. „Du kämst heut nicht zu mir, wenn du nicht
etwas Wichtiges und etwas Schlimmes sagen müßtest.
Nun, ich leide schon unter diesem Gedanken so viel, daß
es nicht zu sagen ist. Drum schone mich nicht mehr und
sage mir offen, warum du da bist."

„Es ist wol nicht so arg als du denkst," antwortete
Dorothee langsam. „Der Jos ist nur für einige Wochen
arbeitsunfähig geworden bei einem gefährlichen Sprung.
Ich möchte der Stigerin nicht gern gleich von der
Sache erzählen, du aber wirst schon so gut sein
und ihn einige Tage pflegen und warten. Ich stehe
dafür, daß dir — von Hansen oder sonst — jeden=
falls alles reichlich ersetzt wird, was du thust und an=
wendest."

„Ist gar nicht nöthig," sagte die Mutter, die viel
Schlimmeres erwartet zu haben schien, beinahe fröhlich.
„Wer sollte so Zeit und Lust haben, für den armen Jos
zu sorgen wie ich?"

Und noch bevor sie fragte, was denn ihrem Sohne

begegnet sei, trug sie einen Laubsack*) auf die breiteste Bank**), stellte einige Lehnstühle davor und machte in der Eile ein Bett, so gut es ihr nur möglich war. Als man aber die Tritte der Nachkommenden hörte, ließ die arme Mutter alles liegen wie es eben lag, erfaßte krampfhaft das auf dem Tische stehende Licht und wankte zur Thüre hinaus. Die langsam nachfolgende Dorothee sah, wie die Mutter, beim Anblick ihres Sohnes beinahe ohnmächtig, auf den Tritt vor der Hausthür niedersank, und ihr leichenblasses Gesicht in den zitternden Händen verbarg. Dann raffte sie sich mit einer furchtbaren Kraftanstrengung wieder auf und sagte tonlos und hart: „Er soll gewiß auch noch halb erfrieren hier in der kalten Nacht? Seid ihr alle denn von Holz, daß ihr so gar nicht mit leidenden Menschen umzugehen wißt?"

Der Armen fiel es nicht ein, daß die Träger nur auf sie warteten. Die guten Burschen verziehen ihr aber gern diese Ungerechtigkeit. Schweigend folgten sie ihr ins kleine Häuschen, als sie das Licht wieder ergriff und rief: „Stoßt doch um Gottes willen nirgends an — oder," fügte sie in ganz anderm Tone bei, „macht so gut ihr könnt. Ihr meints ja redlich und habt ihn bis vors Haus gebracht. Ach, es ist so traurig, aber ich hab

---

*) statt Strohsacks, denn Stroh gibt es im Lande nicht.
**) An die Wand befestigte Bänke ziehen sich um die Stube herum.

auch schon etwas für fröhlich gehalten und dann ists nur zum Unglück gewesen."

Auf die Freunde des Jos würde die wohlgesetzteste Rede nicht einen halb so tiefen Eindruck gemacht haben wie diese wenigen, scheinbar gar nicht zusammenhängenden Worte der armen Mutter. Feuchten Auges trugen sie ihren Freund in die Stube und sahen mit Freuden die Mutter wieder etwas gehobener und fester, als sie sich noch an manches erinnerte, was nothwendig sogleich gethan und hergerichtet werden mußte. Dann aber wollte sie auch wissen, was denn eigentlich dem armen Jos begegnet sei?

Jos, der noch kein Wort gesprochen hatte und auch keines zu sprechen im Stande war, zog die Bettdecke übers Gesicht, um unbemerkt weinen zu können. Dorothee begann so schonend als möglich zu erzählen, bis sie durch das Kommen des Arztes unterbrochen wurde. Dieser fand den Beinbruch sehr bedenklich. Aber obwol er sogar vom Abnehmen des Fußes einige Worte fallen ließ, schien doch der Mutter noch immer das Traurigste, daß das alles nur die Folge eines Wirtshausstreites war. Sie machte dem Hitzkopf, den sie doch schon so oft und oft warnte, die bittersten Vorwürfe. Als aber der Schmerzgequälte laut aufseufzte, da eilte sie ans Bett, zog die Decke herunter, daß sie sein Gesicht sehen konnte, und kam dann nicht mehr dazu, ihre Strafpredigt wieder aufzunehmen. Dafür gedachte sie nun der traurigen Zukunft. Die Andern suchten sie zu beruhigen, aber ihre Trostworte weckten nur Widerspruch. Man erinnerte sie daran, daß sie mit solchen Klagen dem Kranken weh thue, und das half. In der Sorge um den Liebling fand sie Kraft und Selbstbeherrschung, ja nach wenigen Stunden sogar eine gewisse Heiterkeit der Seele wieder, so daß Dorothee und die Andern sie und den Kranken selbst viel beruhigter verließen.

Jos litt nicht nur an seinen Verletzungen. Zu den quälendsten Vorwürfen wegen seiner Uebereilung kam bald auch noch die Sorge für seine und der Mutter Zukunft. Die Mutter fand immer noch eine Art Trost und Aufrichtung in der sorglichsten Pflege des kranken Lieblings; diesem aber war wie ein schmerzlich bitterer Vorwurf, was ihn sonst als sprechender Beweis der Mutterliebe auch unter schlimmen Umständen überglücklich gemacht hätte. Wie aufs tiefste beschämt, wie vernichtet lag er da, sein verwünschter Trotz war gebrochen; nicht niedergeschlagen von den Gegnern, die er im Traume sich wieder und wieder gegenüber stehen sah, sondern mehr geschmolzen von der Wärme der Mutterliebe, die ihn umgab und ganz neue, früher nie gekannte Gefühle in ihm keimen und wachsen ließ. Eine wunderbare Weichheit bemächtigte sich seines ganzen Wesens, so daß er ruhig zuhörte, als später seine Freunde ihm erzählten, wie spottschlecht schließlich auch sein Gegner, der Heuer, noch weggekommen sei.

So arg als einen hatte Jos mit seinem trotzigen Benehmen Stighansen erzürnt. Eine Demütigung gönnte ihm dieser recht wol und wäre bereit gewesen, auch das Seine dazu beizutragen. Als er dann aber

hörte, wie schlecht dem Jos sein kühner Sprung gerathen, da war ihm nicht mehr recht wohl, wenn er sich davon auch nichts anmerken ließ. Er hätte eine schöne Kuh drum gegeben, wenn er damit alles ungeschehen zu machen im Stande gewesen wäre. Trotzdem brachten Dorotheens Vorwürfe ihn nicht von seinem Platze, ja diese zwangen ihn, innerlich sich zu seiner Selbstvertheidigung immer wieder an das lästige Benehmen seines Knechtes zu erinnern. Er wollte kein wetterwendisches Weib sein wie Dorothee, welche — das hatte er genugsam bemerkt — sich noch vor wenigen Minuten selbst recht von Herzen über den Jos geärgert hatte. So blieb er denn sitzen, und sendete Dorotheen einen zornigen Blick nach, als diese zu dem Unglücklichen eilte.

Der Heuer hatte sich mit der Miene eines Mannes, welcher sich für den Helden des Tages hält, neben die seit Dorotheens Entfernung ausgelassen lustige Zusel gesetzt und begann nun Hansen als Kirchweihwitwer auf die derbste Weise zu necken. Die Lacher natürlich hatte er bald auf seiner Seite, obwol seine Witze zuweilen so ungehobelt waren, daß Zusel sich seiner zu schämen begann. Endlich war Hansens Geduld zu Ende, der Faden riß. Auf sprang er, schlug die Faust hart neben der Stumpfnase des Heuers auf den Tisch, daß die Gläser klirrten, und donnerte das geputzte Bürschchen an: „Derlei Brocken wirst du noch bekommen, wenn du nicht schon genug hast. Willst du aber nichts mitnehmen, so mach dich nur im Fluge fort und laß dich nicht mehr sehen, du Händelstifter, so lang du dein

gestriegeltes Spitzköpflein und den breiten Hemdkragen in Ordnung erhalten willst."

"Ich soll sterben —" stammelte der Heuer und sah sich ängstlich suchend im Zimmer um.

Aber die Zusel, welche nun durchaus nicht mehr länger neben ihm gesehen sein wollte und bereits mit der guten Gelegenheit zu rechnen begann, warf ihm einen Blick zu, der ihn nicht mehr ausreden ließ. Jetzt war sie entschieden für den Frieden. Der Heuer sah sich allein und nur kalte, höhnende Blicke auf sich gerichtet. So kam er denn bald zu der schmerzlichen Ueberzeugung, daß Gehen das Klügste sei, und langsam, so leise und unmerklich als es in der Eile nur immer geschehen konnte, rückte er seinen Stuhl so weit vom Tisch, aus der Reihe der übrigen Stühle weg, daß er Platz genug zum raschen Aufspringen gewann. Er hätte aber gewiß nicht so aus dem Zimmer rennen, nicht auf jeden Tritt drei Stufen der Stiege unter die Füße nehmen müssen, denn sicher dachte kein Mensch daran, ihm etwas in den Weg zu legen oder ihn gar zu verfolgen.

Er eilte ins Haus des Krämers, packte seine Sachen zusammen und hinterließ bei der Magd den Auftrag, ihm nach Abzug seiner Zeche den Heuerlohn so schnell als möglich nachzusenden.

Im Wirtshaus zum Rößle gieng es nun wieder so lustig zu, als ob gar nichts vorgefallen wäre. Man gedachte auch des Geschehenen fast nur dadurch, daß man sich erfreut aussprach, nun doch der lästigen Händelstifter glücklich los geworden zu sein.

Stighans hatte sich unter allgemeinem Beifall auf des Heuers Stuhl gesetzt hart neben Zusel, die ihm des Knechtes wegen keine Vorwürfe mehr machte. Der Krämer war überglücklich. Aber wie wohl ihm bei den jungen Leuten auch war, so schickte er doch den Hans mit seiner Zusel großmütig von sich weg auf den Tanzsaal, den diese erst spät in der Nacht verließen.

Hans begleitete die Zusel heim, trank noch den in der Eile gemachten Kaffee und eilte dann — dem Morgen noch zu entrinnen — auf den stillen Stighof, wo die schon wieder thätige Dorothee ihm einen guten Tag wünschte.

Eilftes Kapitel.
Wie man schießt und geschossen wird.

Wie viel auch, seit man das „Volk" als Kunstobject zu behandeln begann, über Bauern und besonders über Bauernmädchen geschrieben wurde, es ist doch immer noch fraglich geblieben, ob die guten Kinder sich mit der Kirchweih mehr die Woche vorher oder nachher in Gedanken beschäftigen. Wahrscheinlich wird man, wenn noch dreißig Jahre Dorfgeschichten geschrieben und alle deutsche Erdenwinkel durchstöbert sind, sich für die Woche hernach entscheiden.

Bei Einzelnen kann das schon jetzt als ausgemacht gelten.

Zusel hatte nicht viel, wenigstens gar nichts Besonderes gehofft. Nur einmal ein wenig Lärm wollte sie haben, und nun war aus dem Spaße ganz unvermuthet Ernst geworden. Jetzt war der Ehrgeiz des Mädchens wach. Was sich so wie von selbst angezettelt hatte, das mußte nun fort und fertig gewoben werden, damit sie sich vor Hansjörg, wenn er wieder kam, nicht

mehr so gleichsam in ihrer Blöße sehen zu lassen brauchte.
Der Bursche war ihr jetzt wieder viel im Sinn, woran
vielleicht auch die von Jos gemachten Anspielungen einige
Schuld haben mochten. Sollte wirklich der Vater ihn
in des Kaisers Rock gebracht haben? Sie fragte, horchte,
sah in den Rechnungsbüchern nach und ergab sich nicht
mehr, bis es ihr klar geworden war, daß der Krämer
wirklich nur Mathisles Abhängigkeit benützt habe.

Aber diese Entdeckung wirkte jetzt nicht mehr so,
wie sie noch vor wenigen Monaten gewirkt haben würde.
Wol konnte sie den armen Burschen bedauern, aber sein
Briefhandel war dadurch nicht entschuldigt. Hansjörg
war eben ein Mensch, der so wenig fest auf seinem Platze
stehen konnte, als der Heuer. Ob aus der nämlichen
Ursache, war ihr jetzt ziemlich gleichgültig. Ihr Liebhaber
mußte ein ganzer Mann sein; woher es ihm kam, blieb
ihr immer das Nämliche, wenn es nur da war. Hans=
jörg und der Heuer, sie waren sich so ziemlich gleich,
denn beide zogen schon vor dem ersten Hindernisse
jämmerlich ab. Das waren keine Männer; einen Mann
aber wollte sie nun an ihrer Seite wissen, der sie schützen
und jeden Angriff von ihr abwehren konnte.

Als Jos sie mit seinem Spotte erröthen machte,
und der Heuer rath= und thatlos neben ihr sitzen blieb,
da hatte die Stolze es einmal ganz durch und durch
empfunden, wie wehrlos ein Mädchen neben dem aus
Armut und — Gemeinheit herausgewachsenen, vielleicht
schuldbewußten Vater steht. Ja, er hatte recht, dieser
Vater, sein stolzes Gebäude mußte stürzen, wenn sie ihm

nicht das schützende und bindende Dach aufsetzte. Und sollte sie das nicht von Herzen gern, um in alle Zukunft froh und sicher wohnen zu können?

Wie sie doch einmal so an Hansjörg hatte kommen können? Man hatte geredet, gelacht, nach und nach die gleichen Ansichten bekommen, und sich an einander gewöhnt, man wußte selbst nicht wie. Es war eben gefährlich neben so einem berechnenden Burschen, gerade wie jetzt für Hansen neben dessen Schwester. Freilich verrieth Dorothee durch ihr Weglaufen von Hansen eine Neigung für den ehemaligen Schneider, aber Zusel erfuhr ja an sich selbst, wie wenig derlei launenhaften Spielereien zu trauen sei. Wohin konnte der leichtsinnige Hans nicht von dem Mädchen noch gebracht werden, wenn erst Hansjörg wieder kam und den Rathgeber machte! So einfältig als sie sonst wol geglaubt, war Hans jedenfalls nicht, das hatte sie aus der mehrstündigen Unterhaltung mit ihm erfahren; aber schwach war er, und besonders der Magd gegenüber recht schwach, sonst würde er sie, die ihm so schmählich davon lief, schon am Tage nach der Kirchweih aus dem Dienste geschickt haben. Freilich suchte sie sich zu bereden, daß das eben nur seine Gleichgültigkeit verrathe, aber es wollte nicht recht gehen, und Zusel, die nun siegen mußte um jeden Preis, nachdem sie einmal angefangen hatte, ließ die Beiden bald auch durch Andere in und außer dem Hause auf Schritt und Tritt beobachten.

Wer sucht, der findet. Das gilt auch von einem Menschenpaar, dem man einmal ein Liebesverhältniß zumuthet, und gilt besonders, wenn die Beobachter und Beobachterinnen für jede Mittheilung reichlich belohnt werden. Zusel bekam bald jeden Abend Bericht, und arbeitete sich so immer tiefer in die Sache hinein. Bald vermochte sie Hansen, den sie jedesmal sah wenn er mit Sense oder Rechen vorübergieng, bei weitem nicht mehr so unbefangen etwas Witziges nachzurufen, als in den ersten Tagen nach der Kirchweih. Später hatte sie nur noch ein scheues „guten Morgen" für ihn, und wenn er sie dann erstaunt, fragend ansah, so gab ihr das aufs neue zu denken, weil sie dadurch etwa eine der schon von jemand gemachten Beobachtungen bestätigt wähnte.

Nachdem das letzte Heu beim Krämer glücklich untergebracht war, verkehrte das Mädchen fast nur noch mit Leuten, welche von Stighansen redeten. Dadurch gewannen die unbedeutendsten Reden und Handlungen des guten Burschen in den Augen der Zusel eine Wichtigkeit, daß man davon leicht auf eine starke geheime Neigung schließen konnte. Es war auch ganz natürlich, daß das von den zum Aufpassen Bestellten bald genug geschah. Sie vermochten aber das viel eher geheim zu halten, als das, was sie an Hansen und Dorotheen beobachteten oder dem Beobachteten unterlegten. Auf einmal kamen über Hansen und seine Magd die sonderbarsten Gerede ins Dorf. Kein Mensch wußte woher, denn sie waren überall auf einmal, und Zusel fand, freilich durch ihre Veranlassung und Schuld, nun allgemein bestätigt, was sie geahnt und gefürchtet hatte. Es war schrecklich, daß das Mädchen nicht nur den unschuldigen, unerfahrenen Burschen an die Ketten der Sünde zu schmieden und daran festzuhalten wußte, sondern selbst die alte Stigerin blind und taub zu machen verstand. Durch solche Mittel und auf solchen Wegen sollte der stattliche Hof, auf dem redliche, sittenstrenge Väter in Gottesfurcht walteten und alles zusammenhielten, nur einer herabgekommenen Freundschaft zufallen? So gieng es jetzt hin und her, daß Zusel, der das immer einen Stich gab, beinahe zur Verzweiflung gebracht wurde. Auch der Krämer hörte solches Gerede gar nicht gern. „Die altbackene, fromme Dorothee," meinte er, „wäre selbst nie so gefährlich als dieses Geschwätz, das Hans und vielleicht sogar auch die alte Stigerin nur für den Lärm der Neidestrommel halten. Wenn das geschieht, dann freilich kann aus der kindischen Liebelei etwas Großes werden."

„Da sieht mans," klagte Zusel, „auch du glaubst an diese Liebelei!"

„O die nur ist nicht gefährlich," lachte der Krämer, „und besonders dir nicht." Und das erröthende Kind mit wohlgefälligem Lächeln betrachtend, fuhr er nach einer Pause schmeichelnd fort: „Gefährlich hätte dir nur Eine werden können, und die bist du selbst mit deinem trotzigen, leidenschaftlichen Sinne. Seit ich diese Eine nicht mehr fürchten muß, fürchte ich gar nichts mehr. Wenn du nur nichts verdirbst, dann muß es gehen auf diese oder jene Art. Die alte geldgierige Stigerin ist auch noch da, und Hans wird müssen, wenn er nicht will."

„Aber ich will nicht und muß nicht, wenn es so klingt," sagte Zufel entschieden. „Alles wär mir wie Gift und Messer, was nur so gezwungen käme. Die Zufel ist zu stolz, um sich einen Liebhaber nur so gleich einem Gefangenen zuführen zu lassen. Selbst, freiwillig soll er kommen oder gar nicht."

Der Krämer, dem der Erfolg immer die Hauptsache und das Einzige war, was er im Auge hatte, fand seine Tochter geradezu unbegreiflich. In der letzten Zeit hatte er sie für recht verliebt gehalten, drum glaubte er, nun müsse ihr jeder Weg recht sein, auf dem der Geliebte ihr entgegengeführt werden könne. Wunderbare Leute, diese Weibsbilder! Schon an seiner Seligen hatte er zuweilen etwas bemerkt, was ihm rein unverständlich war.

Der Mann saß und sann, bis es zu dunkeln begann. Auf einmal entstand draußen an der Hausthür ein Gerumpel, als ob nicht nur ein, sondern wenigstens ein Dutzend Thürklopfer in Bewegung gesetzt würden. Zufel wollte sehen was es gebe. Sie verließ das Zimmer mit den Worten: „Den Hans mag ich unter solchen Umständen gar nicht und du brauchst in der Sache nichts mehr zu thun." Aber noch bevor der Krämer sich von seinem Erstaunen über diese Rede wieder erholt hatte, schoß das Mädchen zurück und hauchte fast athemlos: „Jetzt, Vater, jetzt haben wirs. Der Hansjörg ist da! Geh doch du, denn ich kann ihn in seinen Soldatenkleidern, kann ihn jetzt durchaus gar nicht mehr sehen."

Was mag er wollen? fragte sich der Krämer, während das Mädchen in seine Kammer eilte. Langsam und jeden Tritt noch langsamer gieng der Mann der Hausthüre entgegen. „Daß der Spitzbub schon heute kommen muß," murmelte er. „Es steckt doch noch ein Tropfen vom frühern Blute in ihm, ein böser, giftiger Tropfen, und kein Mensch kann sagen, wie lange das Mädchen so fortläuft, wenn er kommt. Mit Hansen ists wie aus. Sie hat keinen Sinn fürs Vermögen, denn die Verwöhnte weiß nicht, mit wie blutsaurer Arbeit man es erwerben muß. Wunderliches, ehrgeiziges, demütiges, opferwilliges, selbstsüchtiges Volk — diese Weiber! Am End ists gut, daß Hansjörg mich trifft. Er soll nicht Lust kriegen, so bald wieder zu kommen."

Und der Krämer sah wirklich recht grimmig aus, als er der Thüre zuschritt, seine Hand aber zitterte beim Oeffnen gewiß ärger, als wenn er je einem Grenzjäger öffnete, der nach den wohlversteckten geschmuggelten Waaren zu suchen kam. Er erwartete etwas ganz Besonderes und nahm alle seine Kraft zusammen. Trotzdem prallte er zwei Schritte zurück, als er die hohe Gestalt des schönen Kaiserjägers in der kleidsamen Uniform erblickte, die seinem ganzen Wesen etwas Stolzes, Sicheres gab, vor dem dem Handelsmann himmelangst wurde. Der Krämer hatte seine Sprache verloren; auch der Mann mit dem schönen, etwas gebräunten Gesichte schwieg eine Weile und schien unterdessen jeden Augenblick noch größer zu werden. Endlich wünschte seine klangvolle Stimme einen guten Abend.

„Was ist gefällig?"

„Ich hab mich nur sehen lassen wollen in des Kaisers Rock."

Dieser Trotz im Tone gab auch dem Krämer wieder Kraft. „Dann," sagte er, „hättest du lieber am hellen Tage kommen sollen."

„Kann schon auch noch geschehen. Ich werde überall sein, wie das böse Gewissen."

„Hättest du sonst nichts wollen?" fragte der Krämer etwas scheu.

„Einen Pfeifenkopf kaufen."

Das Geschäft war bald abgethan und der Kaiserjäger verließ brummend das Haus.

„Was da!" rief der Krämer, die Schublade zuschlagend, daß die porzellanenen Pfeifenköpfe klirrten, „so einen Taugenichts, der mit lauter Kupferkreuzern zahlt, sollte unsereiner fürchten? Dummheit!"

„Ist er fort?" fragte Zusel, die unbemerkt bis unter die Ladenthüre geschlichen war.

„Natürlich, warum sollte er dableiben?"

„Ich glaub, er sei ins Dorf hinein."

„Ist mir gleichgültig."

„Aber mir nicht. Wenn er nun auf den Stighof geht?"

„So wird Hans keine große Freude haben."

„O ich auch nicht!"

„Pah!"

„Der Kuppler und Verführer hat uns noch gefehlt. Wenn ein anderes Haus ins Geschrei käm wie der

Stighof, dann thäts Predigten und Christenlehren geben, daß jedes Kind sie heimzuthun*) wüßte. Ists doch im Frühling denen von der Kanzel aus nachgetragen worden, die vor dem bestimmten Alter sich in den Jungfernstuhl machen. Hier aber will man nichts sehen und nichts sagen, wenn schon das ganze Dorf davon voll ist."

Der Krämer stand neben dem Ladentische und sann. Dann plötzlich sagte er: „Mädchen, das ist gar nicht so übel," und gieng hinaus.

Am andern Tage gieng er zur Messe und dann in den Pfarrhof. Langsam schritt er durch den Garten, in dem er den greisen Pfarrer vergebens hinter schon welkenden Blumenbüscheln und Rosenhecken zu erspähen suchte. Vor der Thüre band er sich noch das Halstuch fest, ordnete den Hemdkragen, nahm die Zipfelkappe ab und trat auf das einladende „Herein" herzhaft in die Stube.

Der Pfarrer saß beim Frühstück und sah den seltenen Gast etwas strenge an. Doch länger als einige Augenblicke vermochte der gute Mann gegen keines seiner Pfarrkinder unfreundlich zu sein. „Es wird doch nichts fehlen, das Ihr selbst einmal kommt?" frug er, und fuhr dann lächelnd fort: „Es ist mir lieb, daß ich mich Ihres Besuches auch wirklich freuen darf."

„Ich hätte vielleicht zu einer etwas passendern Zeit stören sollen," stotterte der Krämer.

---

*) sie richtig anzuwenden, die Gemeinten zu errathen.

„Ich gehöre meiner Gemeinde zu jeder Stunde, bei Tag und Nacht," antwortete der Pfarrer.

Der Krämer setzte sich auf den ihm gebotenen Stuhl und begann: „Es ist vielleicht nur eine Einbildung, was mich hertreibt; aber solche Einbildungen können oft vom Schutzengel kommen oder von den armen Seelen. Mir einmal*) sind in meinem Leben schon weit weniger lebhafte Vorstellungen verhängnißvoll geworden. In den letzten Tagen und ganz besonders heut ists mir immer ganz merkwürdig vorgestanden, ich sollte für die Seelen meiner guten Schwiegerältern doch auch etwas mehr thun als was öffentlich und so zu sagen nur Anstands halber für sie geschah. Zum Beten freilich hat unsereiner keine Zeit, drum thät ich gern für die Seligen ein Dutzend heilige Messen in aller Stille lesen lassen."

„So," sagte der Pfarrer trocken, und schritt langsam gegen den Schreibtisch.

Dem Krämer war ordentlich wohl, daß der Pfarrer ihn endlich aus den Augen ließ. Der durchbringende Blick hatte ihm zuletzt beinahe die Sprache benommen. Jetzt plauderte er wieder so behaglich wie einer, der eben einer Gefahr entrann und nun jede Spur der gehabten Angst wegzulächeln sucht. „Mit meinen guten Schwiegerältern," erzählte er, „hab ich denn doch nicht immer im schönsten Frieden gelebt. Was konnten sie für die ererbte Denkungsart? O, es war gewiß nicht böser Wille, wenn

---

*) d. i. wenigstens.

sie mich meine frühere Armut und die Fehler meiner Schwester oft schmerzlich empfinden ließen. Ich ertrug das um so geduldiger, weil ich selbst noch manchen Fehler abzubüßen hatte. Ich hab viel gelitten, aber der liebe Gott hat mich dafür gesegnet, mehr als ich hoffen konnte — viel mehr, Herr Pfarrer! Als Vater kann ich immerhin zufrieden sein — wenigstens mit dem Kinde, welches von mir erzogen wurde. Die Zufel hat freilich noch nicht alles im Kopf wie ich. Natürlich! junge Mäuse bemerken nur den Speck, ältere auch die Fallen, in welchen er liegt. Im Ganzen muß ich das Mädchen loben und sagen: Für dieses Alter könnt ich sie kaum anders wünschen. Verstand und Ernsthaftigkeit kommen erst mit den Jahren, das weiß ich nur zu gut von mir selbst, und muß ihr im Grund verzeihen, daß sie sich mit Mathisles Hansjörg etwas zu tief einließ. Er war eben als Ladenschneider im Haus, und man weiß wol, daß es kein Gut thun kann, wenn Feuer und Stroh so nahe zusammen kommen. Mich hats schon lange gewundert, daß das auf dem Stighof, wenigstens scheinbar, immer noch so gut thun kann. Verbrannte Kinder fürchten das Feuer, und ich muß gestehen, daß ich da nicht immer nur müßig hätte zusehen mögen. Die gute Alte aber scheint nichts zu merken, und der Herr Pfarrer wird leider die Wichtigkeit der Sache bisher auch noch zu wenig erkennen."

Der Pfarrer, welcher mit immer noch größern Schritten die Stube durchmessen hatte, blieb jetzt vor dem erschrockenen Krämer stehen und fuhr diesen an: „Ich hab in Konstanz studiert!"

Der Krämer verstand den Sinn dieser Worte nur zu gut. Der alte Pfarrer hatte seine Studien schon damals vollendet, als der Bregenzerwald noch zum Bisthum Konstanz gehörte*). Er meinte sich ordentlich damit, kein Brixener zu sein, und ermangelte nicht, den jüngern Geistlichen gegenüber seinen Hirscher und Wessenberg mit der ganzen Leidenschaftlichkeit seines Wesens zu vertheidigen. So brachte er sich unter seinen eifrigen Berufsgenossen in den Ruf eines allzu freisinnigen Mannes, und bald betrachteten ihn seine Amtsbrüder nur noch so von oben herab wie einen verirrten Führer, dem die rechte Erleuchtung fehle. Ihn aber schien das wenig zu kümmern. Lächelnd eilte er aus ihrer Gesellschaft zu seinen Büchern heim. Mit den Jahren aber erlag er mehr und mehr seinen Eigenheiten. Wenn andere Geistliche und besonders die ihm beigegebenen Kapläne das Betschwesterthum groß zogen, so sah er darin nur einen Schachzug gegen sich selbst, und der Aerger darüber, daß man ihn so zu unterhöhlen trachte, ließ ihn bald zu streng und bald zu milde vorgehen. Besonders stolz war er auf den unbestrittenen Ruf, daß er ein Mann des Friedens und für keinerlei Schwätzereien zugänglich sei. Es lag auch etwas von diesem Stolz in den Worten, mit denen er den Krämer und seit Jahren jeden heuchelnden und schmeichelnden Zuträger abgefertiget hatte.

Der Krämer saß auf seinem Stuhle wie ein

---

*) Jetzt ist er dem Bisthum Brixen untergeben.

verhagelter Frosch. Er sah sich errathen, daher er denn von Stighansen und seiner Magd nichts weiter mehr sagen, sondern sich vor allem wieder selbst so gut als noch möglich aus der Schlinge ziehen wollte. Das gieng wol am besten, wenn er nochmals an den eigentlichen frommen Zweck seines Kommens erinnerte. Schon ihm selbst gab der Gedanke daran wieder eine gewisse Sicherheit, so daß er, während er die Zipfelkappe aus der Tasche zog, zwar leise aber doch ziemlich fest zu sagen wagte: „Nun, der Herr Pfarrer muß ja seine Hirtenpflicht kennen. Messen aber für Verstorbene werden wol auch in Konstanz gelesen?"

„Ja," antwortete der Pfarrer mit erzwungener Ruhe. „In Konstanz und überall, ob man ein Paar Gulden zahlt oder nicht, wird wenig ändern. Da kommts beim Stifter auf die Absicht an. Ist die gut, so ist alles gut; mir selbst aber schmeichelt das gar nicht und ich mag mich durch solche Stiftungsgelder auch in keinem Kloster besonders empfehlen lassen. Wer ein Opfer bringen will, der komme mit reinem Herzen, sonst muß ich ihn bedauern. Ich will damit niemand beleidigen, aber gegen so wackere Leute wie die vom Stighof solltet Ihr niemand aufreden wollen, verstanden? Ein altes Weib kann Hans doch als Magd nicht anstellen."

„Aber —"

„Gut — weiß schon, daß Dorothee euch im Weg ist, euer Goldfischlein unterzubringen und reichen Fischfang zu halten. Der gute Hans könnte mich wahrhaftig dauern. Er ist schon was Rechtes werth und die Dorothee auch. — Nur nicht gemuxt! Wo die ganze Gemeinde fürs Reden und Lügen bezahlt wird, darf der Pfarrer doch auch noch etwas sagen, wenn er es umsonst thut. Der Dorothee thät ich ein rechtes Glück gönnen, aber drein reden möcht ich weder so noch so, denn ich hab in Konstanz studiert —"

Der Krämer war zum Pfarrhof hinaus, als ob ein Sturmwind ihn erfaßt hätte, und heim kam er, ohne etwas davon zu merken. Aber müde fühlte er sich, unaussprechlich müde, so daß er eine Weile sich erschnaufen mußte, bevor er seiner Tochter das Erlebte zu erzählen im Stande war. Der Bericht wurde etwas ungenau, so daß Zusel daraus die Ueberzeugung schöpfte, der Pfarrer müsse von Dorotheen schon gewonnen sein.

"Zum Pfarrer hätte man eigentlich gar nicht gehen sollen," meinte sie.

"Wärs aber anders gegangen, so würdest du alles jetzt dein Werk heißen," antwortete der Krämer ärgerlich. "Beim Kaplan werden deine Freundinnen sicher das Ihrige thun. Mein Gang hat doch zu Wege gebracht, daß wir wissen, woran wir mit dem alten Konstanzer sind."

"Das hätte man sich denken können."

"Nicht so leicht," widersprach der Krämer. "Nicht viele würden Dorotheen vor dir den Vorzug geben."

Jetzt stellte sich Zusel in Gedanken zum ersten Mal neben das stille, fleißige, bescheidene Kind. Sie dachte sich an den Platz des Pfarrers und derer vom Stighof und wechselte die Farbe.

„Heiraten wird sie Hans aber doch nie," tröstete der Krämer. „Da wird die alte Stigerin entschieden auf deiner Seite sein, und die ist denn doch noch mehr als der wunderliche Pfarrer."

„Mir ist Hans am meisten," klagte Zusel; „der sollte wollen, und sonst sollte dann meinetwegen alles dagegen sein. Ja, erst dann wärs hübsch und könnte man seine Freud haben an einer Liebschaft. So aber, wie du die Sache nimmst, ekelts mich ordentlich an, und ich habs schon gesagt, daß ich keinen mag, den man mir mit Gewalt zuführen muß. Weit lieber gieng ich noch heut in ein Kloster."

„Oho!"

„Ja ja, man hat mir schon gesagt, wie es dort eine mit meinen Mitteln so gut haben könnte, und der Himmel wäre gewiß."

Der Krämer kannte die Launenhaftigkeit seines Kindes zu gut, um diese Worte besonders ernsthaft aufzunehmen. Vielleicht wars auch nur ein Seitensprung, um ihn von der Hauptsache abzubringen. Das sollte aber nicht so leicht gehen. Er fragte geradezu: „Du willst also den Hans nicht?"

„Eben will ich ihn, und nur daß er nicht auch will, noch lieber als ich, könnte mich zum Weinen bringen."

„Dann sind wir ja eins."

„Bei weitem nicht. Mir ist sein Vermögen ganz gleichgültig."

"Du bist halt eben verliebt. In der Ehe wird das schon wieder anders kommen."

"Verliebt bin ich nicht. Wenigstens war mir Hansjörg einmal viel lieber. Wenn nur der nicht gerade jetzt gekommen wäre, daß noch eine Weile alles beim Alten bleiben dürfte. Aber ich bin im Gerede. Es muß etwas geschehen und ich weiß nicht was. In meinem Kopf dreht sich alles um und um. Vater, du kluger Mann, mach mich ruhig. Du hast mir den Hansjörg genommen, nimm mir auch den Hans! Dir muß das noch viel leichter werden. Gib ihnen Geld, thu was du kannst, daß niemand mehr von mir und von ihm und von Dorotheen rede. Thu das, oder ich werde krank und sterbe."

Der Krämer verließ unmutig die Stube, Zusel blieb allein. Aber schon einige Minuten später schlich eine ihrer Freundinnen, die Köchin des Kaplans, so leise zu ihr herein, daß Zusel sie erst bei ihrer leisen Anrede erschrocken auffahrend wahrnahm.

"Ich hab dir nur noch geschwind etwas erzählen wollen," flüsterte die Betschwester.

"Ich dir auch," sagte Zusel etwas unfreundlich.

"So erzähle nur, ich muß gleich wieder gehen, damit mich niemand hier sieht."

"Man darf dich hier schon sehen."

"Aber so erzähle doch," drängte die Köchin.

"Wir haben die arme Dorothee denn doch zu sehr ins Geschrei gebracht. Es könnte sie leicht den

Dienst kosten, wenn einmal die alte Stigerin etwas davon erfährt."

„Das soll es auch," fuhr die Betschwester auf. „Wenn du auch erkalten solltest im frommen Eifer, die Mitglieder des dritten Ordens, den der Kaplan selbst errichtete in diesem Dorfe, haben sich der Sache kräftig angenommen, und dir winkt die Siegespalme schon auf Erden, wenn du nicht wankst. Dorothee ist eine Sünderin, und die Mutter unseres Ordens, bei der du sehr wohl an bist, hat unter den Schwestern ein tägliches Gebet für sie und um Ausrottung des Aergernisses angeordnet. Das wird wirken."

„Ist Dorothee denn auch im Orden?"

„Keine Rede, aber wir haben die Pflicht, für große Sünder und für Bedrängte zu beten."

„Dann betet nur auch für mich!"

„Warum nicht gar! Das würde dich gleich in ein böses Gerede bringen."

„Wie denn in ein Gerede?"

„Man hat so feine Gedanken über die, für welche man betet, und es gibt viel zu viele, die diese Gedanken, die man natürlich nicht immer für sich selbst behält, zu erhorchen wissen. Aber um so fruchtbarer ist unser Gebet. Ich will dir zu deiner Aufrichtung nur ein einziges Beispiel erzählen. Unser jetziger Pfarrer war in der ganzen Gemeinde seiner Lauheit wegen beliebt und es schien unmöglich, die Leute darauf zu bringen, daß etwas nicht in Ordnung sei, da ja Frieden und Eintracht herrschte. Lachte doch noch fast alles mit, als er die ersten Schwestern unseres Ordens ihrer vielen Communionen wegen Tabernakelmäuse nannte. Nun, wer zuletzt lacht, der lacht am besten. Wir begannen für ihn um Erleuchtung und einen christlichen Eifer zu beten, und schon steht er ziemlich ohne Einfluß, wie gefällig er sich auch gegen jedermann zeigt. Nur noch der Doktor, die Zeitungsleser und einige Frembler*) stehen auf seiner Seite. Der verspottete Kaplan aber ist zu Ehren gekommen in der Gemeinde, bei den andern Geistlichen und auch beim Bischof, der dem guten Manne, von Haus aus blutarm und niedrig, seinen Eifer noch auf dieser Welt belohnen kann. So viel vermag unser Orden selbst gegen den Pfarrer."

Zusel hatte erstaunt zugehört. Von dem vielen Gehörten war ihr nur noch Eines ganz klar, daß der Pfarrer nicht den rechten Eifer habe. Sie sagte: "Was du erzählst, kommt mir fast wie ein Wunder vor."

"Das ist es auch."

"Daß ihr aber recht habt, weiß ich wegen dem Pfarrer. Daß der manches zu leicht nimmt, haben wir selbst erfahren. Es ist wol recht, wenn man dem auf die Finger klopft."

"Und die Dorothee sollten wir schonen? Du willst Hansens arme Seele nicht retten?"

───────────────

*) Einheimische, die in der Fremde gewesen sind, Frembes angenommen haben.

„Laß mich darüber nachsinnen."

Die Köchin stand auf, öffnete die Thür und fragte zurück: „Wir haben für dich angefangen, sollten wir gegen dich enden?"

„Wer so viel kann, muß recht haben. Ich gehe in Gottes Namen mit und will das Meine thun," antwortete das Mädchen langsam mit bebender Stimme.

Zwölftes Kapitel.

Eine Versöhnung.

Während wegen Stighansen so viel geredet, vermutet, gehofft, gewünscht und gefürchtet wurde, bewegte dieser sich arglos in Haus und Feld*). Recht aufpasserische Nachbarinnen freilich wollten behaupten: das Gerede über ihn und seine Magd mache ihm weit mehr Kopfarbeit als er sich anmerken lasse. Sonst hab er immer mit Dorotheen gesungen, schon am frühen Morgen, und in der ganzen Nachbarschaft habe man keinen Menschen früh zu wecken gebraucht. Jetzt aber bleibe den ganzen Tag alles still und man könne leicht auf den Glauben kommen, daß Hans kein gutes Gewissen habe. Etwas jedenfalls müsse ihm über das Leberlein gekrochen sein, da man ihn auch nie mehr neben Dorotheen arbeiten sehe, neben der er sonst in der letzten Zeit noch gewisser als ihr Schatten gewesen.

Wer aber Hansens kräftige, gedrungene Gestalt so

---

*) Man denke aber ja nicht an Getreidefelder.

sicher und gleichsam stich- und kugelfest in den wenigstens achtpfündigen Holzschuhen unter der breiten Stallthüre saß, mit dem stolz aufgerichteten Krauskopf ob den beiden lateinischen rothen H, welche die Hosenträger mit den breiten Querbändern über Brust und Rücken auf dem blauen Werktagshembde bildeten, der verließ den beinahe trotzig und doch auch wieder so gutmütig unter schwarzen Lockenrädern herausblickenden Burschen mit der festen Ueberzeugung, daß dem noch nichts aufs Leben oder auch nur bis an die Haut gekommen sei. Unter dem, was ihm jetzt Sorge machte, und was allenfalls für Minuten seinen Humor verderben konnte, war das Gerede wegen seinem Verhältnisse mit der Magd ganz hinten dran. Gehört hatte er allerdings davon und sich etwa eine Viertelstunde darüber geärgert, weil möglicher Weise doch auch die Mutter davon hören konnte, die in diesem Stücke sehr streng war. Aber dann konnte er sie ja fragen, warum denn das Mädchen am Kirchweihtag so ganz gegen alle Art von seiner Seite weg und dem händelsüchtigen Knechte nachgelaufen sei? Gewiß, mit diesem konnte er die Mutter beruhigen — viel besser beruhigen, als sich selbst. Ihn wurmte dieser Streich noch immer recht gewaltig, und das Gerede von einem heimlichen Liebesverhältniß mit Dorothee kam ihm fast wie ein Hohn vor.

Das war für ihn eine Demütigung, welche sogar die schöne Zusel nicht wegzulächeln vermochte; ein Schlag für sein Herz, der ihn schon genugsam dafür gestraft hätte, daß er den Knecht so ganz sich selbst und seinem traurigen Schicksal überließ. Und doch kam etwas noch viel Aergeres. Jos, der kluge, unentbehrliche Jos, der Rathgeber und Helfer in allen Fällen, war arbeitsunfähig geworden und mußte daheim liegen in der unruhigen, peinlichen Zeit der Viehmärkte, wo es auf dem Stighof so viel zu thun und zu sinnen gab. Das blieb jetzt Hansens schwerste Sorge, weil es die nächste war. Sie konnte diese breite, hosenträgerumpanzerte Brust recht schwer drücken, wenn er rathlos vor einem listigen Viehhändler stand, welcher die Bäche aufwärts schwätzen zu können schien. Jetzt erst fühlte er, was das verteufelte Bürschchen war, und viel leichter als sich selbst seine Unthätigkeit verzieh er ihm, daß es das Köpfchen auch einmal ein wenig hatte aufrichten wollen. Jetzt stand Jos bei ihm zu hoch, als daß er noch hätte Unrecht auf Unrecht häufen und einen der vielen Burschen anstellen können, die ihm unter den vortheilhaftesten Bedingungen ihre Dienste antrugen. Er wollte sich, bis Jos wieder ein wenig hergestellt war, mit Taglöhnern behelfen. Freilich lebten die sich weniger in alles hinein, was zum Hause gehörte, als ein Knecht, ließen auch eher dieß und jenes außer Acht; aber ob jetzt hundert Gulden mehr oder minder aufgiengen, kam weit weniger in Betracht als die Ehre des Stighofs, die es so weit als möglich zu retten galt.

Unter Ehre denkt man sich sehr Verschiedenes. Fast jede Lebensstellung bildet dafür ein eigenes Gefühl; doch überall wird schließlich die Frage entscheidend, ob es dem Menschen um das Sein oder nur um den Schein zu thun ift. Im erſteren Falle findet er die Befriedigung ſeines Ehrgefühls in der Ruhe des Gewiſſens, die ihn bei allen äußern Stürmen aufrecht erhält, im andern kann ihm nur Kühnheit oder der Zufall und die Blindheit der Menge, die nur dem Scheine folgt, dazu verhelfen. Hans dachte nie daran, daß das Gerede wegen der Magd ſeiner oder der Ehre des Hauſes weh thun könne, weil er ſich Dorotheen gegenüber nichts vorzuwerfen hatte, als was er nun ſelbſt büßen mußte, nämlich die ſtolze Trägheit, mit welcher er den trotzigen Knecht in ſeiner übeln Laune ganz dem Schickſal überließ und ſchließlich durch ſein ungeſchicktes Auftreten zum Aeußerſten trieb. Wenn er hören mußte, er habe dem Knechte nicht geholfen und ſei ſogar noch gegen denſelben im entſcheidenden Augenblicke aufgetreten, weil er, wie Jos ja ſelbſt deutlich genug verrathen, den läſtigen Nebenbuhler nicht nur habe entfernen, ſondern auch demütigen wollen, ſo that ihm das weit weniger weh, als wenn man ſagte: „Er habe den Knecht verlaſſen, wo er mit einem Worte den Frieden hätte herſtellen können, und der Beweis wäre nun geliefert, daß er ſelbſt neben dem betrunkenen Jos noch der Dümmere ſei."

Das hatte Hans von einigen Freunden des ehemaligen Schneiders hören müſſen und das ſchnitt furchtbar tief ein. Entſchuldigt freilich war Jos damit noch nicht. Das Bürſchchen that damals viel zu ſtößig und war zu ſehr obenauf. Es that gar nicht wie gewöhnlich und war kaum noch für den klugen Jos zu erkennen. Wer aber konnte das ſo gut wiſſen als Hans? Jeder hat einmal seine schwache Stunde, und wer soll ihn dann ertragen und zurechtweisen so gut als möglich, wenn nicht die, die ihn besser kennen? Dorothee hatte das auch gesagt und er, zu redlich, um seine Fehler hinter fremde zu verstecken, ließ ihr ohne Widerrede vollkommen recht; nur meinte er, daß eine kleine Demütigung dem Jos= renn doch nicht übel gethan hätte. Er sagte das an dem Morgen nach der Kirchweih, als er die Magd in der Küche traf, und hatte dabei schon etwas Schlaf in den Augen. Der aber vergieng ihm, als das Mädchen sich hart vor ihn hinstellte und sagte: „Weißt du nicht, daß einem leicht Seifenschaum in die Augen kommt, wenn man ihn mit Gewalt weiß waschen will? Warum soll gerade er, der fleißige, durchtriebene, unermüdete, von dessen Kraft und Kühnheit du und dein Hof das ganze Jahr zehren, an dem Tage gedemütigt werden, an welchem ihr alle euch in euerer Herrlichkeit zeigt und mit allem prahlt was ihr habt?"

Hans eilte aus der Küche, als ob er fürchte, die aufgeregte Magd könnte ihm mit einem Topf voll siedenten Wassers nachstürmen. Das war aber auch alles, was die Beiden in der Woche nach der Kirchweih über diese Geschichte mit einander redeten. Sie redeten über=haupt nicht mehr, als die Verrichtung der täglichen Ar=beiten unumgänglich nothwendig machte, und die Nach=barinnen hatten nicht ganz unrecht, wenn sie behaupteten, daß die Beiden sich mit solchem Fleiß mieden, als sie sich in den Wochen vor der Kirchweih gesucht hätten. Das Unglück des armen Jos, den Dorothee jeden Abend be=

suchte, und seine unsicher gewordene Zukunft mit der
seiner vielgeprüften Mutter machten dem Mädchen um
so mehr Kopfweh, da es selber sich nichts vorzuwerfen
hatte. Wenigstens in den ersten Tagen nicht. Nach
und nach aber war denn der armen Magd nicht mehr
recht wohl neben dem immer mürrischern, immer schweig=
samern Hans. Das Gefühl der Abhängigkeit begann
ihre Theilnahme für Jos zu schwächen und sie immer
schwerer, immer schmerzlicher zu drücken. Auf dem
Stighofe hielt man sie so, daß sie kaum anders einmal
an ihre Stellung gegenüber den Besitzern dachte, als
wenn sie den außerordentlich großen Jahreslohn empfieng.
Dann war sie gerührt von so großer Güte, und mit
tausend guten Vorsätzen gieng sie gleich an ihre Arbeit,
um wenigstens so vieler Wohlthaten sich nicht unwerth
zu zeigen. Dieses Abhängigkeitsgefühl konnte aber bei
so liebevoller Behandlung um so weniger lange dauern,
da nur kindliches Pflichtgefühl sie noch an die Heimat
am Argenstein fesselte, seit die Mutter einem jahrelangen
Leiden erlag. Wol trug sie dem alten geldgierigen Vater
und der kränkelnden Schwester jeden verdienten Kreuzer
zu, ja sie versagte sich noch manches, um ihnen einen
frohen Tag machen zu können, was, wie sie wußte, mit
Geschenken immer gelang; aber sie lieben — so recht
gern haben, und alles vor ihnen abschütteln was drückte,
das konnte sie nie. Es fehlte ihr Achtung und Vertrauen,
doch wagte sie sich das nie zu gestehen und erröthete vor
sich selbst bei der Frage: Was denn in der engen heißen
Stube ihr so die Brust beklemme und sie immer fast mit

Gewalt hinaus und auf den Stighof zurück treibe? Um sich wenigstens dem Vater gegenüber zu entschuldigen, hatte sie ihm einst gestanden: „Daß sie sich eigentlich nicht mehr am Argenstein, sondern auf dem Stighof in den seit mehr als fünfzehn Jahren gewohnten Verhältnissen recht und ganz daheim fühle." Eine kleine Strafpredigt, oder wenigstens einige Klagen über dieses Geständniß hätte das Mädchen entschieden viel lieber gehabt, als sie das Lächeln sah, mit welchem das Mathisle sein kurzes „schon gut, ganz recht" begleitete. Von jetzt an ward es ihr immer noch heißer in des Vaters kleiner Stube, in welche sie jedoch kaum noch jedes Halbjahr zu kommen pflegte.

Was nun aber, wenn sie mit Hansen nicht mehr einig wurde? wenn er es ihr immer nachtrug, was sie gesagt und gethan, als er einmal nicht gerade ihr zum Dienst gehandelt hatte? Am ersten Tage nach der Kirchweih antwortete sie sich auf diese Frage ganz kurz: Sie könne auch anderwärts ihr Brot verdienen. Bei ruhigerer Ueberlegung jedoch war sie mit dieser Antwort in keiner Weise mehr zufrieden, obwol sie keine andere finden konnte. Wenn sie an den Vater, an ihre Pflicht gegen ihn und die Schwester dachte, mußte sie sich sagen, auch Jos hätte an seine Mutter denken und sich anders benehmen sollen. Erst seit Hans so mürrisch an ihr vorüberschoß, wußte sie recht, wie gut er sonst immer war. Nur einmal hatte er sich so gegeben, daß sie ihn kaum noch kannte; aber wenn er am Kirchweihtag den Knecht seine Unzufriedenheit empfinden ließ, und mehr that

Hans ja eigentlich nicht, so war das noch immer weit eher in der Ordnung, als wenn sie dann Hansen, ihren größten Wohlthäter, darum öffentlich tadelte.

Dem Mädchen giengs wie ein Stich ins Herz, wenn es dem mürrischen Burschen begegnete, denn es hatte keine Ahnung, daß oft nur seine Rathlosigkeit wegen einem Kuhhandel ihm die Stimmung verdarb, und daß er überhaupt sich selbst noch weit mehr vorzuwerfen habe als ihr, die ihn eigentlich nur mit sich selbst noch unzufriedener gemacht hatte.

Am Sonntage nach der Kirchweih gieng Hans, wie jeden Sonntag, wo die Hitze während des Nachmittagsgottesdienstes ihn durstig machte, in die Kronenwirthschaft, die des guten Bieres wegen besonders berühmt war. Kaum hatte er sein Glas vor sich, als auch der Krämer, hier ein etwas seltener Gast, sich neben ihn her machte, und von allem redete, was er von der Kirchweih mit heimgebracht hatte. Der Mann wurde dabei so lang und breit, wie vielleicht kaum den vertrautesten Freundinnen gegenüber ein Mädchen, welches da zum Erstenmal im Leben auf dem Tanzplatz aufgeführt wurde. „Recht lustig," schloß er endlich laut und beinahe feierlich, „prächtig ist alles gewesen. Jede Stunde, jede Minute ein neues Vergnügen. Ich hab noch keine solche Kirchweih erlebt und doch weiß jedermann, daß ich schon weit in der Nähe herum gekommen bin. Musik, gute Weine, ordentliche Bedienung, nun, das sind so Sachen, die unsereiner immer und überall findet, aber seltener trifft sichs, daß ganz die rechten Leute sich zusammen finden. Da wurde denn doch einmal mit dem Gesindel gehörig aufgeräumt. Lächerlich noch zu allem Unfall ist dem Jos gegangen."

„Wenn etwas an der ganzen Geschichte noch lächerlich sein sollte," betonte die Wirtin streng, „so wär das gewiß nur der Umstand, daß ein Mensch so ganz zum Krämer wird, daß er auch Menschen verhandeln und umtauschen will wie Tuch und Mehl um einen Heustock."

Hans hatte unwillkürlich die Augen geschlossen, wie immer wenn ein unerwartetes Wort ihn wie ein Schlag traf, den er wehrlos hinnehmen mußte. Er sah nicht mehr, wie aller Blicke sich auf ihn richteten, aber er fühlte es eben so gut, als er den Hieb der Wirtin auf den Heustock gefühlt hatte. Die schon mitgebrachte üble Laune hatte ihn viel empfindlicher gemacht, als er sonst gegen derlei Bemerkungen zu sein pflegte.

Gewöhnlich mochte Hans mit jedem Menschen sich gern unterhalten, und über einen guten Einfall konnte er herzlich lachen, ohne zu fragen, von wem er sei. Mancher wohlhabende Wälder kümmert sich vor allem um Stand und Vermögen seines Gesellschafters, damit er einen Maßstab für die Länge und Vertraulichkeit der Unterhaltung gewinne. Hans aber pflegte nur seinem Gefühle zu folgen. Er konnte jeden sogleich verlassen, der ihm nicht paßte, sobald er irgendwo Besseres wußte; nur heute, als der Krämer zu ihm her katzenbuckelte, blieb er trotz dem in ihm sich regenden Widerwillen wie angenagelt sitzen. Das vom Krämer gebrauchte Wort

lächerlich machte ihn schwach und empfindlich für die
Zurechtweisung der Wirtin, welche er ganz bestimmt
erwartet hatte. Nein, lächerlich wars nicht, was dem
guten Jos begegnete, als er, zu bescheiden um gegen den
Brotherrn aufzutreten, sich so gut als noch möglich durch
die Flucht aus der Sache wickeln wollte. Die Wirtin
hatte — wie gewöhnlich — ganz recht, daß sie den herz=
losen Mann gehörig abtrumpfte, und auch daß sie ihn,
Hansen, einen Heustock nannte. Ja, er war wirklich der
träge, dumme Heustock gewesen, heut aber wollte er der
um keinen Preis mehr länger sein. War auch der
Wirtin nicht ganz zu entrinnen, so wollte er denn doch
ihre Predigt nicht mit dem Krämer anhören; besonders
da nicht mehr, als der, statt seine frühere Rede zu ver=
bessern, ganz trocken sagte: „Dir, du strenge Predigerin,
würde die Geschichte schon auch lustiger vorgekommen
sein, wenn sie unter deinem Dach und bei deinem Weine
sich zugetragen hätte."

Solche Krämerantwort auf einen so gegründeten
Vorwurf war Hansen in seiner jetzigen Stimmung ge=
rade was er noch brauchte, um rasch aufzustehen und
vom vollen zweiten Glase wegzugehen.

Wenn er auf der steinernen Stiege vor dem Hause
nur ein Bischen stillgestanden, so hätte er hören müssen,
wie scharf die Wirtin dem Krämer auseinandersetzte, daß
sie ihr Geschäft eigentlich nur aus Liebhaberei betreibe.
„Wär ich nur wegen dem lieben Profitchen da," sagte
sie, „und wär mir das, wie dir, das Gewissen und alles,
dann müßt ich ja jedem schmeicheln und streicheln, wenn

ich ihm auch viel lieber mit Feuer in den Pelz fahren thät. Ich ehre aber und achte mein Geschäft, drum soll es auch mich ehren und nicht etwa meine beste Tugend — meine Offenheit, von mir zum Opfer fordern. Wenn du nun noch nicht merkst, wie unberechnet ich bin und wie gleichgültig gegen den Gewinn, den mir gewisse Leute bringen, so sollst du das noch heut, noch diese Stunde von mir erfahren."

Der Krämer schien aber schon genug zu haben. Er saß so demütig und still bei seinem Glase, daß die Wirtin ihre Heftigkeit beinahe bereute und etwas unwillig über sich selbst die Stube verließ. Sie glaubte dem Manne denn doch gar zu rauh gekommen zu sein, weil es ihr nicht einfiel, daß ihre Auseinandersetzung es weit weniger sei, als Hansens schnelles und ganz unerwartetes Fortgehen, was ihm jetzt sichtlich Kopfarbeit machte.

Hans würde jetzt weit weniger bald schwach und mitleidig geworden sein als die Wirtin. Ja zum Lachen hätte ihn der Anblick des sonst so großen Mannes bringen können, der stumm dasaß, mit den magern Fingern einen langsamen Marsch trommelte und den Takt dazu ächzte. Aber Hans sah und hörte jetzt in dieser Gegend nichts mehr. Heim lief er, als ob ihm der Kopf brenne, und die schwere Hausthüre schlug er hinter sich zu, wie wenn zu weltewigen Zeiten ihm kein Mensch mehr nachkommen sollte. Die Stube fand er brütig heiß, die Pfeife wollte nicht ziehen und der Kaffee war so schlecht, daß er Dorotheen ernstlich darum tadeln wollte. Doch da sagte ihm die Mutter, er sollte wissen, daß die sogar am Werktag in jeder freien Minute beim Jos drunten stecke, geschweige denn am Sonntag, wo Krankenbesuch sogar vom Pfarrer als gutes Werk empfohlen sei.

Ja ja, das war richtig! Hans empfand etwas wie Eifersucht. Aber das ihn quälende Gefühl war doch ganz ein anderes, als da er die Angelika zuerst mit dem leichtsinnigen Andreas vertraulich thun sah. Damals fuhr ein rechter Aerger über die böse Welt in ihn, jetzt aber wars ihm, als ob der Boden unter seinen Füßen weiche. Er vermochte sich nicht mehr auf der Höhe zu behaupten, die die Mutter ihm damals mit Erfolg als seinen Platz anwies. Wie vernichtet stand er da und sann eine Weile. Dann verließ er das Haus und als ob es an eine Feuersbrunst gienge, eilte er der Wohnung der armen Stickerin und ihres kranken Sohnes zu.

Auf der hintern Bank, hart neben dem wohlgepfleg= ten, lieblich duftenden Rosmarinstock, war dem Jos das Bett gemacht worden, so sauber und nett, daß es mit dem Rosmarin zu seinen Füßen und dem Glase voll hochstengeliger Feld= und Gartenblumen beinahe einem Altar der Mutterliebe glich. Dem Eintretenden wars wirklich nicht anders, als ob er in die Kirche komme zum Beichten. Jetzt erst begann er sich vorzustellen, was alles diese guten Leute leiden müßten. Er verstand auf einmal, was es bedeute, daß die Mutter auch das Kreuz aus dem Tischwinkel genommen und ob dem Leidenden zwischen zwei Heiligenbildern aufgehängt hatte. Die Arme wollte ihn mit allem umgeben, was je s i e getröstet oder auf andere Gedanken gebracht hatte. Konnte das etwas nützen, wie schön es auch war? O gewiß nicht viel! Hans wenigstens gestand sich, daß ihm schon die wohlgepflegten Pflanzen zuwider sein würden, wenn sie ihn immer ans Freie erinnerten, während er keinen Augenblick aus dem Schatten könnte. So da liegen und in den schönen Sommertagen sich nicht regen und nicht bewegen dürfen, leiden wie ein angebundenes Thier, dabei auf Gnad' und Ungnade sich dem Dokter mit seinen scharfen Messern und Binden und dem Schicksal überlassen, wie die Katze im Sack, schon das — und es wollte Hansen noch immer mehr einfallen — war so ganz gegen seine Natur, quälte ihn schon als Vorstellung so, daß er augenblicklich kein Wort der Anrede finden konnte. Er hatte eine so peinliche Empfindung, wie früher in der Schule, wenn unvermuthet ein Knabe mit eisernem Nagel rasch über eine Schiefertafel fuhr.

„Guten Abend," brachte er endlich mit Mühe hervor und war nicht wenig erstaunt, daß Jos so freundlich, ja gerade heiter zu antworten und seinen Gruß zu erwidern vermochte.

Etwas erklärlicher allerdings wäre ihm das geworden, wenn er sich gleich anfangs weit genug in das Stübchen hinein gewagt hätte, um auch Dorotheen erblicken zu können, die schweigend im hintern Ofenwinkel gerade dem Jos gegenüber saß. Doch wenn er auch die gesehen, wenn er sich in der Aufregung noch an die Worte seiner Mutter erinnert hätte, alles was in diesen Menschen vorgieng wäre ihm doch noch nicht begreiflich

geworden. Wo so ein verwöhnter Hans nichts mehr
vermutet und nichts mehr sucht, da finden arme Leutlein
das Beste, denn gerade da offenbart sich recht der Schatz
der heiligen, reinen, selbstlosen Mutterliebe, welcher in
dem Grabe wächst, wie das launische Glück seine Gaben
zurückzieht. In der Hütte der Armut, wo sie so viel
Platz hat, da waltet sie allein und beinahe allmächtig, so
daß es schwer zu beschreiben und doch jedem leicht begreiflich zu machen ist, der dabei selbst an eine liebe
Mutter denkt.

Als Jos damals das Durcheinander von der Kirchweih in Gedanken etwas erlesen*) hatte und mit sich so
gut als eben möglich eins geworden war, begann ihn
die Vorstellung zu quälen, daß er nie mehr der Mann
zu einem gehörigen Tagwerk werde, um sich und die
Mutter wenigstens vor der äußersten Noth zu schützen.
Jedes freundliche Wort der Guten ward ihm ein Vorwurf, jede Aeußerung ihrer Theilnahme, ihres Mitleids
traf den von eigenen Vorwürfen nicht Freien viel schmerzlicher als der bitterste Tadel. Aber wie so viele Liebe
und Sorgfalt ihn auch beschämten, er vermochte doch
nicht lange zu widerstehen. Es war, als ob er das Herbste,
Drückendste allmählich wegbrächte in stillvergossenen
Thränen, die er jetzt häufiger fast als in seinen Kinder-
jahren weinen mußte. Es that ihm wunderbar wohl,
sich mitten in seiner Armut so reich und bei seinen großen
Fehlern so innig geliebt zu wissen. Er ward demütig

---

*) gesichtet, geordnet.

von Herzen und drum trug er leichter die Last, die er nun einmal zu tragen hatte.

Wenn die Mutter neben ihm bei der Stickerei saß und so vertraulich mit ihm plauderte, war es ihm oft, als ob die schönste Lebenszeit, die der Knabenjahre, wieder gekommen und alles seitdem Erlebte nur ein Traum sei. Wirklich war er auch wieder weich und fromm und fügsam wie damals, wurde auch wie ein Kind behandelt, und nur der Gedanke an die Zukunft schlich wie ein düsterer Schatten durch seine schönen Träume. Es war auch die Zukunft der Mutter!

Er war zu bedauern und die Stickerin neben ihm auch, wenn ihm solche Gedanken kamen, und sie kamen immer häufiger. Die Mutter fand kein Wort, sie zu bannen, Dorotheen aber war das schon durch ihr Erscheinen, wenn auch ohne Wissen und Willen gelungen. Hätte er auch auf ihre Fragen nach seinem Befinden eine betrübende Antwort geben können? Es war ihm doch recht wohl jetzt und es gab Augenblicke, wo er sich sagte: Dorotheens Theilnahme sei schon werth, daß man sie durch ein Leiden errege. Es gieng auch sonst gleich alles besser, als er im ersten Schrecken gefürchtet hatte. Seit der Doktor das Bein wieder einrichtete und verband, fühlte er oft so lange gar keinen Schmerz, bis er sich vergaß und zu unruhig wurde. Aber Dorothee redete ihm darum so eindringlich zu, daß er dann selbst im Traume noch daran denken zu können glaubte. Nur als Hans kam, hatte er unwillkürlich aufspringen wollen. Aller Groll gegen ihn war vergessen und heiter fragte er den reichen Arbeitgeber, der den Thürnagel noch immer nicht aus der Hand gelassen hatte: „Du wirst endlich sehen wollen, wie lang der Knecht braucht, bis die Kirchweih gehörig ausgeschlafen ist?"

„Ja, es ist eine schlimme Geschichte," antwortete Hans, der in des Knechtes heitern Ton nicht überzugehen vermochte, etwas unbeholfen. Ihm kam die freundliche Frage ganz unerwartet und beinahe auch unerwünscht. Hätte Jos den Mürrischen gemacht und ihn am Ende tüchtig ausgescholten, so würde er ihm schon auch gesagt haben, wie viel an dem Unglück auf Josens eigene Rechnung komme. So aber konnte Hans nichts thun als dastehen wie ein armer Sünder und sich schämen. Einen Augenblick bedauerte er wirklich, daß er nicht lieber beim Krämer in der Krone geblieben war. Dann aber schritt er ans Bett heran, erfaßte die Hand des Knechtes und rief: „Sind doch wir beide wieder einmal Narren gewesen! Dorothee hat —"

Hans hatte erst in diesem Augenblick die Genannte im Ofenwinkel erblickt und hielt nun verlegen inne.

„Was hast du denn von der gleich erzählen wollen?" fragte das Mädchen.

„Nun" — murrte Hans, „du solltest mich gut genug kennen und mich für keinen Verläumder halten. Da hättest du gar keine Sorge haben, ja nicht einmal kommen müssen."

„Ich bin ja schon vor dir da gewesen," trotzte das Mädchen. „Dich," fuhr es dann halb im Scherz und halb im Ernste fort, „dich haben wir beim Krämer vermuthet, und daß der keinem Menschen zu nahe tritt, ist bekannt genug. Also nichts für übel."

Durch diese Worte ward Hans wieder an die heutige Rede des Krämers erinnert, die ihm diesen jetzt noch mehr zuwider machte. „Nein," sagte er, „mit dem laß mich gehen, wenn du das von Dorotheen noch hören willst."

„Nun, ich bin ja still und höre."

„Dorothee hat — aber nein, das sag ich nicht mehr."

„Der Krämer," ahmte das Mädchen Hansens Redeweise nach.

„Nur still und laß mich: Dorothee —"

Der Beiden Blicke waren sich freundlich begegnet. Sie mußten laut lachen und Jos und die Schnepfauerin lachten mit. „Dorothee," begann Hans nun herzhaft, „hat ganz recht gehabt, als sie mir am letzten Sonntag tüchtig den Marsch machte."

„So —" spottete das Mädchen, „und dieses Bekenntniß hätte man fast mit Winde und Hebstange herauf holen müssen?"

„Nun ists da und du kannst machen damit was du willst."

Das Mädchen war hoch erfreut, nun Hansen doch wieder freundlich zu sehen. Sogar Jos, der zuweilen schon selbst nicht ungern ein wenig etwas zwischen die Beiden geworfen hätte, fühlte sich erleichtert, als er eine schwere Sorge des Mädchens, auch aus seinem ungeschickten Benehmen erwachsen, wieder schwinden sah. Er nahm an den nun folgenden Gesprächen so lebhaften Antheil, daß ein nur Hörender ihn für den Gesundesten unter allen gehalten hätte. Es war ihm auch wirklich noch selten an einem Sonntage so herzlich wohl gewesen.

Nur als Hans und Dorothee die Stube verlassen hatten und er sie von seinem Lager aus hart neben einander dem stolzen Stighofe zuschreiten sah, zog etwas wie eine Wolke über sein ausdrucksvolles Gesicht, und der Fuß begann recht weh zu thun, gerade als ob das in den letzten Stunden Versäumte und Verplauderte sogleich wieder eingebracht werden müsse.

———

Dreizehntes Kapitel.
Eine Unterredung im Herrenstüble.

Die Unterhaltung mit Jos war so lebhaft, daß Hans dabei ganz vergaß, er habe einen Kranken besuchen wollen. Dachte er doch nicht einmal mehr daran, den Knecht zu fragen, ob er auch so bald als nur menschen=möglich wieder auf den Stighof zu kommen entschlossen sei? Das kam wohl zum Theil davon, weil das Be=nehmen des Burschen eine solche Frage wirklich fast unnöthig erscheinen ließ, hauptsächlich jedoch unterblieb sie darum, weil Hans jetzt um den Jos besorgter war, als um sich selbst. Daheim war ihm das Aergste an der Geschichte gewesen, daß er dem geschickten Knechte unrecht that und ihn nun missen sollte; nun aber begann er sich dessen angebundenes, sorgenvolles Leben zwischen den engen vier Wänden vorzustellen, und dagegen war nur eine Kleinigkeit, was seit der Abwesenheit des un=ersetzlichen, vertrauten Nothhelfers ihn gedrückt und beunruhigt hatte. Erst jetzt ärgerte er sich recht über den Krämer, welcher die Stirn hatte, das lächerlich zu

nennen. Im Heimgehen machte er seinem Herzen etwas
Luft. Die Magd war erstaunt, ihn gleich einer eifrigen
Betschwester, die mit der ganzen bösen Welt im Kriege
lebt, am Krämer und seinem falschen Kätzchen herum=
tadeln zu hören. Dorothee mochte die Zusel auch nicht
besonders wohl leiden, aber endlich gieng ihr denn Hans
doch gar zu weit und beinahe bittend empfahl sie ihm
Maß und Billigkeit in Lob und Tadel. Besonders
betonte sie, daß man einem Menschen seiner Aeltern und
Verwandten wegen nichts geben und nichts nehmen
dürfe, was er nicht selbst von ihnen habe.

Das aber war von Hansen gar zu viel gefordert
gegenüber einem Mädchen, welches er sich vergebens mit
Gewalt aus dem Kopfe bringen wollte. Zusel hatte
denn doch zu viel von ihrer ältern Schwester, als daß sie
ihm ganz gleichgültig hätte bleiben können. Wie mit
Gewalt zog es ihn immer wieder zu ihr, aber dabei hatte
er stets das Gefühl, daß das Mädchen ihn um den
Frieden mit sich selbst bringen, ihn unglücklich, ja sogar
schlecht machen werde. Er empfand das am lebhaftesten
als er aus dem Hause des Jos kam, gegen den auch nur
die Zusel aufgehetzt hatte. Darum stellte er alles in
bunter Reihe vor sich auf, was er über das Mädchen
wußte oder gehört hatte, in dem guten Glauben, sich
schließlich dahinter gegen sie verschanzt und sicher zu
machen. Hans sagte sich sogar, daß Zusel mit der
stolzen Gestalt ihrer Schwester gleichsam sein böser, die
etwas strenge, dabei aber doch so demütige Dorothee
dagegen sein guter Engel sei. Unter dem Worte Engel

aber dachte er, wie wol jeder Bregenzerwälder, an ein ungemein ernsthaftes, strenges Wesen, und neben dem Mädchen war ihm auch wirklich beinahe zu Muthe, wie einem Feiertagsschüler neben dem Pfarrer. Er nahm daher Dorotheens Zuspruch hin, ohne viel darauf zu erwiedern. Daheim wurden ihm die Stunden bis zum Abendessen so lang, daß er Gott von Herzen dafür dankte, daß es nun wieder sechs Tage zum Arbeiten gab, ehe man abermals einen langweiligen Sonntag erleben mußte. Er arbeitete wieder so oft als möglich neben Dorotheen, obwol jene Scheu gegen das Mädchen immer noch nicht ganz überwunden war. Am Abende jedes Tages schickte er sie selbst, sich nach dem Befinden des Knechtes zu erkundigen. Es wollte ihm fast zu lang immer beim Alten bleiben, und als es wieder Sonntag wurde, suchte er im Herrenstüble beim Rößlewirt den Doktor auf, um sich ernstlich nach dem Stande der Dinge zu erkundigen und, wenns möglich war und er sichs ordentlich vorzubringen getraute — dem Arzte etwas mehr Fleiß zu empfehlen. Doch mit solchen Herren wußte er nicht gut umzugehen. Was er sagen wollte, konnte er allerdings ganz gut vorbringen, aber die gestellten Fragen brachten ihn dann gleich in Verlegenheit, weil er sich darauf eben gar nicht vorbereiten konnte.

Sonst wurde Hansen nicht so leicht bang. Er machte so gut er konnte und dann giengs. Geschlittet oder mit dem Wagen galt ihm gleich viel, wenn er nur ans Ziel kam, und das gelang noch immer. Wenns schwer hielt, trank er vorher zwei Schoppen Tiroler und dann war er der Mann. Wie, sollte das nicht auch vor einer Unterredung mit hochgestellten Herren gut sein und die Zunge beweglich machen wie sonst? Den Versuch wars jedenfalls werth, und wenns nun gelang, dann sollte noch einer kommen und sagen, daß er niemals einen klugen Einfall habe! Er dachte schon daran, künftig sogar der Mutter diese Behauptung nicht mehr unbestritten zu lassen. Siegessicher trat er erst in die Gaststube und machte sich mit einem Eifer an den ersten Schoppen, daß bald auch der zweite geholt werden mußte.

Mit einer Beredtsamkeit, die den funkelnden Inhalt der Gläser lobte, erzählte er der Wirtin im Vertrauen was er vorhabe und war nicht wenig erstaunt, für seinen Einfall kein besseres Lob davon zu tragen. Die gute Frau wollte ihn durchaus nicht mehr ins Herrenstüble lassen, doch war es unmöglich, den immer Aufgeregtern zurückzuhalten. Mit der Zipfelkappe in der Hand trat er ein, setzte sich, und ohne die übrigen Anwesenden zu beachten, redete er den Doktor an: „Ich hätte nur sagen wollen, daß ich alles zahle, was der Jos noch kosten mag. Anfangs dachte ich, mir davon nichts anmerken zu lassen, weil er wol schneller hergestellt werde, wenn kein besonders gutes Trinkgeld für viele Ständ und Gäng zu erwarten sei."

„Ich hab eben schon auf Hansen gerechnet," lachte der Doktor fröhlich, „lieb aber ists mir doch, das nun selber zu hören. Auch ich werde redlich das Meine thun und dafür sorgen, daß er in einem Vierteljahr wieder beinahe der Alte ist."

Hans hatte den Wein ziemlich empfunden, jetzt aber wurde er wieder ganz nüchtern. So ernsthaft hatte er die Sache bisher nicht genommen. Es war ihm, als ob der Pfarrer predige, als der menschenfreundliche Arzt fortfuhr: „Helfen sollte hier wer kann, denn es wär jammerschade, wenn ein so talentvoller Mensch der Gesellschaft verloren wäre und noch gar an der Ungunst der Verhältnisse zu Grund gehen sollte."

„Das thut er hier gewiß nicht," meinte der Pfarrer, und der ebenfalls anwesende Vorsteher schüttelte beistimmend den Kopf, daß seine lange seidene Zipfelkappe auf den Tisch fiel. „Ist der Spitzbub doch selbst als Knecht durchgekommen, obwol ihm das sicher kein Mensch zugetraut hätte."

Das hob Hansen wieder auf die rechte Höhe. Herzhaft wagte er dem Vorsteher in die Rede zu fallen: „Allerdings hab ich es ihm angesehen, sonst würde er auf dem Stighof gar nicht angestellt worden sein. Ich weiß noch nicht, wie ich es machen soll, wenn man ihn so lange mangeln muß."

„Es wäre gut, wenn er gar nichts thun möchte," meinte der Doktor. „Wo aber die Hand ruhig bleiben muß, da arbeitet so ein unruhiger Kopf doppelt und kommt auf allerlei Gedanken. Ich besorgte, er könnte der Gesellschaft verloren gehen. Dafür hab ich natürlich meinen Grund. Wir sehen sie am Schnapstische, alle, die die Ungerechtigkeit unserer Zustände, die man Schicksale nennt, empfinden. Sie trennen sich vom Bestehen-

ten, und finden doch nichts Größeres, wo sie sich freudig anschließen. Da ist der Hansjörg am Freitag wieder heimgekommen. Er war ein ordentlicher Bursche, aber das Unrecht, welches ihm vom Krämer geschah, hat ihn trotzig und in seiner Weise stolz gemacht. Mir ists nicht lieb, daß er immer beim Jos steckt, der, mit Verlaub, Hans! für seine treuen Dienste auch nicht besser belohnt wurde. Man sage mir nichts von dem Eigensinn, dem Trotz des Burschen. Das eben ist zuweilen der Ausdruck der Kraft, mit der er sich durchs Leben hilft und welcher auch der Stighof schon manches verdankt. Jetzt ist er aus der ordentlichen Bahn geworfen und die Unzufriedenen beginnen sich um ihn zu versammeln, besonders arme Teufel, die dem Krämer wegen Verschuldung um einen Sündenlohn arbeiten müssen, und alte Fremdler, die aus Frankreich noch einige Brocken von 1789 mitgebracht haben."

„Dann kann am Ende noch hier die schönste Revolution erleben, wer alt genug dazu wird," bemerkte der Pfarrer.

Den Doktor machte das Lächeln, welches diese Worte begleitete, etwas warm. Er zwang sich zur Ruhe, indem er entgegnete: „Die Geistlichen verbieten nicht nur den Ehebruch, schon der Kuß ist ihnen vom Uebel. Sie mögen ihre Gründe dafür haben, wie ich die meinen, wenn ich es bedaure, daß man sich gegenseitig immer zwingt, eher das Trennende als das Gemeinsame aufzusuchen und herauszukehren. Davon der Kampf des selbstgewaltigen Reichen gegen den Trotz des Armen, der, von jenem ein böses Beispiel nehmend, ihn weiter und weiter treibt. Elende Zustände, wenn ein Mensch mit etwas Selbstgefühl sich nicht einmal als Bauernknecht behaupten kann. Aber auch natürlich, denn zum Tragen hat Gott Thiere geschaffen. Wer etwas mehr kann, sollte fort. O schade, daß so einer hier nie zum Studieren kommt!"

„Sie betrachten den Jos ja schon als einen verlorenen Mann."

„Ich rede nicht von ihm allein, sondern von jedem, der zu kräftig ist zum Kriechen und zu gebunden, um frei zu gehen; ich rede von einem großen Theil derjenigen, die jetzt ihr Elend am Schnapstische vertrinken."

„Das ist aber immer so gewesen," meinte der Vorsteher.

„Nein, das war anders, als ein Tag noch mehr werth war als ein Taglohn und ein Mensch mit allen Gaben des Ebenbildes Gottes mehr als ein geerbtes oder zusammengeschachertes Vermögen."

„Sie halten also den Thaler doch nicht für den Gott der Welt?" fragte der Pfarrer.

„Er ist überall gerade das, wozu man ihn macht. Da belebt er den Verkehr und bringt Segen, dort und hier ist er der größte Tyrann. Früher hieß der Mensch seines Glückes Schmied, jetzt ist das Steuerbüchlein das Wanderbuch, welches uns den Lebensweg, oft sogar die Mutter unserer Kinder vorschreibt."

„Das aber," fiel der Pfarrer ein, „ist in der Welt draußen gewiß wenigstens nicht besser."

„Drum hätte Jos studieren sollen. Wer fähig ist, die Kluft zwischen Arm und Reich zu übersehen, dem bietet nur die Bildung einen Nothsteg mit schützendem Geländer."

„Man denkt gern an die Jahre des Lernens," sagte der greise Pfarrer lächelnd. „Man bekommt noch spät beim Gedanken an die damalige Thatenlust neuen Muth. Ich hab noch in Konstanz studiert und könnte lang erzählen, welche Klüfte zu überbrücken ich da einem Gebildeten zugetraut hätte. Aber wir wollten davon reden, was denn auch jetzt beim Studieren herauskäme außer Lateinischem und Griechischem. So ein armer Tropf wie der Jos müßte Geistlicher werden wohl oder übel, denn beinahe alle Stipendien sind nur unter dieser Bedingung zu gewinnen, und ein Weltlicher kann überhaupt nur schwer Unterstützung finden. Das Volk ist nun einmal schon so."

„Wissen Sie warum?"

„Ich hab in Konstanz studiert und brauche wenigstens mir selber da nichts vorzuwerfen. Gut! Unser Mann kommt also nach Brixen."

„Warum gerade nach Brixen?"

„Er muß die ächteste Lehre haben, um so bald als möglich einen ordentlichen Platz zu bekommen, wo er sich wenigstens ohne Schulden durchbringt. Der Arme wird immer auf Unterstützung sehen müssen, und es ist dafür gesorgt, daß er sie nicht überall findet. Der, dem sein Wissen eine Art Selbstständigkeit gibt, mag sich mit dieser behelfen so gut er kann, oder aus der Noth eine

Tugend machen, wenn man kleinlichen Beamtenehrgeiz und Veräußerlichung Tugend nennen will, wie unser Kaplan, der sich am Schlusse jedes Jahres öffentlich auf der Kanzel damit groß thut, unter seinen Amtsbrüdern im Verhältniß zur Zahl der anbefohlenen Schäflein am meisten Hostien verbraucht zu haben. Fragt man, ob nun mit den vielen Beichten auch Besserung, mit den unzähligen Liebesmahlen auch Liebe ins Dorf gekommen sei? so sagt euch der immer zur Rede, aber nie zur ordentlichen Antwort bereite Mann: Es sei ihm auch gelungen, den Söhnen sterbender Väter noch ein paar fromme Stiftungen vor der Nase wegzuschnappen."

„Sie sehen schwarz, ich habe doch auch studiert."

„Aber nicht so arm und abhängig nach rechts und links, wie so ein armer Tropf es thun müßte. Drum glaub ich trotz allem Schönen, was man mit Recht von der Bildung sagt und von den Brücken, die sie bauen soll: Für Einen wie den Jos ists besser, wenn er hier für Kopf und Hand Beschäftigung findet."

Jetzt rückten auch Hans und der Vorsteher etwas näher zum Tisch, wie Spieler, die nach langem Harren und vergeblichem Hoffen wieder einmal eine gute Karte zum Mitthun bekommen. Hans hatte sich eine Weile mit der Vorstellung zu versöhnen bemüht, daß Jos noch ein Vierteljahr, dreizehn lange Wochen liegen, er unter= dessen ohne den Knecht sich behelfen oder einen andern anstellen solle. Machte ihm schon die Frage, welches klüger sei, nicht wenig Kopfarbeit, so war es doch viel mehr noch Mitleid mit dem nicht ohne seine Schuld

Unglücklichen, was den redlichen Burschen so schnell er=
nüchtern ließ. Erst zuletzt hörte er wieder, wovon geredet
wurde — gerade als der Pfarrer aussprach, was für den
Burschen das Beste wäre, und schnell wollte er sagen:
Die Sorge für den Jos sei seine Sache und brauche kein
Mensch ihn zu bedauern. Aber der Vorsteher, bemüht,
das Gespräch nicht mehr aus bekannten Gleisen in
Höhen entgleiten zu lassen, die für ihn geradezu unerreich=
bar waren, kam dem stets etwas langsamen Hans mit
einem Antrage zuvor: „Jos,“ rief er fröhlich, „wär am
Ende ganz der Mann, der mir schon lange fehlt. Guter
Kopf, ein wenig stolz, fertige Hand zum Schreiben und
die Geduld eines Schneiders! Ists nicht, als ob er von
Gott schon lang zu meinem Schreiber bestimmt wäre?
Meine Buben überlassen ihm das Amt von Herzen gern.
Einträglich ists genug und nebenbei kann er auch noch
mit der Nadel arbeiten. Was sagt ihr zu meinem
Plan?“

„Er ist gar nicht übel,“ sagte der Pfarrer, „und
die Zeit, wo er doch als Knecht nicht arbeiten kann, ist
gerade recht, ihn zu versuchen.“

„Da hab ich denn doch auch noch ein Wörtlein mit=
zureden,“ meinte Hans.

„Aber,“ versetzte der Pfarrer bittend, „wenn er
allenfalls den Jahreslohn schon empfangen hat, so wirst
du das doch nicht wie ein Bleigewicht auf ihn werfen,
daß es ihn in Knechtschaft niederdrücke für immer?“

„Davon ist keine Rede.“

„Und die Arbeit auf dem Stighof können hunderte so gut verrichten als er."

„Das," fiel Hans etwas spitz ein, „weiß denn unsereiner doch wol selber am besten."

„Allerdings — aber jedenfalls ist er zu ersetzen, drum soll ihm niemand im Wege sein, wenn er einen wichtigen Schritt machen kann. Er ist in der Gemeinde von vielen schief angesehen. Eine einträgliche Stelle, man könnte fast sagen die erste nach dem Vorsteher, wird ihm Vertrauen und Achtung gewinnen."

Das nun hätte Hans dem Pfarrer allenfalls auch unterschrieben, wenn er etwas lieber mit Feder und Papier zu thun gehabt hätte. Ihm aber hatte die edle Schreibkunst immer für halbes Hexenwerk gegolten, und obwol er sonst dem Knechte wirklich mehr zutraute als sich selbst, ward ihm doch schwarz und weiß vor den Augen, als dem Bürschchen, welches er noch vor kurzem mit drei Worten in Stall und Feld schicken konnte, ein so wichtiges Amt zugestanden wurde. Erst jetzt schien ihm Jos ganz unentbehrlich und klagend fragte er: „Was soll denn aber ich machen?"

„Dorotheens Bruder," tröstete der Doktor, „ist viel stärker als Jos, ich würde gleich den anstellen, damit er auch wieder einen sichern Weg vor ihm hätte."

„So, den?" frug Hans beinahe verächtlich.

„Ja, den," sagte der Doktor ruhig. „Zur Arbeit ist er sicher so gut als der ehemalige Schneider. Dorotheen gegenüber ist er auch viel weniger gefährlich als Jos, welcher nach den Aeußerungen am unglücklichen

Kirchweihtag ein Aug auf das flinke Mädchen geworfen hat."

Das wirkte auf Hansen wie ein Schlag. Er hatte sich daran gewöhnt, das Mädchen von ihm abhängig zu denken, obwol er es Dorotheen niemals empfinden ließ. Das böse Gerede, worin Zufel ihn wegen der Magd gebracht hatte, machte ihm weit weniger Kopfweh als diese Rede. Ja jenes schmeichelte ihm noch, da er den darin liegenden Stachel in seiner Gutmütigkeit kaum bemerkte; die leicht hingeworfene Bemerkung des Doktors aber wirkte um so stärker, da ihm Jos nun alles ein anderer Mann war, als während er ihn noch zum größten Theil vom Stighof abhängig dachte. Nun erst war ihm von der Kirchweih alles, gar alles klar. Es litt ihn nicht mehr im Herrenstüble, welches jede Minute noch heißer zu werden schien. Er mußte ins Freie, mußte sich ein wenig erspazieren, wie immer, wenn er etwas nur mit Nachdenken nicht zu verwinden im Stande war.

Er mochte ziemlich weit in der Nähe herumgehen, denn er kam erst vor dem Nachtessen heim; eine Weile nach Dorotheen, die den Jos besucht hatte, und beinahe in besserer Stimmung als sie. Das war übrigens dießmal bald geschehen. Nach der Kirchweih hatte Dorothee manches in sich verarbeiten müssen, aber sie war doch im Stande, sich so zu beherrschen, daß die Stigerin nicht im entferntesten auf den Gedanken kam, auch sie könnte bei der Geschichte mit Jos auf die oder jene Weise betheiligt sein; heut aber fiel ihr das seltsame Benehmen des Mädchens denn doch auf, und zwar um so mehr, da sie keinen Grund dafür von Dortheen erfragen konnte. Das allerdings betonte Dorothee etwas stark, daß sie den Bruder erst am dritten Tage, und noch dazu in einem fremden Hause, das heiße bei der Stickerin und ihrem Jos, angetroffen habe.

Die Stigerin, die schon lang an einem großen Erdäpfel herumschälte, ohne dabei das Mädchen aus den Augen zu lassen, fand diese an Dortheen gar nie bemerkte Empfindlichkeit um so unerklärlicher, weil es mit dem Bruder wenigstens nie mehr, als mit den andern Eigenen zu thun gehabt hatte. Die Frau sprach das offen aus, worauf denn Dorothee zu verstehen gab, daß das noch nicht alles sei, daß sie aber lieber gleich schlafen gehen, als noch von allem reden möchte.

Sicher hätte Dorothee auch weit etwas Aergeres noch viel lieber gethan. Für wie kindisch wäre sie wol gehalten worden, wenn jemand erfahren hätte, daß ihr Jos so weh gethan mit der Mittheilung seines Entschlusses, das Dienen eine gute Sache sein zu lassen und wenigstens nie mehr auf den Stighof zu gehen. Ihr erster Gedanke war: an dem sei nur einzig der Hansjörg schuld. Man hörte es aus allen seinen Reden, daß er den Stighans durchaus nicht leiden konnte. Er sagte offen, der Hans habe mit dem Krämer unter einer Decke gespielt und ihm wäre selbst das Fortgehen nicht so schwer geworden als der Gedanke, daß er nun dem einen Dienst thun und für ihn durch Feuer und Wasser gehen müsse. So redete ihr Bruder heute vor allen Burschen, welche den Jos besuchten; was erst mochte er ihm heimlich schon aus= und einzureden versucht haben? Er war ja den ganzen Abend mit Jos im Gespräch über einen Plan, den er eine kleine Verschwörung gegen den Krämer nannte. Die anwesenden Handwerker, bisher von dem Blutsauger abhängig, sollten sich zusammen thun und einen Handel mit ihrer Arbeit anfangen. Hansjörg versprach, durch Schleichhandel das was das Land nicht selbst hervorbringe, so billig als Einer zu besorgen. Dann wurde auch berechnet, daß man schon so viel baares Geld zusammenbringe, als ein kleiner Anfang brauche. Hansjörg schien vor Begierde zu brennen, dem Krämer diesen Possen zu spielen, und Dorothee hätte daraus die Abneigung des Jos gegen den von ihr erwähnten Knechtsdienst erklärt, wenn er seine Antwort ihr nicht gleichsam wie eine Beleidigung mit der Gewalt und Beredtsamkeit eines recht Zornigen entgegen ge= worfen hätte. Was wollte die Rede sagen: Er möge nicht länger auf dem Stighof das fünfte Rad am Wagen sein? Es war gerade, als ob sie glauben sollte, er komme wegen ihr nicht mehr, und doch that das gewiß niemand weher als ihr. Sie drei hatten so froh zu= sammen gelebt, und nun sollte das aus sein und sie zittern müssen für die trotzigen Waghälse, so oft Gott den Tag schickte. —

Daß aber Dorothee von dem jetzt nicht reden mochte, war um so erklärlicher, weil sie sich nebenbei wieder mit dem Gedanken zu beruhigen suchte, daß das auch einer jener vielen, an langen Sonntagen unter lebhaften

Burschen entstandenen Pläne sein könne, die schon am andern Morgen bei ruhiger Ueberlegung nur noch belächelt werden.

Das Nachtmahl ward schweigend genommen und schon kam Dorothee gähnend und sich recht schläfrig stellend aus der Küche zurück, als Hans scheu und leise, wie wenn er einen Fehler einzugestehen hätte, der Stigerin erzählte: „Wenigstens ein Vierteljahr werde Jos noch daheim bleiben müssen."

„Ohne Brot und sich selbst überlassen!" jammerte Dorothee, die sich jetzt nicht mehr zu beherrschen vermochte. „Wohin," fuhr sie strenge fort, „wohin kann die Noth und das Mißtrauen ihn in der langen Zeit noch treiben?"

Hans hatte dem Mädchen durchaus nicht erzählen wollen, für welchen Prachtkerl der Jos bei rechten Männern gelte. Es war ihm schon peinlich, neben der lieben Dorothee nur daran zu denken. Dem letzten Ausrufe gegenüber jedoch zwang es ihn mit Gewalt zum Reden. Jedes Wort traf ihn wie ein Stich, und gleichsam aufschreiend versetzte er: „Dem Jos ists ja sein Glück. Man hat mirs deutlich gesagt, er sei zu gut zum Knecht. Gemeindeschreiber soll er werden, der erste Mann nach dem Vorsteher, und weiß Gott was noch. Der Pfarrer und die Herren selber habens gesagt."

Dorothee sah den Burschen erstaunt an. Sie schien Ton und Gehalt seiner Rede nicht wohl vereinbaren zu können. Hans war sich im Leben noch nie so klein vorgekommen wie jetzt, als er auf einmal etwas in ihrem Gesichte leuchten sah, als ob ihr ganzes Wesen juble: Das hab ich mir gedacht! Da mußte gleich auch er etwas thun, um dem Jos die Freude des Mädchens nicht ganz allein zu lassen. „Als Knecht ist Jos verloren," sagte er trocken. „Ich hab schon an einen Andern gedacht und will gern hören was du dazu sagst."

„Wer ist es?"

„Hansjörg."

„Gott Lob und Dank!" rief das Mädchen und das Weinen wär ihm fast gekommen vor Freude. Nun war doch alles, alles recht. Hansjörg kam auf einen guten Weg und war dem Jos nicht mehr gefährlich. Dorothee wußte selbst nicht, welches sie besser freue. Beides aber machte sie so glücklich, daß sie dem Hans hätte um den Hals fallen mögen. Jetzt mußte noch alles heraus, was sie gedrückt und gequält hatte. Sie weinte Thränen der Freude, während sie erzählte, wie viel sie um der beiden Burschen willen schon litt, besonders nachdem sie dieselben beisammen gesehen habe. Das sei für alle ein großes Glück, daß die wieder getrennt würden, und noch auf eine Weise, daß mans gar nicht besser hätte wünschen können. So gut hätten es nur die Reichen! Die könnten überall helfen, wenn sie nur wollten; doch es gebe nicht viele, auf die man sich verlassen könne und von denen etwas zu hoffen sei. Hans freute sich wieder an Dorotheens Freude. Er sah sich dem Jos gegenüber im Vortheil und begann den guten Burschen fast zu bemitleiden. In dieser Stimmung

erzählte er alles, was er heute von ihm gehört hatte.
So plauderten die Zwei, die sich noch vor kurzem stumm
und mißtrauisch gegenübersaßen, so froh und offen, daß
es endlich der alten Stigerin zu gemüthlich wurde. „Man
könnte vor Glück noch gar betrunken werden," sagte sie.
„Der Anfang scheine schon gemacht, und da man morgen
keine Zeit hätte, den Rausch auszuschlafen, so sei wol
das Klügste, wenn man sich jetzt eine gute Nacht
wünsche."

Dorothee that das eben so schnell, als sie seit
Jahren jeden Befehl der Stigerin auszuführen gewohnt
war. Sie gieng um so lieber, weil die Rede der strengen
Frau sie denn doch ein wenig unangenehm berührt und
abgekühlt hatte. Jetzt unterschied sie schärfer als je
zwischen Mutter und Sohn. Die Erstere war streng,
blieb beim Alten, und ihre Güte war vielleicht nur
Ausdruck ihres stolzen und dabei behaglichen Wesens.
Wie anders bei Hansen. Der war ihr noch selten so
groß erschienen wie jetzt. Selbst neben den Jos durfte
sie ihn herzhaft stellen, ohne daß er viel verlor. Sie
dachte überhaupt mit ganz andern Empfindungen an den
ehemaligen Knecht, seit er ihr nur noch durch sein un=
erklärliches Benehmen Sorge machte. Erst im Traum
sah sie ihn wieder deutlich vor sich, aber nicht mehr als
armen Schneider, sondern als Besitzer des Stighofs.
Er war von einer ganzen Menge von Leuten umringt,
die alle Rath und Hülfe bei ihm suchten. Er gab nicht
nur Geld, sondern auch was aus mehr als einer augen=
blicklichen Noth helfen konnte. Sein Wort wirkte auf

alle. Streitende giengen versöhnt, Traurige getröstet von ihm, und so beredt wie er war kein Mensch, als wer eben von ihm redete. Nur sie durfte ihm nicht sagen was ihr fehle. Sie wußte es aber auch eigentlich selbst nicht, und doch war ihr so weh, daß sie weinte. Als Jos dadurch auf sie aufmerksam wurde, erschrak sie so, daß sie erwachte.

Hansen that es später doch weh, daß das Mädchen sich mehr über die schönen Aussichten des Jos zu freuen schien, als um-ihres Bruders willen. Unwillig schlug er die Thüre seines Zimmers zu und verbrachte eine schlaflose Nacht.

Vierzehntes Kapitel.

Zufel und Angelika.

Dorothee kam durch Zufels fromme Freundinnen immer ärger ins Geschrei. Sogar der Zufel war zuweilen bang vor dem, was durch sie angerichtet wurde, wenn sie schon fest glaubte, daß Dorothee wenigstens alles thun würde, wodurch sie den unbeholfenen Burschen möglicher Weise fangen könnte. Bestand aber ein sündhaftes Verhältniß noch nicht, so durfte doch auch das Entstehen desselben verhindert werden. Das war Zufels Trost neben der Hoffnung, daß sie sich bald in Ehren aus der Sache ziehen und dann auch ihre Werkzeuge wieder wegwerfen könnte.

Sehr bedenklich aber war es, daß trotz Allem Dorothee noch immer auf dem Stighof blieb. War denn die Stigerin unempfindlich für die Ehre des Hauses, oder hatte die Magd auch sie schon gewonnen? Der Krämer, der immer gut unterrichtet sein wollte, behauptete freilich das Gegentheil, aber seiner Tochter war das nur ein schlechter Trost. Sie hätte, besonders da sie einmal die schlimmen Folgen des durch sie erregten Lärms empfand, auch etwas von der beabsichtigten Wirkung erleben mögen. Allerdings galt jetzt das sündhafte Verhältniß der Beiden auf dem Stighofe für eine ausgemachte Sache; nun aber begannen die Leute sich auch an das wunderfreundliche Paar Augen zu erinnern, welches Zusel Hansen am Kirchweihtage gemacht hatte. Dorothee lief damals von dem Burschen weg und kam doch hernach mit ihm ins Geschrei. „Zusel," hieß es, „war also nicht im Stande gewesen, etwas zu erlächeln. Hans habe nicht so unrecht. Vielleicht komme er mit einer Armen — wenns nur eine brave Person sei — weit besser durch die Welt, als wenn mit dem Halben von dem, was der Krämer erschachert, seine Zusel auf den Stighof gebracht würde. Dort sei gewiß jetzt kein unredlich erworbener Kreuzer, und schon das sei mehr für ein Ehepaar, das von vorn anfange, als wenn mit ein paar tausend erheirateten Gulden der Unstern ins Haus hinein kommen thät, wie man das schon oft erlebt habe. Hübsch nun wäre die Zusel allerdings, aber sie wisse schon auch davon, und daß sie sich es dann zuweilen so sehr anmerken lasse, sei entschieden nicht hübsch. Zudem wisse jeder, daß man keinem ein schönes Weib und ein hübsches Roß mißgönnen dürfte, weil sie beide vornezu verdient werden müßten. Hauptsache sei für einen Besitzer des Stighofes im Grunde doch unbescholtener Name, schönes Gemüth und eine geschickte Haushälterin. Das Geld komme weniger in Betracht, als die Frage: was denn sonst aus der Verwandtschaft Gutes oder

16*

Böses zu erben wäre. So sei zu urtheilen; und wenn man so urtheile, müsse man die Zusel eine schöne Sache sein lassen. Freilich aber sei damit noch nicht gesagt, daß Hans darum nun gleich mit der Magd hätte anbinden sollen."

Zusel, der solche Bemerkungen von den Betschwestern beinahe täglich zugetragen wurden, prüfte ängstlich, was daran wahr sei. Nebenbei suchte sie zu berechnen, welchen Eindruck nun alles zusammen auf Hansen und seine Mutter machen werde. Das konnte sie dann recht unglücklich machen. Ihre Neigung zu Hansen war doch von der Art, daß sie nicht nur ihn fangen, sondern durch eigenen Werth gewinnen wollte. Derlei Bemerkungen thaten ihr daher doppelt weh. Dem und jenem wollte sie wieder eine Rede bei passender und unpassender Gelegenheit gehörig heimzahlen, wobei sie stets ungemein leidenschaftlich zu Werke gieng. So verwickelte sie sich bald überall in böse Händel und wurde von den frühern Freundinnen und von allen, die es wahrhaft gut mit ihr meinten, fast ängstlich gemieden. Wenn sie nachsann, was alles in wenigen Wochen durch sie und wegen ihr geschah, dann hätte sie versinken mögen vor Scham; und laut — um ihre Gedanken zu verscheuchen — sprach sie den Vorsatz aus, in Zukunft nur sich Hansens werth zu machen, den sie aber um jeden Preis nun haben müsse.

Der wunderliche Bursche that jetzt wieder so hölzern und fremd, als ob er nie mit ihr von der Kirchweih heim sei. Woher sollte das kommen als von dem Gerede, welches über sie umlief? Was war also gewonnen, wenn auch Dorothee schließlich noch vom Platze kam? Ein Gewissen freilich brauchte sie sich daraus nicht mehr zu machen. Dorothee hätte Hansen einzig nur um des Geldes willen genommen, was bei ihr — der Vater mochte schon seine Rechnungen haben — wahrhaftig nicht der Fall war. Je länger sie der Sache nachsann, desto klarer ließ es die Eigenliebe erscheinen, daß nur uneigennützige Neigung zu dem guten Burschen sie so unvorsichtig und leidenschaftlich habe werden lassen. Denn — wie viel Herzleid hatte nicht dieser Hans ihr schon gemacht! Hansjörg mußte einst seinetwegen fort, und ihr selbst ließ er seit Wochen keine ruhige Stunde mehr! Auch ihrer armen Schwester schon war es früher nicht besser gegangen. Ach, jetzt auf einmal dachte sie mit ganz andern Empfindungen als sonst an Angelika, ihre Leidensgefährtin, deren sonderbares Wesen sie früher nicht begriff, nun aber ganz gut zu verstehen meinte. Ja, Angelika war allein fähig, auch sie zu verstehen und ihr zu sagen, woran sie sich halten, wie sie sich wieder aufrichten könne. Ihre jetzigen Freundinnen, die sie eigentlich recht von Herzen verachtete, hatten sich wie Bleigewichte an ihre Schwäche gehängt und sie noch tiefer niedergedrückt, der Vater verstand sie auch nicht, und von den mütterlichen Verwandten war schon gar nichts zu erwarten. Also zu Angelika, der edlen, die das Nämliche ertrug und doch noch aufrecht zu stehen vermochte. Ihre Angst vor Angelikas strengem Wesen half die Gemeinheit und der Leichtsinn ihrer jetzigen

Freundinnen überwinden. „Alles Geschwätz, alle Schmeichelei dieser Elenden für ein Wort von ihr, der es mit Hansen gerade gieng wie mir, obwol sie ihn vielleicht eher verdient und glücklicher gemacht hätte als ich!" rief sie eines Tages und gieng, ohne sich, wie sonst, noch besser anzukleiden, zum Hause hinaus.

Vergebens fragte der Krämer zweimal, wohin sie wolle. Dem Mädchen kam sein Gang wie ein Ergeben in sein Schicksal vor. Es dachte sich schon in der Lage der Schwester und fand dabei eine innere Beruhigung, die ihm während der Blütezeit seiner Hoffnungen gefehlt hatte.

Das stattliche, überall neu angeschindelte Haus*), in welchem die Schwester wohnte, nahm sich noch viel stolzer aus neben dem alten Stadel, der jetzt nur noch als Holzbehälter und zum Aufbewahren der Wagen und Schlitten benutzt wurde. Zusel gieng jeden Schritt langsamer. Was für eine Ausrede für ihr Kommen sollte sie brauchen? Aber sie kam ja nur ins Haus ihres Schwagers, zu eigenen Leuten, sagte sie sich, emporblickend zu den Reihen grün angestrichener Fensterläden und zum hohen Dachstuhl, wo noch der Busch zu sehen war, welchen die Zimmerleute nach Vollendung ihres Werkes aufgesteckt hatten. Es that ihr wohl, ihre Schwester in diesem schönen Hause zu wissen. Ihre

---
*) Die Häuser, die überhaupt nur von Holz gebaut sind, werden von außen noch mit einem Panzer von Holzschindeln verkleidet.

Entsagenswilligkeit schwand schneller noch als sie kam. Zusel dachte an Stighansens stattlichen Hof — vielleicht zum ersten Mal — und stellte sich vor, wie prächtig es nun wäre, wenn sie beide, die Kinder des vom Neide so vielgeschmähten Krämers, so stolz neben der Gasse im Herrendorfe wohnen und den Neidhämmeln hinter schneeweißen Vorhängen auf die Gasse herab nachlachen könnten. In so einem Hause konnte man sich schon auch etwas gefallen lassen, und für gar zu unglücklich brauchte sich Angelika doch nicht zu halten, wenn ihr auch manches an ihrem Gatten nicht gefiel. Sie war doch etwas wunderlich, altmodisch, und ein lustiger Mann wie der Andreas konnte mit ihr unmöglich gut auskommen. Mit solchen Gedanken beschäftigte sich das Mädchen, noch immer stille stehend, und vielleicht wäre sie gar nicht mehr zu der wunderlichen Schwester hinein, wenn sie nicht den neugierigen Blicken einiger Vorübergehender zu entrinnen gewünscht hätte; sie gieng schnell durch den Schopf, öffnete geräuschlos die Thüre und ließ sich durch den Empfang der Schwester, wie wenig ermutigend er auch sein mochte, nicht im mindesten erschrecken. Die auf dem Wege zusammengestellte Einleitung hatte sie freilich vergessen, aber die wäre doch in der jetzigen Stimmung auch nicht mehr zu brauchen gewesen. „Du wohnst recht schön hier," begann sie, nachdem sie sich für den etwas kühlen Gruß der Schwester bedankt hatte.

„Hohes Haus, großes Kreuz drin," antwortete die Schwester, indem sie sich wieder mit der Umkleidung der

Puppe zu beschäftigen begann, die ihr wunderliebliches Kind ihr lächelnd reichte.

„Ich möchte dir tragen helfen," sagte Zusel wehmütig. „Gelt," fuhr sie, sich zu einem heitern Tone zwingend, fort: „du meinst, wir Ledige sollten gar nicht wissen, wie wohl euch Eheleuten ist, wenn ihr mit euern Kindern wieder zu spielen beginnt. Ja, Schwester, ich möchte dir tragen helfen an deinem Kreuz und trage vielleicht auch schon mehr daran als du glaubst."

„Jedermann hat zu tragen genug an den Früchten seiner eigenen Thorheit."

Dieser ernste Ton in einer so freundlichen Stube, neben so holdem Kinde, mitten im Wohlstand, den die Verschwendung des Mannes ja noch kaum zu verkleinern vermochte! „Bist du denn noch immer nicht glücklich?" fragte Zusel eigen weich.

„Wer ist das und weiß es? wer? Etwa dein — unser Vater? Er hat mehr als er sich früher träumte, aber um so größer sind seine Wünsche jetzt. Du könntest der Stolz der Gemeinde sein, aber eben weil du das fühlst, bist auch du nicht glücklich."

„Du nimmst die Sache zu ernst."

„Für dich wol, denn du spielst. Mit dem Größten und Heiligsten, selbst mit deiner, nicht nur mit der Ehre und Zukunft Anderer spielst du. Das hab ich nie gethan und muß doch schon so schmerzlich büßen."

„Ich weiß was du meinst, aber ich halte mich nicht für schuldig. Nur eine Kleinigkeit, einen Schneeballen gleichsam hab ich fallen lassen. Was kann ich dafür, daß er im Rollen zur Lauine heranwuchs, die mich selbst gewaltsam mit fort riß?"

„Laß mich gehen, ich kenne das," sagte Angelika bitter. „Mich haben alte Weiber erzogen, die ärgsten Schwätzerinnen im Lande, nur haben sie die Sache feiner zu treiben verstanden als die Leute, mit denen du jetzt umgehst. Ja, da konnte man etwas lernen. Alle Gemeindeangelegenheiten sogar wurden von Vorsteherin und Räthin verhandelt und dabei geprüft, was wol am besten zum Einschlag in ihren Zettel passe, denn immer hatte man Günstlinge, denen man gern das Wasser auf ihre Mühle richten, und Andere, denen es zerstörend durch den angesäeten Acker geleitet werden sollte. Waren einmal die Weiber eins, dann hatte die Meinungs=verschiedenheit der Männer nicht mehr viel zu bedeuten. Die ganze Gemeinde hatten meine Basen und ihr Kreis am kleinen Finger. Alle menschlichen Fähigkeiten, Kräfte und Leidenschaften, Stand, Besitz, Abstammung, kurz alles ward hier geschätzt, gezählt, abgewogen und ver=handelt, ohne Liebe, rein nach Willkür, wie es jetzt auch die Betschwestern thun möchten, nur etwas anständiger noch, da man damals noch nicht jeden Gegner gleich einen Gottlosen nennen durfte. Alles kam auf diesen Markt, jede Veränderung im Dorf mußte, es mochte eine Hochzeit oder ein Testament sein, zuerst hier gut geheißen werden. Schon da aber hat mich das an=gewidert, und die Leute, die sich ziehen und treiben ließen wie Schafe, sind mir so erbärmlich vorgekommen, daß ichs ums Leben nicht geglaubt hätte, eines Tages meine stolze, eigensinnige Schwester in einem noch schlechtern Netze zappeln sehen zu müssen. Nicht einmal an meiner Heirat mit Andreas, wie sie auch ausgefallen sein mag, kann ich dem aus unserm Verhältniß entstandenen Gerede die Schuld geben. Im hohen Rathe, das heißt an den Kaffeetischen der beiden Verwandtschaften, die überall im Dorfe das Kraut fett werden lassen, war man eigentlich gegen unsere Hochzeit eins, und hatte dafür seine Gründe. Den reichen Basen des Andreas war mein Vater nicht gut genug; meine Erzieherinnen aber hielten den Andreas für einen leidenschaftlichen Menschen und meinten, nur wer so sei wie er, könne mit ihm gut durchkommen; an Andere werde sich der auch durch den Pfarrer nicht binden lassen."

„Und warum hast du ihn denn doch genommen?" fragte Zufel, welche der Erzählenden anfangs gähnend, dann aber immer aufmerksamer zugehört hatte.

„Schon der Trotz gegen die Basen," antwortete Angelika leidenschaftlich, „war viel stärker, als du dir einbilden kannst. Er lag schon früh in mir — seit ich zum erstenmal vom Vater geredet hatte. Die Bedeutung dieses Namens bekam ich erst von andern Mädchen meines Alters. Nun fragte ich auch meinem Vater nach, und viel, viel haben sie mir vergiftet mit der Antwort. Alle Kinder hatten gute Väter, ja sie sagten, es gebe gar keine bösen, und der meine sollte doch nur ein herzloser, unfreundlicher, ja ein böser Mann sein. Das aber brachten sie nicht in mich hinein. Nur auf mich gelegt hat sichs wie eine Last. Einmal bin ich verstohlen zum Vater geschlichen und hab ihm alles erzählt. Drauf ist ihm das Wasser in die Augen gekommen, das hab ich gesehen, und drum ists mir nicht mehr eingegangen, was später über ihn gesagt worden. Auch Anderes ist mir nun immer minder eingegangen. Ich war innerlich so eigensinnig, daß es kein Mensch geglaubt hätte. Die, welche mich zogen und nährten, galten mir immer weniger, je schärfer ich ihnen aufpaßte. Auch mit dem Vater war ich unzufrieden, daß er mich nicht zu sich nahm und meinen Bitten darum nur die Antwort werden ließ: Ich würde doch nicht mehr zu ihm passen, weil ich schon zu viel andere Luft in mich aufgenommen. Und nun denke dir, wenn ein reicher Bursche kam, der unter den Mädchen auslesen konnte und durchaus nur mich haben wollte, trotz allem Einspruch derer, die mir wie Gift waren! Ich hatte mein Lebtag noch nie so etwas Großes gesehen, als seine Festigkeit, seinen Trotz, und in meinem Alter hielt ich das für Liebe zu mir, nicht für die Laune eines verwöhnten, eigensinnigen Muttersöhnchens. Das ist die ganze Geschichte."

„Aber Hans?" fragte Zusel kaum hörbar.

„Der war ein lieber, guter Bursche, aber still. Ganz früh sind wir oft und oft beisammen gewesen. Später sahen wir uns etwas seltener. Er war fast scheu gegen mich. Ich glaubte jedesmal, wenn ich ihn traf, wir hätten fast nichts geredet, und es war mir schon neben ihm nicht recht, daß wir uns nicht noch etwas, noch viel — ich wußte jedoch nie recht was — zu sagen hatten. Trotzdem gaben mir die Worte, die wir wechselten, hernach so viel zu sinnen, wie sonst kein langes Geschwätz. Ihm mußte das auch so gehen, denn er wußte alle meine Reden so genau, daß mir dabei ordentlich angst wurde. Daß wir uns gern hätten, haben wir uns nie gesagt, das verstand sich ja von selbst. Nur der Mutter hat Hans es verrathen, als einmal auf dem Stighof über mich losgezogen wurde. Drauf ist dann der gute Bursche zu mir gekommen, — es war im Garten und Abends zwischen Feuer und Licht. Ich seh ihn noch, wie er da stand und mir sagte: Nun dürften wir nie mehr zusammen, denn die Mutter hab ihm aus der Uebertretung dieses Gebots eine schwere Sünde gemacht. Wir dachten damals an keine Liebschaft, auch nicht an Widerspruch. Es war, wie wenn man über einen schönen Weg geht und nun rollt ein Stein vom Berge herunter und trifft den fröhlichen Wanderer. Es war im Ganzen kein Zusammenhang, keine Ordnung, keine Gerechtigkeit, und doch ließ sich nach unserer Ansicht nichts daran ändern. Lange nahmen wir Abschied und weinten. Klar aber war mir alles erst hernach, erst als der Andreas Ernst machte. Nun erst hatte ich meinen Aerger über den schwachen Hans, der gleich nachgab. Da war doch Andreas ein anderer Mann. Damit wollte ich mich trösten, dennoch hab ich Hansen weder verzeihen, noch mich einmal recht über ihn ärgern können. Jetzt wär ich vielleicht noch glücklich verheiratet, wenn Andreas der alte geblieben wär. Aber sein Trotz richtete sich gegen mich und nun hatte er bei allen Unarten wieder die ganze Verwandtschaft auf seiner Seite, und ich nur muß daran schuld sein. Ach, wär doch der Vater arm geblieben, daß wir unbemerkt unsern Weg durchs Leben gehen könnten! Dann hättest du deinen Hansjörg, und nicht so wie er jetzt ist, ich aber —"

Zusel warf einen fragenden Blick auf das spielende Mädchen.

„Das macht nichts," sagte die Mutter mit schmerzlichem Lächeln. „Hast du geglaubt, ich würde dir etwas sagen, was sein Vater nicht hören dürfte? Was nicht unter die Leute soll, behält man am besten ganz für sich, denn aus dem Sack ist fort. Das hättest in deinen Jahren auch du wissen und deine ohnehin nicht ganz ebenen Angelegenheiten nicht jedermanns Gnad' oder Ungnad' überlassen sollen."

„Aber Schwester, auch andere Mädchen, wenn sie Einen recht von Herzen gern hätten —"

„Werden schwach und unüberlegt," fiel Angelika ein, „aber nicht so erbärmlich wie du. Auf solche Wege treibt Liebe nicht. Sie gibt eher Kraft zum Dulden."

„Was hab ich denn gethan?"

„An der Kirchweih wär ohne dich alles ruhig und friedlich geblieben."

„Jos hat unsern Vater geschimpft."

„Ja, als ich seine Worte gehört, ist mir zu Mut worden, daß ich gewiß keine Schlägerei mehr angehetzt hätte."

„Der Unmut regt sich in jedem Menschen auf andere Art. Sogar beim nämlichen ists ungleich. Ich hab auch schon zu lachen angefangen, wenn ich lieber drein geschlagen hätte."

„Aber warum ist denn Hans mit Dorotheen so auf einmal ins Geschrei gekommen?"

Zusel bückte sich, um ihre Verlegenheit zu verbergen, und machte sich mit dem spielenden Kinde zu schaffen.

„Was hast du davon," fuhr Angelika strenger fort, „daß nun Jos krank ist und alle anständigen Leute ihn auf deine Rechnung hin bedauern? Er wäre vielleicht der Einzige gewesen, der dir Dorotheen bald genug aus dem Wege geschafft hätte."

Zusel sah die Schwester groß an.

„Schäme dich," rief diese, „nicht einmal rechnen hast du bei aller Herzlosigkeit gelernt, und sonst schon gar nichts."

Ueber des Mädchens schönes Gesicht zog etwas wie ein Lächeln, als es sagte: „Du mußt nicht ungerecht werden. Gleiches Gewicht soll man brauchen bei dem was man kauft und was man hergibt. Mir ists ein Vorwurf, daß meine Neigung und ihre Gewalt mich vielleicht zu etwas Unüberlegtem, ja zu recht Närrischem brachte, und nun sagst du in der nämlichen Predigt, du habest Hansen seine Schwachheit nie verzeihen können."

Das junge Weib erröthete. Zusels Absicht, Angelika aus ihrer Strafrede und in Verlegenheit zu bringen, war erreicht. Aber der Sieg wurde dem Mädchen bald wieder streitig gemacht. Angelika fragte: „Hast du den Hansjörg auch schon gesehen, seit er heimgekommen ist?"

„Ich hörte dich sagen: Jedermann hab an seinen Dummheiten zu tragen genug; warum denn magst du dich immer auch um so etwas noch kümmern?" fragte das Mädchen, ohne daß es sich auch anstrengte, seinen Zorn zu verbergen.

„Ich glaubte nicht, daß ich dir mit dem so weh thun werde," sagte Angelika, die über den leidenschaftlichen Ausbruch der Schwester wirklich erschrocken war. „Wenn dir aber das schon so hart ans Leben geht, ja — dann weiß ich erst recht nicht, wie du von so großer Neigung zum Stighofbauern reden kannst."

„Um seines Geldes halber doch gewiß nicht," antwortete Zufel leidenschaftlich. „Der Vater hat mir genug erworben. Selbst seine Ehre wurde dem Gewinn geopfert. Glaubst du, ich werde nun auch noch mein Glück opfern? Nein, Angelika, so elend bin ich nicht. Aber Hansen muß ich haben. Ihn und nicht den Stighof. Bis dahin soll Hansjörg mich gar nicht mehr sehen — der Elende, der mich verrieth und meine Briefe an den Vater verkaufte für ein Sündengeld! Ha, wie wirds mir kalt und heiß, wenn ich mich nur vor seinen Blick denke, so elend, so verlassen wie der Treulose mich gemacht hat. Den ersten Burschen in der Gemeinde will ich, und lache, wenn das dann seine sanfte Schwester zur Verzweiflung bringt."

Angelika, die zuerst ihre Schwester erstaunt, erschrocken ansah, gewann ihre Ruhe in dem Grade, wie

Zusel die ihre verlor. Jetzt endlich glaubte sie klar zu sehen und den Weg gefunden zu haben, auf dem das arme Mädchen wieder zum Frieden mit sich und der Welt gelangen könnte. Angelika dachte nicht mehr an den strenge rechnenden Krämer, der den Hansjörg schwerlich je als seinen Töchtermann anerkannte. Sie hatte Mitleiden, und nur ihrem Herzen folgend sagte sie: „Hansjörg war ein wackerer Bursche, nur der Vater hat ihn vom rechten Wege mit Gewalt vertrieben."

„Gibts denn für dich gar keine Arbeit, als uns aufzupassen?" fragte Zusel spitz.

„Die thun die Basen meines Mannes für mich," antwortete das Weib wehmütig lächelnd. „Die tragen alles zusammen auf meine Rechnung. Was du und der Vater thun, wird als meine unsaubere Wäsche ausgeklopft, daß ich im Staube fast ersticken muß."

„Nun — und was weißt du noch mehr?"

„Du und der Soldat, ihr steht euch noch ziemlich gleich. Ihr beide seid in der Irre herumgelaufen, und es wäre nicht recht, wenn nun Eins das Andere einen schlechten Führer hieße, sobald ihr euch wieder sehet. Setzet den Kampf zwischen Reichen und Armen nicht fort, begießet nicht noch einmal mit Thränen die Sünde des Vaters. Reicht euch lieber die Hände und machet vereint das Geschehene wieder gut!"

„Wo denkst du denn jetzt hin? Wir sind auf der Welt," sagte Zusel, doch in einem Tone, der ihre Bewegung deutlich genug verrieth.

„Schau einmal so einem Kinde recht, recht tief in

die Augen!" rief Angelika mit einem zärtlichen Blick auf das spielende Mädchen. „Thu das und dann sag mir, ob du die böse Welt mit ihren Kämpfen und Rechnungen nicht vergessen kannst. Und dann denke dir, ob du ihm mehr wünschest, als Aeltern, denen gemeinsame Liebe Kraft gibt und was sie brauchen. Dann wirst du empfinden, wie sündlich du vorhin geredet hast."

Das Mädchen seufzte.

Angelika fuhr fort: „Auf mir liegts jetzt bleischwer wie etwas Furchtbares; der Vater ist immer mit zu abhängigen Leuten umgegangen, um den Menschen noch zu schätzen. Ach Gott, sie alle sind ihm nur wie sein Kram! Jetzt ist er im Fallen und dem Fallenden rollen die Steine von selber nach. Halbe Nächte läßt mich das nicht schlafen, besonders wenn auch der Andreas nicht ordentlich daheim ist. Jedes Geräusch erschreckt mich und ich werde ganz furchtsam. Gestern am hellen Morgen durfte ich*) kaum in den alten Stadel, um zu sehen, warum denn in der Nacht dort ein Gerumpel entstand, als ob alle Heuwagen über einander gefallen seien."

„Und was hast du denn gesehen?"

„Zuerst nichts als Hansjörgs große Tabakspfeife, die der Seltenheit wegen jedes Kind kennt."

„Und dann?"

„Dann auf dem Heustock ganz kleine Hügelchen, die aber nicht von selbst entstanden sein könnten. Wir

---

*) d. i. wagte ich mich.

haben jetzt nur noch wenig Heu dort. Ich durchsuchte es, bevor ich die umgestürzte Holzbeige wieder aufzurichten begann, und fand Tabak, Schießpulver und ähnliche geschmuggelte Waare."

"Das also war der Geist?"

"Ja, Mädchen, der böse Geist, der dich und den Vater nie ruhen lassen wird. Hansjörg hat jetzt keine Freude mehr an einem ordentlichen Leben, die könntest nur du ihm wieder geben."

Zusel schien eine Minute mit sich selbst zu kämpfen, dann auf einmal sagte sie traurig, aber entschieden: "Es ist ja alles aus!"

"Was ist aus?"

"Ich gehöre dem Vater, das hat der nicht verdient. Ich will die Strecke nicht wieder zurück, die er so mühsam erklomm. Er war ein Schleichhändler, mein Mann soll etwas Besseres sein. Wir haben mit dem Soldaten nichts mehr zu thun."

"Das ist zweifelhaft," antwortete Angelika, die sich nun auch nicht mehr beherrschen konnte. "Schon das Unrecht bindet euch an ihn, und wenn man Hansjörgs Waarenlager findet, so muß der Verdacht auf meines Mannes Schwiegervater fallen."

"Richtig, das ist der Witz," rief Zusel. "So weit geht der Mensch. Das will ich gleich dem Vater sagen. Gute Nacht!"

"Um Gottes Willen höre!" flehte Angelika.

"Ich habe gehört genug."

"Stürze den Unglücklichen nicht noch tiefer. Ich

hab nicht einmal dem Mann etwas davon sagen dürfen*). Es ist meine erste Unredlichkeit, weil ich den schützen will und muß, dem der Vater so großes Unrecht that. Ich habs geschworen."

„Und ich will Rache," antwortete Zusel kalt, und stürzte ohne Abschied zur Thüre hinaus.

---

*) zu sagen den Muth gehabt.

Fünfzehntes Kapitel.
Im Walde.

Im ersten Augenblick wollte Angelika der Rasenden nach, wollte noch unter der Hausthür sie mit Gewalt festhalten und ihr den Schwur abzwingen, daß sie nie und nimmer dem Unglücklichen sein Gäu*) verrathen wolle. Aber womit sollte sie das Mädchen zu diesem Schwur zwingen, wenn selbst Mitleid und Liebe zum Vater, der an allem die Schuld hatte, rein nichts über dieses Felsenherz vermochten? Für so hatte sie die Zusel nicht gehalten, sonst würde sie kein Wort verrathen haben. Einen Stein, meinte sie, müßt es erbarmen; die Zusel aber ließ sich das Elend des noch nicht vergessenen Geliebten erzählen, heuchelte noch Rührung, bis sie alle Fäden in der Hand hatte, und eilte dann, ihn wo möglich noch tiefer ins Verderben zu bringen. Vorhin sagte sie: Aus dem Sack sei fort, und nun? Sie hätte versinken mögen vor Reue und Scham, dennoch versuchte sie nicht

---

*) sein Revier, sein Gehege (den Versteck der Waaren).

sich mit ihrer guten Absicht zu trösten. Da stand sie und konnte gar nichts thun, was wirklich zum Frieden führen mußte! Wenn sie den Soldaten warnte, so konnte auch das wieder neue Feindschaft erregen. Angelika stand und sann und betete, bis ihr Kind sie von neuem erschreckte. Es hatte manches von dem Mann im Stadel aufgefaßt und behalten, und sie bekam nun genug zu thun damit, ihm die Sache recht lächerlich und unbedeutend darzustellen und so viel Unmögliches einzustreuen, daß im Fall es plaudern sollte, sich der Andreas nichts mehr aus der Sache mache.

Zusel mußte schon der Leute wegen etwas langsamer durchs Dorf hinaus gehen, als ihr anfangs lieb und ihrem Gemüthszustande angemessen war. Gewaltsam mäßigte sie ihre Schritte und das zwang sie gleichsam, auch ruhiger zu denken. Was Angelika von einer Versöhnung mit Hansjörg sagte, that ihr um so weher, da sie es für unmöglich hielt. Und nun weckte Angelika noch gar mit Drohungen ihren Trotz! Es war gut, daß sie gieng, denn nie war sie so hart und kam so weit, als wenn ihr Widerspruchsgeist die Herrschaft über ihr Herz gewann. Sobald dieser schwieg, begann sich die Stimme des Herzens wieder zu regen. Die Worte Angelikas fiengen wieder zu wirken an und noch ganz anders, als da Zusel ihr gegenüberstehend nur auf Trotz und Vertheidigung sann. Hansjörg konnte doch seine Waaren daheim nicht wohl verbergen! Wenn er hausieren wollte, so mußte er damit gleich mitten unter den Leuten sein. Vielleicht ganz zufällig hatte er unter dem Dache eines der Ihren Sicherheit gesucht. Sollte er sie alle für Verräther halten, sie alle verachten? „Nein," rief das Mädchen, „mir soll er nichts vorwerfen können!"

Sie kam mit dem Vorsatze heim, dem Vater einstweilen kein Wort von der Sache zu sagen. Sie hielt ihn auch, als der Vater sich etwas besorgt über die Anwesenheit eines Grenzjägers im Dorfe aussprach und dabei merken ließ, daß ihm jetzt eine Durchsuchung des Hauses nicht lieb wäre, da man sich für den Winter, wo die Schleichwege über die Berge ganz ungangbar seien, mit manchem einrichten müsse, was so ein Grünrock nicht zu sehen brauche.

Am andern Tage berichtete die Magd: „Auf dem Stighof sei laut die Rede davon, der Soldat, Dorotheens Bruder, werde im Winter den Knechtsdienst dort versehen. Allem nach müsse die Sache schon abgekartet sein; wenigstens Hans und Dorothee thäten so gegenüber der alten Stigerin, die sich immer noch nicht recht darein ergeben wolle."

„Hat Hans denn einen Narren gefressen an diesem Gesindel!" fuhr der Krämer auf. „Was soll aus dem Tropfen werden, wenn er in Haus und Stall und Feld nicht mehr von diesen Leuten loskommt?"

Zusel war über den Bericht der Magd sehr erfreut. Eine Zentnerlast ward ihr damit vom Herzen genommen. Unbefangen theilte sie dem Vater das Geheimniß mit, welches sie belastet und ihr eine schlaflose Nacht gemacht hatte. „Es ist dem Burschen doch zu gönnen, daß er wieder auf einen ordentlichen Platz kommt," schloß sie.

„Er soll nicht sein Lebtag uns fluchen und alle Schuld an dem, was er thut oder unterläßt, auf uns werfen können."

Zu einer andern Zeit hätte dem Krämer diese Rede auffallen und ein scharfes Verhör seines Kindes, das noch nie in der Art mit ihm von Hansjörg redete, hervorrufen müssen; jetzt aber war er so mit seinen Gedanken beschäftigt, daß er den Vorwurf gar nicht merkte, der für ihn in dieser Rede lag. „Schleichhändler," murmelte er in der Stube herumschreitend. „Erst Schwärzer und dann Knecht, erst ein freies, bewegtes Leben, wie es dem Waghals ansteht, und nun in das Einerlei auf dem Stighof, wo er in der Woche kaum den Schwärzertaglohn verdient bei aller Plage. Das geht nicht mit rechten Dingen zu. Gewiß, er wird nicht Hansens, er wird Dorotheens Knecht. Für sie will er arbeiten und Hansen dabei sagen, was alles er ihm habe opfern und für ihn thun müssen. Will doch dem Trotzkopf einmal sagen, was er da macht und — ja, das muß gehen."

Der Krämer sah in dem Soldaten so gut den Rächer als Angelika. Drum sollte, mußte er bei seinem Stolz und Trotz erfaßt, gebunden und in eine Tiefe gezogen werden, wo auch Zusel ihn schaudernd sah, ohne daß noch ihr Mitleid sich regte. Der Krämer hatte seinen Plan fertig, einen in jeder Weise vortheilhaften Plan. Thatendrang trieb ihn aus der engen Stube und ließ ihn nicht mehr ruhen, obwol er nicht gleich ans Werk schreiten durfte. Noch nie kam es ihn so hart an, den geeigneten Zeitpunkt ruhig abwarten zu sollen als jetzt. Lange stand er unter der Hausthüre und sann auf eine Zerstreuung. Plötzlich schoß sein Kopf in die Höhe. Dann verschwand er im Haus, um eine Minute später mit Hut und Stock wieder zu kommen.

Rasch lief er hinunter zur Brücke und eine Minute später war er auf dem Wege, der an der grauen vielköpfigen Fluoh neben der Aach zu den Dörfern der Sonnseite*) führt. Beim Schneeschmelzen, oder wenn die Ziegen im Wald ob dem kahlen Felsen weideten, sah er von seinem Hause aus hier schon manchen Stein herunter stürzen, der dann, auf dem eingesprengten Felsenweg zu vielen Stücken zerschlagen, weiße Ringe in die blaue Aach graben zu wollen schien. Freilich gieng er hier auf dem Kirchweg für die guten Bauern da droben, die ihn frommgläubig einen Glücksweg nannten, aber sein Blick blieb wie gebannt an den in den Felsen gehauenen Kreuzen, die, geschehenes Unglück verkündend, jenes Glaubens zu spotten schienen. Wie leicht konnte aus hundert Ursachen da droben einer der vielen Steine sich lösen und ihn unversehen**) in die Ewigkeit bringen.

„Ich will beichten, nächstens, so bald ich mit Hansjörg im Reinen bin, und dem steht es ja frei, zu thun was er will. Ich werde ihn nicht zwingen, nur reden mit

---

*) Die nördliche Seite des von Ost nach West streichenden Thales, die der Sonne ausgesetzt ist: die südliche heißt die Schattenseite.

**) d. h. nicht mit den Sterbesacramenten versehen.

ihm," rief er, immer zu den hervorhängenden Tannen aufschauend, aus, als ob er damit den Geist beschwichtigen wollte, welchen die Sage als Wächter für fromme Kirchgänger da oben hausen ließ. Er rief so laut, daß der Geist, wenn er auch nur mit Menschenohren versehen war, es trotz dem Tosen der Aach hören mußte. Dabei lief er immer schneller, denn zurück durfte*) er fast noch weniger als vorwärts, und der Schweiß stand ihm auf der Stirn, als er endlich mit einem fröhlichen „Gott Lob und Dank" unter dem letzten über den Weg herausragenden Felsenkopfe vorüber war. „Wenn jetzt Hansjörg da droben gestanden wär," dachte er noch zitternd und schloß die Augen; aber der Bursche stand drohend vor ihm, bis er sie wieder öffnete und beinahe erstaunt die friedlich neben einander stehenden Häuser vor ihm sah, umkränzt vom herbstlich buntfärbigen Wald unter dem Felsen, der die wunderbar blaue Decke des Himmels zu tragen schien. Alles war so friedlich und still, daß er sich seine Aufregung nicht mehr zu erklären vermochte. „Schrecklich," hauchte er, „wär so ein Tod ohne Feuer und Licht freilich, aber wenn man nun so krank daheim liegt, und die Sterbkerzen sind schon gerichtet und man hat der Magd schon Befehl gegeben, die Immen, wenn er in den letzten Zügen liegt, auf einen andern Platz zu stellen, daß sie nicht auch mit dem Herren und Hausvater sterben.... man könnte gleich krank werden vor Angst, wenn man sich's denkt, und

---

*) traute er sich.

kommen thuts halt doch, und bald, wenn man schon so alt ist wie ich. Kräftig bin ich wol noch, aber das ist wie dieser schöne Herbsttag. Er macht nur die Blätter gelb und treibt nichts mehr als Zeitlosen. Auch die fehlen meinem Kopfe nicht. Ja, bald ists aus, und was sagen sie dann? und was machen sie mit dem, was ich erschwitzt und ersprungen hab? Ich muß mirs gefallen lassen und kann nichts mehr machen."

Wäre dem Mütterlein, welches dort in dem schattigen Schopfe seines Häuschens saß und spann, zu Muthe gewesen wie dem Krämer, es hätte gleich zu beten angefangen um ein seliges Sterben und eine glückliche Ewigkeit. Aber das Weiblein hatte ganz andere Gedanken, als es den Krämer kommen sah, der ihr schon lange mit Versteigerung seines schönen Waldes da droben ob dem Dorfe gedroht hatte. Ihm war es gewiß, der harte Mann komme nur, um sein Guthaben zum letzten Male zu fordern, und es hatte nicht ganz unrecht, denn wirklich trieb ihn nur das da herauf. Den schönen Wald wünschte er lange zu kaufen und nun sollte das seine Kurzweil werden. Aber an der Fluoh drunten war ihm ein ganz anderer Kopf gewachsen. „Nein, alle Welt sollte sich nicht freuen über seinen Tod, wie die Ameisen da neben dem Wege, die sich eben an eine überfahrene Eidechse machten. Er machte der Witwe entgegen ein so freundliches Gesicht als ihm nur möglich war, und als er sah, daß sie ihn anreden wolle, sagte er: „Weiß alles, wenn du nur einen Zins gibst. Verkauf nur eine einzige Tanne, das wird mehr als reichen.

Ich brauche Holz und will mir gleich da droben einen Stamm aussuchen."

Der gerührte Dank der Witwe that ihm weh, und furchtbar brannten die Freudenthränen, die sie weinte, seine Seele. Er hatte doch nur gethan, was recht und billig war, und daraus machte man so viel Wesens. Gabs ein schärferes, vernichtenderes Urtheil über sein bisheriges Leben und Wirken? Dieser Dank, weil er einer armen Witwe den einzigen Besitz nicht um ein Sündengeld abdrückte, so bald er sie in der Hand hatte!

Ohne Abschied gieng er weg und bog, ohne noch auf den Weg zu achten, sogleich aus dem Dörfchen gegen die Halde, die, in frischem Grün prangend, der liebste Weideplatz der jetzt frei auf den Feldern*) sich herumtreibenden Kühe und Ziegen geworden war, da in der Ebene unten neben den dritten Grasstoppeln des Jahrgangs nicht viel Grünes mehr gefunden werden konnte. Dem Krämer wurde ganz wunderbar zu Muthe mitten in dem Schellenläuten dieser friedlichen Thiere. Sie ließen sich gehen, neideten sich nicht, und der Mann begann sich vor ihren fragenden Blicken beinahe zu fürchten. Er lief so rasch aufwärts, daß er sich, als er ob den Weideplatz kam, ermüdet auf einen bemoosten Stein setzte. Hier nun konnte er ungesehen verschnaufen und sich das Schellengeklingel wieder aus den Ohren kommen lassen.

Schon früher, er konnte sich noch ganz gut erinnern

---

*) d. h. nur: Flächen, Strecken mit Graswuchs.

wann und unter welchen Verhältnissen, war er mehrere Male hier gesessen auf dem nämlichen Steine und hatte so von oben hinausgeschaut über die Häuserreihen rechts und links neben·den beiden Ufern der Aach, deren Tosen hier kaum noch gehört wurde. Dort unten wohnte keiner, mit dem er, der einzige Krämer seit Jahren, der alles im Dorfe kaufte und verkaufte, noch nichts zu thun gehabt hatte. Sonst wenn er hier saß, mußte er lächeln über die guten Tröpfe da drunten, für deren Vorsehung er sich selbst, die Herren im Pfarrhof und einige alte Basen und Pflastersybillen hielt. Und noch war ja alles beim Alten. Noch arbeiteten und verbrauchten sie alle für ihn, und doch wollte und wollte jenes Lächeln, jenes behagliche Gefühl nicht mehr kommen! Dort drüben im entlegensten Winkel der Gemeinde, in der Gruben, stand das schlechte Hüttchen des armen Holzhackers. Grad erst am letzten Sonntag hatte der für den hart verdienten Wochenlohn seiner Herzallerliebsten einen silbernen Rosenkranz gekauft und sich dabei von ihm übertölpeln lassen. Aber — mochte das Silber des Geschenkes auch falsch sein, die Liebe des opferwilligen Burschen, der nicht einen Kreuzer mehr herunter marktete am hohen Preise, die war gewiß ächt, und das hatte wol den höchsten Werth auf dieser Welt, wo es so viel Unächtes, Falsches gibt. Vielleicht machte die Beiden ächte Liebe glücklicher als ächtes Silber!

Es erfaßte den Mann eine Art Heimweh, als er so viele, zum Theil recht ärmliche Häuser überschaute, in denen er friedliche, gutherzige, gläubige und glückliche

Leute wußte, denen höchstens einige Thaler fehlten und — denen kein Mensch auf der weiten Gotteswelt im Wege war. Und er, der sich so plagte, ihnen auf den Köpfen herumtrampeln zu können, was hatte er bei seinem scheinbaren Erfolge bisher davon? und was dann, wenn er neben so einem auf dem Friedhofe lag? Einmal war das so, vielleicht schon bald —

„Und dann?"

„Auf, fort!"

Der Krämer dachte nicht mehr an den Zins, welchen er sich im Walde der armen Witwe hatte suchen wollen, wie viele Tannen da auch über ihn in das tiefe Blau des wolkenlosen Himmels hinein ragten. Hier hörte er nichts mehr vom Schellengeläute der Kühe, die drunten an der Halde weideten. Aber auch das Brummen der von einem leisen Lüftchen geschüttelten Wipfel erschreckte ihn. Zwischen diesen Jahrhunderte alten Stämmen kam er sich recht klein vor. Auch hier war Friede. Es wurde ihm unheimlich im grünen Halbdunkel. Lang suchte er nach einer offenen Stelle, wo die Sonne herein schien, um sich abermals zu setzen. Dumpf und unsicher hörte er einige Axthiebe fallen. „Ich möchte kein Holzhacker sein — und doch wollt ich, daß ich einer sein könnte," sagte er, mit seinem Stock an den Stamm einer Tanne schlagend, daß er selbst über das Geräusch und den eigenthümlichen Nachhall weit im Walde erschrak. Als Knabe war er so gern im stillen Wald und dieser Nachhall machte ihm Spaß. Wie wohl ward ihm damals, wenn er etwas that, selbst, eigenhändig auf der Welt etwas anders machte als es war. Und jetzt, in der kurzen Zeit seit damals schon so starr, so — Nein! er war doch noch nicht gar so alt, war noch ziemlich rüstig, konnte doch auch noch etwas thun, um sich aus dem Gedankenspinngewebe zu reißen, wenn er sich recht ermannte. Früher schlug er nur so drein, daß es Fetzen hagelte ringsum, wenn ihm etwas überzwerch in den Kopf kam.

„Wollen doch sehen, was er noch kann!" rief er aufspringend, grub mit der Hand einen Stein von ziemlicher Größe los, und bald stürzte derselbe funkensprühend im Halbdunkel über den felsigen Abhang in die Tiefe.

„Halt, Freund!" rief eine Stimme, über welche der Krämer fast zum Sterben erschrak.

Zwischen zwei jungen Tannbüscheln erschien eine Gestalt — eine große männliche — der Hausjörg in seinen bessern Bauernkleidern.

Noch vor zwei Stunden war der Krämer gewillt, diesen Menschen so schnell als möglich aufzusuchen und ein vertrautes Wort, ein wichtiges mit ihm zu reden. Jetzt aber wollte er ja gar nichts als hier sein und allein. „Was willst denn du da?" frug er etwas rauh.

Hausjörg kletterte am Felsenkopf herauf wie eine Waldkatze, ohne darauf zu achten, daß ers nur wenige Schritte weiter rechts oder links viel bequemer gehabt hätte. Erst als er hart neben dem Krämer stand, antwortete er: „Was ich wolle? Nun, wenigstens nicht ruhig warten, bis mir ein Stein an den Verstandskasten springt, und zu den sieben Löchern, durch die schon zu viel heraus und hinein kommt, noch das achte schlägt. Stein und Bein paßt denn doch wol nicht überall so gut auf einander als in den hochweisen Reden der alten Stigerin."

„Was thust du denn da unten?"

„Jetzt natürlich nichts mehr."

„Du bist also fertig?"

„Das ließe sich mit einem einzigen Worte beantworten, nicht wahr?"

„Kommst wol wieder aus dem Bairischen?"

„Ursprünglich von daheim wie die Kinder."

„Aber heut?"

„So nach und nach," antwortete Hansjörg lachend, „könnte man noch von viel Dümmern manches erfahren. Gewiß hast du aber nichts bei dir, daß man etwa von Gemeindswegen antworten muß."

Das war aber dem Krämer denn doch selbst in seiner heutigen Stimmung zu viel. „Wenn du einmal dem Gemeindediener in die Hände kommst, wirst du es schon merken. Es gibt aber noch ganz andere Kerle mit Haar auf den Zähnen, die dich in unliebsamer Weise zum Reden zwingen könnten."

„Dann," spottete Hansjörg, „müssens freilich andere sein, als der welcher hier ist."

„Weißt du, Bürschchen, daß gestern und heut ein Grenzjäger bei der Kronenwirtin ist?"

„Das heißt bei ihrer Bierpfanne *). So lang er dort ist, ist er nicht hier."

„Nur ein Wort von mir zu diesem und —"

„Und eins von der Wirtin sind zwei."

„Eins ist genug."

„Dann will es der Grenzjäger — ich kenn ihn ganz gut — gewiß lieber von der Wirtin, wenn sie auch schon ein Bischen alt ist."

„Nur deinetwegen," rief der Krämer, „wird er den Eid nicht brechen wollen. Ich gelte etwas beim Amt. Noch nie hat es gegen mich gesprochen, und wenn ich will, kann ich ihn noch heut zu einer Hausdurchsuchung treiben."

„Der würde Augen machen drüben am Argenstein und suchen."

„Die Sach ist nicht halb so spaßig. Mein Töchtermann der Andreas will deinen schlechten Kram nicht mehr länger unter seinem Dach."

Hansjörg wechselte die Farbe, doch schon einen Augenblick später sagte er gefaßt: „Das ist mehr als ein Wort, und zudem nicht von dir."

Der Krämer biß sich auf die Lippen. Er hatte schon zu viel gesagt, denn wenn er den Burschen nun nicht gleich fieng, so konnte er ihm wieder ganz entrinnen. Da mußten schon andere Saiten aufgezogen werden.

„Andreas," sagte er gemüthlich, „ist eigentlich ein guter Löffel und thut fast immer was ich will."

―――

*) zur Steuerrevision.

„Und du," lachte der Bursche, „mußt einstweilen was ich will, dann hab ich also dich und den Andreas, zwei Fliegen mit einem Schlag, oder ist eins noch gar ein Hummel?"

Der Krämer sah den Soldaten erstaunt, erschrocken, fragend an. Er sah dessen Auge wild aufblitzen, als er nach kurzem Schweigen, welches dem verlegenen Mann wol Zeit zu einer Frage lassen sollte, erklärend fortfuhr: „Wer kann, der thut was sein Vortheil ist und macht nicht viel Federlesens, hast du einmal gesagt. Nun gut, heut bin ich der Stärkere. Krämer, ich kann! —"

„So," sagte der Erbleichende mit vor ohnmächtiger Wuth bebender Stimme. „Du schleichst also in Wäldern und Tobeln umher, eins dann plötzlich wie ein Straßenräuber zu überfallen!"

Hansjörg stellte sich hart vor den Krämer, der an allen Gliedern bebte. Stolz und wunderbar groß stand der Bursche da. Seine Wangen glühten, seine Augen blitzten, sein glühender Athem traf die mit kaltem Schweiß belegte Stirn und seine kräftigen Hände erfaßten die Schultern des in sich Zusammensinkenden, während er mit donnernder Stimme rief: „Du elendiger Wicht! Schau, ich möchte dich zerreißen und ich wärs im Stand. Vernichten könnt ich dich, zertreten, daß man nichts mehr säh' als einen unsaubern Platz, wo gewiß nie mehr Gras wachsen, nie mehr ein noch so müde gehetztes Thierlein ruhen thät. Du bist mir aber zu erbärmlich. Ich will nicht dein Richter sein, denn es gibt einen, der noch viel mehr weiß. Nur zeigen will ich dir, wie elend du bist, wenn du einmal aus deiner zusammengeschacherten Herrlichkeit herauskommst in gesunde Luft. Dir spricht nichts für, als dein Alter, und das ist nicht ehrwürdig. Aber fürchten mußt du dir nicht vor mir. Hier unter heiterm Himmel übergeb ich dich dem Strafgericht des furchtbaren dreieinigen Gottes! Es gab wol Tage, Wochen, Jahre, wo ich uns so zusammen daher wünschte mit verflucht heißem Wunsch, brünstiger als ich jemals ein Gebet zum Himmel schickte. Auf ganz andere Weis' noch hätt ich dir den Meister zeigen wollen. Jetzt aber ists mir genug so, und ich mag das Kreidemännchen nicht wegwischen. Seine Kraft steckt ja doch nur im Schimmel, der sich daheim um seine Thaler legt."

Dem Krämer war es, als ob der Boden unter ihm wanke. Vernichtet sank er zusammen. Hätte er die Kraft seines Gegners gehabt, es wäre ein furchtbarer Kampf entstanden und hätte wenigstens Einen von ihnen nicht mehr lebendig vom Platze gelassen. Begann es doch jetzt zuweilen in seinen Armen zu zucken und zog ihn fast mit Gewalt vom Boden auf, aber jedesmal noch schwächer sank er zwischen die halbverdorrten Waldgrashalme zurück. Wol sah ihn niemand als Hansjörg, aber ihm war, ob der Wald, ob jeder Stamm, jeder Grashalm Augen und Ohren bekommen hätte. Die welken Blätter schienen sich kichernd etwas zuzuflüstern, die ernsten Tannen schüttelten brummend die bebarteten Aeste und die Vögel ob den Wipfeln erzählten sich etwas und flogen wieder weg. O wenn auch er hätte fliegen können bis — ja, wo hätte er denn gleich etwas gegen den Menschen thun und sich beruhigen können? Jetzt empfand es der Krämer so schmerzlich wie noch nie, daß seine Kraft wirklich nur in seinen Thalern liege. Es war ihm das kein neuer Gedanke, aber sonst hatte er ihn stark, thätig gemacht, heute schien er ihn vernichten zu wollen.

„Ich bin sonst ein guter Kerl," begann Hansjörg nach langem Schweigen beinahe mitleidig. „Nur dein böses Gewissen hat dich niedergedonnert. Ich wäre ganz ruhig da drunten geblieben, bis die Nacht mich und meinen letzten verbotenen Pack bedeckt hätte."

„Den letzten?" fragte der Krämer lauernd.

„Ich will ein ordentlicher Mensch werden."

„Du gehst auf den Stighof. Ist das klug?"

„Nein, zum Bauernknecht paß ich wol trotz der Kraft nicht."

„Das glaub ich auch," sagte der Krämer, dem allmählich wieder etwas leichter wurde.

„Aber," sagte Hansjörg, „wohin wär ich besser? Und hineinleben kann man sich in alles. Hab ich mich doch sogar ans Kasernenleben gewöhnen können, so, daß mir selten etwas den gottgesegneten Appetit verbarb. Der schlimmste Tag war der, wo ich dir von Zufels Briefen schrieb. Ich hatte ein Viertelhundert Prügel überkommen, weil ich einem erstickten Studenten[*], dem sein Vater dann eine hohe Stelle kaufte, nicht viel mehr Buckerle machte als er verdiente. Herrgott! und daheim

---

[*] der nur bis an den Hals studiert hat.

saßen sie behaglich und verhandelten Menschen und
Waaren. Die Zufel schrieb auch seit Monaten nicht
mehr. Alles schien aus und ich saß ohne Geld im
Arrest und hatte keine Aussicht mehr auf die schon täglich
erwartete Beförderung. Da schrieb ich in der Wuth an
dich, wie ein dummer Junge, der abgetragener Butter
auch das Brot nachwirft. Dein Geld hat mich gar
nicht gefreut. Einige Freunde habens vertrunken an
einem Tag. Ich hab nicht einmal helfen mögen und
habe geweint die hellen Tropfen. Mir wars, als ob
ich lachende Erben das Liebste meines liebsten Freundes
verzechen sähe."

Wider Willen mußte der Krämer sich das Bild, das
Hansjörg da brachte, recht lebhaft ausmalen. Ja,
lachende Erben — das machte den Schluß. Aber Su=
sanne war dazu zu weichherzig. Jetzt wurde sein Trost,
was ihm sonst immer im Wege war. Ja, die Zufel war
ein gutes Kind. An die wollte, mußte er sich halten,
die noch glücklich machen. Es gieng leicht, wenn sie
nur diesen Burschen aus dem Sinn schlagen konnte.
Das aber schien ihm nie schwerer als jetzt, wo er ihn,
wenn auch zähneknirschend, achten mußte.

Den Kopf auf den im Moose ruhenden Arm ge=
stützt, saß der Krämer sinnend, heimlich Rache brütend
neben dem Burschen, der sich nach der Aufregung immer
mehr in liebe Erinnerungen verlor. „Ach Gott!" rief
er aus, „wie hab ichs dumm und schlecht gemacht, daß
mich das gute Mädchen mein Lebtag drum ansehen muß,
wenn es auch sein Herz nicht mehr so schwer traf, wenn

auch die Lieb vergangen war neben dir, wie die Blumen unter Schnee. Schuld bist nur du, alter Sünder, daß ich so tief, tief herab kam."

Jetzt hatte der Krämer einen Ableiter gefunden. Trotzig richtete er sich auf und sagte: "Wer das Herz hat zu solchem Streich, soll nur sich selbst bei der Nase nehmen. Wurde von mir ein liebendes Herz verrathen für so niederm Preis?"

Der Krämer hatte wirklich das Gefühl, für seine Zusel einzustehen. Das gab ihm wieder Muth und machte ihn hart und fest, wieder ganz zum Alten. Seine Klugheit hatte des Burschen Schwäche heraus und suchte gleich etwas damit zu machen. Nur einen Handel, bei dem er selbst mehr wagte als sein Gegner. "Zu geschehenen Dingen," meinte er, "muß man das Beste reden; wichtiger für uns drei — ich meine Zusel auch — ist die Zukunft."

"Die hast du mir zerstört."

"Es ist grell in dein Leben eingegriffen worden, aber nur für Stighansen. Das weiß der und wird noch etwas gut machen wollen. Meinen thut er es wol gut, aber mir kommts vor, ob da einer dem andern die Handschuhe leihen thät zu Strümpfen. Ich möchte dir besser helfen, da ich auch etwas gut zu machen habe." Mit diesen Worten leitete der Krämer ein Langes und Breites über die Eigenheiten der gelb- und namensstolzen Stigerin ein, neben der ein tüchtiger Bursche kaum auszuhalten vermöchte, wenn er noch viel mehr eine Knechtsnatur hätte, als das an Hansjörg zu bemerken sei. Der

Krämer wurde um so eifriger, weil er nicht bloß den Andern, sondern auch sich selbst überzeugen wollte, daß er es nur gut meine. „Arbeite du wieder für mich — für uns," schloß er eine lange Abhandlung, „und du sollst nicht mehr an der Klage sein."

„Nein," antwortete Hansjörg entschieden. „Lieber mich noch einmal verkaufen lassen und für immer. Im Stüble neben dem Laden — das hab ich verschworen — soll mich kein Mensch wieder sehen, wenn ich so alt werde wie die Sünde."

„Ist mir lieb zu hören," lächelte der Krämer. „Kein Mensch weiß, was es wieder gäb, wenn du und das Blitzmädel unter einem Dache lebten."

Die Wangen des Burschen rötheten sich. Er sah Zufels Vater erstaunt an und fragte mit unsicherer Stimme: „Was soll ich machen?"

„Daheim für mich arbeiten."

„Um ein hübsches Vermögen thät ich nicht mehr immer sitzen."

„Nicht nöthig; du sollst genug Bewegung haben."

„Was hättest du denn im Kopf?"

„Bleib was du bist, ein Schwärzer, und mach mit mir gemeine Sache," sagte der Krämer. „In meinem Laden kommt alles am besten fort. Auch brauchst du dann mich so wenig zu fürchten, als unsereiner das Amt zu fürchten hat. Du bist sicher, an Betriebskapital und Lohn solls nicht fehlen, und du mußt nichts, als das klug gewählte Waarenlager theilen mit einem, der dir ein mächtiger Freund werden kann. Daß dann die bisherige Feindschaft ein End hat, ist auch noch etwas werth."

„Knecht," stotterte Hansjörg nach einer Weile, „wär ich freilich nicht gern, und wir könnten immer wieder aufhören —"

„Allerdings, wir binden uns gegenseitig und machen uns gegenseitig frei. Du müßtest nicht einmal nur mir als Schwärzer dienen; doch als Soldat und sonst wird es gut sein, wenn wir jedes Aufsehen vermeiden. Es wär sogar gut, wenn du zum Schein ein wenig mit der Nadel arbeiten thätest. Zu verdienen brauchst du nicht viel."

„Und wenn man mich fängt?"

„Ich werde dir helfen auf jede Art, wenn du mich nicht angibst. Aber laß immer die Waare lieber fangen als dich. Ich weiß, daß Zusel viel lieber einmal die paar Thaler weniger erben will."

Dieser Schluß wirkte mehr als alles Andere. Bald waren sie handelseins und reichten sich die Hände.

„Morgen kannst du etwas Geld haben," rief der Krämer schon im Gehen. Jetzt war er in der besten Stimmung. Die Todesgedanken kamen nicht mehr; trotzdem aber suchte er einen Alpweg, der über die Fluoh hinaus und neben dem Liggstein gerade zur Kirche hinunter führte, um den gefährlichen Weg unter dem Felsen neben der Aach zu vermeiden. Vorzuwerfen übrigens hatte er sich nichts mehr. Hintergedanken hatte Hansjörg so gut als er, und mancher wol wär nicht im Stande gewesen, so einem Grobian auch nur zum Scheine die Hand zu geben. Das war also überstanden, und in

Zukunft wollte er denn doch etwas gewissenhafter vorgehen, besonders wenn einmal Zusel Stigbäurin war.

Hansjörg kletterte mit tausend neuen Plänen und Hoffnungen zu seiner Waare, um da das Dunkel der Nacht zu erwarten.

Am Tage darauf — es war ein Sonntag, predigte der Kaplan von den Pflichten der Arbeitgeber und Dienstboten, besonders von jungen Mägden, die einer teuflischen unvernünftigen Berechnung ihre Ehre und Tugend opferten. Der Prediger wollte nichts Verächtlicheres kennen, als wenn so ein magerer, blonder, blauäugiger Brocken so einer fetten Maus in die Falle gelegt werde.

Nach dem beinahe endlosen Vortrage sagte der Krämer ziemlich laut: „Man hätte Dorotheens schmutzige Wäsche doch nicht so auf die Kanzel bringen sollen." Diese zarte Andeutung wäre nicht mehr nöthig gewesen, da ohnehin schon fast alles nur an die Magd auf dem Stighofe dachte.

Sechzehntes Kapitel.

Das Echo der Predigt auf dem Stighof.

Wie es Büchlein gibt, über die wieder viele und großmächtige Bände geschrieben werden, so gibt es im Bregenzerwalde Predigten, über die und denen nach gleich wieder in allen Ecken gepredigt wird, wenn sie auch nicht halb so lang und „kräftig" sind wie die, welche der Kaplan diesmal gehalten hatte. Wie eine Lauine fuhr sie durchs Dorf. Einige meinten, man hätte auch von dem und diesem reden können, und fiengen dann Andere durchzuhecheln an. Eins war man nur noch darüber, daß es mit Dorotheen ein wahres Elend sein müsse. Auf den Stighof brachte der Kanzelvortrag kaum größere Aufregung als in andere Häuser, wo Aeltern ihren Kindern zusprachen, sich das zum Spiegel zu nehmen. Aber zwei oder beinahe drei kleine Predigten wurden aus der großen doch auch gemacht. Eine war für Hansen ganz allein und es wurde daher von der Stigerin, bevor sie begann, die Stubenthüre sorgfältig verriegelt. „Heut unter dem Gottesdienst," sagte sie, jedes Wort scharf betonend, „ists mir geworden, als ob nun Sterben für mich das Nächste und wol auch bei weitem das Allerbeste sei."

„Ich habs ja gesagt, du solltest lieber in Gottes Namen daheim bleiben und eine gute Meinung machen*)," sagte Hans, und fuhr dann, als die Mutter den Kopf schüttelte, wehmütig fort: „Du bist nun einmal nicht mehr für die grelle Herbstluft genatürt, und solltest dich um Gottes Willen mehr schonen."

„Schonen!" wiederholte die Stigerin bitter. „Schone nur du mich, wenn ich wieder eine frohe Stund haben soll. Aber ja, du hast mich schonen wollen! Ich sollte nicht merken, was schon die ganze Gemeinde gemerkt hat, und das macht mir so Kummer und liegt wie ein Berg auf dem Herzen. Wenn ich einmal auf Dorotheen zu reden kam und auf das, was mir schon seit einigen Wochen fast jedes Lüftlein zuwehte, ja, da thatest du, ob du nicht fünfe zählen könntest. Ich hab dich zu dumm gehalten zur Verstellung und zu gut und blieb ruhig, bis ich mich nun von jeder Obst- und Besenhändlerin für die Ueberlistete, die blinde Affenmutter ansehen lassen muß."

„Und warum denn das?" fragte Hans, der noch immer nicht recht wußte, wovon denn eigentlich die Rede sei.

„Wegen der Dorothee, Mathisles Dorothee, unserer Magd, wenn du sie kennst."

―――

*) zu Hause beten, eigentlich: gute Vorsätze fassen.

Hans erschrak, aber nicht, weil er nun an die zum größten Theil verschlafene Predigt dachte, sondern weil er glaubte, daß es sich um das Verhältniß des Knechtes mit der Magd handeln werde. Die Mutter war ein wenig stolz und hielt viel auf die Ehre ihrer Verwandtschaft, besonders aber ihres Hauses. Es konnte ihr wol nicht gleichgültig sein, wenn das Mädchen offenbar dem Knechte vor ihm den Vorzug gab.

Die Stigerin hatte natürlich für seine Verlegenheit eine andere Auslegung, und unwillig fuhr sie ihn an: „Jetzt stehst du da wie das Schaf am Hag und alle Verstellung ist aus. Ach Gott, wie einfältig und dabei doch so schlecht!"

„Mit wem bist du heut aus der Kirche?"

„Geht dich nichts an; was ich weiß, hätt ich von jedem hören können."

Hans wußte nicht, was er denken sollte von „Jedem" und vom Kopfschmerz, über den die Mutter in den letzten Tagen immer geklagt hatte. „Wir wollen lieber von Anderem reden," sagte er. „Derlei Geschwätz macht mir und dir wol mehr Kopfweh, als es eigentlich werth ist. Ich hab selbst genug zu verwinden, wenn man mir auch nicht noch schwer macht, und ich glaube, daß das ganz nur meine Sache, daher auch nur meine Sorge sei."

„Das glaub ich aber nicht!" erwiederte die Mutter heftig. „Wie hab ich mir es doch sauer gemacht alle Tage, hab sogar die größten Löcher in meine Nächte hinein gebrannt, um nur den Hof und das Anwesen gehörig im Stande zu erhalten, bis du gewachsen sein würdest. Und nun steht der Lümmel lang und breit da, wie ein Klosterkoch, und sogar sein Schweigen bestätigt, was ich Närrin sonst nie habe glauben wollen, nämlich den Spruch: Kleine Kinder kleines Kreuz, große Kinder großes Kreuz. Hätte ich gewußt, wie es gehen werde, dann wär es gewiß nie so gegangen. Aber wem wärs eingefallen, daß Dorothee auf die Art uns danken werde."

Durch diese Worte glaubte Hans seine Vermutung nur zu sehr bestätigt zu hören. Undank aber durfte er denn doch dem Mädchen nicht vorwerfen lassen. "Mutter," begann er etwas schüchtern, "wenns auch für uns nicht ehrenhaft ist und besonders mir weh thut, daß sie mich nicht will, so —"

"Eben will sie dich fangen, du Tropf. Wenn sie sich gar noch ziert, so wird sie dich halt schon am Faden haben, aber noch fester machen wollen. Du steckst schon drinn, daß du mich von Herzen gern ein wenig zu dir sehen lassen solltest; aber statt dem will man mich gar nicht einmal mehr in die Kirche lassen, seit auf allen Gassen von dem saubern Pärlein geredet wird."

"Von welchem Pärlein?"

"Jetzt steht er wieder da wie der Gottverlaßmichnicht. Von wem denn als dir und der Magd? Hat es je so einen Tropfen gegeben wie du einer bist, seit man warm kocht und doch wenigstens mit dreißig Jahren ein Bischen etwas in den Verstandskasten bekommt? Ich aber soll meine Gesundheit schonen, mich in Acht nehmen vor der Herbstluft, um doch noch Jahre lang die Herrlichkeit mit anſehen zu können neben dem alten Mathisle. Thät mir auch Noth! Schon lang hätt ich ſterben ſollen, ſchon da, wo ich Dorotheen, die Hexe, in —"

„Jetzt das iſt denn aber doch zu arg!" konnte Hans endlich einfallen, als die Stigerin, noch nach mehr ähnlichen Ausdrücken ſuchend, einen Augenblick inne hielt. „Mir thät es Freud machen, wenn ſie mich ſo gern hätt als man ſagt."

„Dein Geld nur hätt ſie gern, dich wie du biſt thät keine gern haben."

„Dann will ich mich vor den Reichen in Acht nehmen, die brauchen mein Geld nicht, gerade ſo wenig als ich das Ihre. Ueberhaupt heiratet jeder für ſich, drum ſoll man es ihm überlaſſen. Mir kommt es ungemein groß und wichtig vor, ſich auf ſein Lebtag an ein Weibsbild zu binden. Ich mein, das muß ſo aus einem heraus wachſen; aber wenn man den geſäten Erdäpfeln oder Rüben jeden Tag nachgräbt, wächſt gar nichts. Das war grad auch ſo ein Geziſch und Gethue bei verſchloſſenen Thüren, bis man die gute Angelika dem Andreas verkuppelt hatte, und nun —?"

„Die geht mich nichts an, und ich weiß nicht, warum du noch mit der alten Geſchichte kommſt."

„Wer daran keine Schuld hat, kann um ſo leichter und ohne Gewiſſensplag eine gute Lehre daraus nehmen. Es wär für beide Theile beſſer geweſen, ſie hätten ſich gar nie geſehen. Er mag nun einmal nicht mit ihr gehen, drum kommt er gerade dann am meiſten auf den Abweg, wenn ſie auf dem rechten iſt. Warum bin nicht ich an sie verkuppelt worden? Dann hätt ich jetzt den Batzen schon gegolten*). Zusel hat auch keinen bessern Vater als sie, denn der Krämer ist seitdem noch kein Heiliger worden."

„Und sonst natürlich ist nur noch die Magd für dich im Dorf und auf der Welt."

„Man redet also von uns Beiden?" fragte Hans lächelnd.

„Eben."

„Und tadelt uns?"

„Wenigstens dich. Daß s i e dich gern hätt, ist etwas, das man sich einbilden kann. Sie ist ja nicht einmal hübsch mit dem blassen Gesicht, den großen Betschwesteraugen und dem fuchsigen Haar."

„Hübscher freilich wär Angelika gewesen."

„Und Zusel gleicht ihr, ohne das Alter, wie ein Ei dem andern."

„Auch sie ist hübsch. Wenn ihr Blick eins trifft, wenn sie einem zulächelt und dann den Mund wieder so stolz und trotzig spitzt und das Näschen aufwirft, meint man schon —"

„Was meint man?"

„Man müsse rasend werden, daß so ein — ja noch ein herrlicheres und vor allem besseres Wesen so elend verschachert werden konnte. Ja, Mutter, damals war ich ein Tropf, sonst wärs anders gegangen."

„Lassen wir das Alte, so lang wir am Jetzigen so

---

*) wäre standesgemäß verheiratet.

genug haben. Die Magd soll noch heut aus dem Haus, denn nach dieser Predigt will ich euch nicht mehr unter einem Dache wissen, so lang ihr beide lebig seid."

„Dann," sagte Hans entschlossen, „dann muß ich gleich fragen, ob sie mich nicht heiraten möchte."

„Möchte!" schrie die Stigerin, mit dem Fuße stampfend; „möchtest du sie?"

„Sobald sie sonst nicht mehr bei uns und alles im Alten bleiben kann."

„Das geht nicht mehr, denn sie ist mit dir nun und du bist wegen ihr in ein gräuliches Geschrei gekommen. Ich glaub selbst nicht alles, nicht das Halbe — aber..."

„Und ich geb jetzt schon gar nicht mehr nach. Nachgeben hieße alles bestätigen und alles auf sie werfen. Mutter, was würde dein Herrgott sagen? Er nimmt es sonst in Kleinigkeiten so genau, daß man glauben sollte, du dürftest ihm gar nicht mit so etwas kommen, denn das ist grundschlecht und schändlich. Da kommt das Mädchen in unser Haus als kleines Kind, noch unverderbt, ein Engel, wenn es gestorben wär. Von dir nur ist es erzogen worden, denn das Mathisle hast du nicht bei ihr und sie kaum einmal bei ihm gelitten. Dorotheen haben wir auf dem Gewissen und alle bösen Reden und alles, was sie jetzt aus unserm Hause mitnehmen müßte. Wär sie schlecht, so hätten w i r die Schuld und dürften sie nicht fortschicken; wir müßten nicht verschlimmern, sondern gut machen auf jede Art und um jeden Preis. Das darf ein hülfloses Mädchen erwarten, wenn einmal die vom Stighof sich seiner angenommen haben. Wer A sagt, muß auch B sagen."

Hätte sich Hans eine Woche lang auf diese Rede vorbereitet, es wäre nicht besser, ja weniger gut gegangen, als da er ganz nur dem Herzen folgte. Daß er das that, bewiesen die großen Tropfen, die er sich dabei verstohlen aus den Augen wischte. Er hätte sich nicht schämen müssen und vor der Mutter schon gar nicht, denn diese war selbst gerührt und sagte mit kaum noch erzwungener Strenge: „Wie man sich jetzt regen kann und sonst thut man wie gefroren. Wer so viel weiß, der sollte über so was gar nicht reden mögen. Geh nur und mach einstweilen wie du willst, es wär da doch alles Widersprechen umsonst."

„Ich will lieber eigenköpfig heißen, als wenn ich selber mich für schlecht halten müßte," brummte Hans, während er die von der Mutter geschlossene Stubenthür öffnete und gieng.

Jetzt war die Stigerin mit sich selber weit weniger zufrieden als mit ihrem Sohne, der seine Sache nun einmal gar nicht schlecht gemacht hatte. Ganz uneben war nicht, was er sagte, doch ein Ausweg durfte gesucht und wo möglich benützt werden. Wenn auch Jos das Mädchen gern hätte? Und fast war es gewesen, ob Hans das selber fürchte. Da wär etwas zu erforschen gewesen, wenn sie sich nicht so leicht gefangen gegeben hätte. Daß doch einem so viel zu spät einfällt, wo es nur noch quält statt zu nützen!"

Sie kannte Hansen, sie wußte, wie er sich für etwas

warm machen konnte, während er der Ueberredungskunst beinahe unzugänglich war. Wenn er jetzt einen halben Tag ohne Beschäftigung mit sich allein blieb, dann war ihm das Mädchen gewiß schon zu einer halben Heiligen und schöner als selbst Angelika geworden. Jetzt noch wollte er Dorotheen nur glücklich wissen, und das wollte sie auch. Glaubte er an eine Neigung des Mädchens zum Knechte, so war jetzt vielleicht noch etwas zu machen, ehe das arme Kind wußte, daß ein Hans und ein Stighof zu bekommen war. Aber gleich mußte man dran. Dorothee sollte — damit beruhigte sie ihr Gewissen — durch ein schönes Heiratsgut entschädigt werden. Sie gieng hinaus, um den Sohn noch einmal zu sich zu rufen, und erschrak fast zu Tode, als sie den Hansjörg die Stiege herauf kommen sah. Es war ihr, ob sie von ihm hören müsse und schon höre: „Zuerst hab man die schönsten Jahre seines Lebens verhandelt, und nun sollte noch die Schwester verschachert werden."

„Was willst du?" fragte sie ängstlich, als er hart vor ihr stehen blieb.

„Wo ist Hans?"

„Er wird sich ankleiden zum Nachmittags-Gottesdienst und ich muß auch machen, daß ich beim Zusammenläuten *) in der Kirche bin."

„Aber den Kirchweg wirst du doch nicht mitnehmen, wenn du gehst?"

---

*) das letzte Läuten vor Beginn des Gottesdienstes, mit allen Glocken.

„Dumme Frage!"

„Nun, dann geh meinetwegen. Ich und Dorothee können auch später nachkommen."

Die Stigerin hatte keine Lust mehr, mit Hansen zu reden. Sie schickte den Burschen zu Dorotheen in ihr Stübchen, und war froh, gleich wieder aus seiner Nähe zu kommen.

Bald rief die große Glocke die Besitzer des Stighofs zur Andacht. Jedes hatte dem lieben Gott viel und jedes anderes vorzutragen. Hansjörg und Dorothee saßen beisammen in der Wohnstube.

„Was hättest du eigentlich wollen?" fragte das Mädchen, nachdem es die Vorhänge ausgezogen hatte, um sich den Vorübergehenden zu verbergen.

„Wenn ich dir das alles sagen sollte, so würdest du mehr vom Gottesdienst versäumen müssen, als dir lieb zu sein scheint. Laß dir daher lieber in aller Kürze sagen, was ich n i c h t will."

„Und was denn?"

„Nicht hier Knecht werden."

„Nicht?" fragte die Schwester erschrocken.

„Nein."

Eine Weile saßen beide schweigend neben einander, dann stellte Hansjörg sich kerzengerade vor der Schwester auf und sagte: „Ich gleiche doch keinem Knechte."

„Das ist nur Soldatenstolz."

„Oder Demut," erwiederte Hansjörg. „Ein rechter Bauer thät mit mir nicht lang zufrieden sein, dann hätt ich nur die Schand und du den Aerger. Ich bin empfindlich, eigensinnig, hochmütig, und nur das nicht, was man sein muß, wenn man mit Schaufel und Gabel exercieren will."

„Sag du nur lieber gleich, du mögest das lüderliche Schwärzerleben nicht lassen."

„Nun, wenns besser klingt, kann ich das sagen."

„Und ich hab mich schon so gefreut, daß du nun doch noch zum Rechten kommen werdest," klagte das Mädchen.

„Ich will eben weiter."

„Ja, in den Thurm, wo man die Spitzbuben einsperrt und alle, die die Gesetze trotzig übertreten."

„Noch bin ich auf guten Füßen und man wird mich auch nicht so leicht fangen. Man hat in der Regel die Kraft schon vor einem Wagniß, die man dabei braucht, sonst ist man nur ein halber Kerl."

„Aber um so jämmerlichen Gewinn, Bruder!"

„Du begreifst das Lustigste bei der Sache gar nicht. Das ist eben, sich täglich durchzuschlagen, und nach dem Entrinnen aufathmend schon wieder einen neuen Plan zu machen. Sie haben mich zum Krieger gemacht. Auch du hast es geschehen lassen — mit Lächeln — und es ist recht; aber nun hab ich halt an Feldzügen und Eroberungen mehr Freude, als wenn wieder ein Rock gemacht, oder ein Heufuder geladen ist. Geschafft wird ohnehin schon überall so viel, daß man kaum noch Arbeit findet und nur Andern damit im Weg ist; wer aber wohlfeile Waare schafft in unser abgeschlossenes Thal, daß nicht mehr Einer ganze Gemeinden allein aussaugen kann, der nützt mehr. Und er soll nur nicht glauben, daß ich nur ganz ihm gehöre. Doch das gehörte zu dem, was ich will, und davon zu reden haben wir heut keine Zeit. Auch ists mir zu heiß in der Stube da. Es wird einem fast angst vor lauter Vornehmheit. Droben auf den Bergen, da hat man es weit und frei, und ein österreichischer Jodler hallt aus dem Bairischen zurück, als ob es gar keine Grenzen und keine Grenzjäger geben thät."

„Es giebt aber, und wenn sie dich einmal doch fangen sollten?"

„O, den Hansjörg fängt man nicht mehr so leicht als man meint. Weder der Krämer noch die Grenzer. Nur einmal, in der letzten Woche und beim ersten Gang haben die Spitzbuben mir ein Päcklein abgejagt. Ich bin so müd gehetzt worden, daß ich den Plunder wegwerfen mußte, um selbst zu entrinnen. ‚Das muß wieder eingebracht werden,‘ hab ich mir gesagt und mich gleich wieder mit einem großen Sack über die Berge gemacht."

„Großer Gott!"

„Es ist ein herrlicher Tag gewesen da oben. Ihr da habt noch euer Lebtag nie so einen gesehen. Da ist es still gewesen in mir und rings um mich herum, so daß ichs ganz gut hörte, wie zwei Grenzer in einer öden Alphütte sich was zubrummten, als ich vorüber schritt."

„Und hast du nicht an mich gedacht und an den Vater, und bist du vorwärts?"

„Versteht sich, und dann tüchtig beladen wieder zurück."

„Hast du denn alles schon auf den Bergen droben gehabt, daß es so schnell gieng?"

„Das ist oft der Fall, und die Grenzer, die richtig noch da waren, haben auch so etwas vermuthet. Wie von Wespen gejagt, sprangen sie heraus und schrien: ‚Halt!' Hansjörg aber hielt nicht, ob sie rufen, laufen oder schießen mochten."

„Jesus Maria! sie schossen?"

„Allerdings, aber der Soldat darf nie fürchten."

„Ja, als Soldat fällt er für Gott, Kaiser und —"

„Stighansen mit seinem Handgeld, als Schwärzer dagegen für sich selbst. Aber laß mich weiter erzählen! Das Beste kommt zuletzt."

„Mir grauset's."

„Abwärts halfen alle Heiligen. Wie im Winter ein Schlitten, schoß ich mit meiner Last über die glatten Bergheupläße hinab, rutschte durch Halden, sprang über Felsen und verschwand im Gebüsch."

„Gott Lob und Dank im hohen Himmel!"

„Ich war einstweilen sicher, und ein weithin hallender Jauchzer verkündete das meinen guten Freunden, die mir zitternd auf Umwegen nachkletterten. Nun hörte Gott mich ächzen und den allerjämmerlichsten Klagton versuchen, bis ich die Verfolger herankeuchen hörte. Dann klomm ich wieder abwärts mit meiner Last, aber so gemach, daß sie mir immer näher kamen, und bis auf einen Schritt bei mir waren, als ich wie ein halb zu Tode Gesprengter niederfiel und meinen Plunder im Sack über den Felsgrat ins Tobel warf."

Dorothee rückte ungeduldig hin und her. „Es wär nun Zeit in die Kirche," sagte sie.

„Du mußt aber doch noch hören, wie es gegangen ist mit dem Pack."

„Ich thät es lieber hören, wenn du ihn dem armen Vater gebracht hättest."

„Der," lachte Hansjörg, „würde Augen gemacht haben, fast wie meine Freunde! Laß mich aber nur der Ordnung nach erzählen. Da lag ich und keuchte so jämmerlich, daß die Burschen es aufgaben, mich mit Rippenstößen zum Pack zu treiben. Einer bewachte mich, bis der andere mit großer Müh und viel Schweiß den Schatz gehoben hatte. ‚Ein Fäßlein Tabak,' meinte er. ‚Hast du schon aufgemacht?' fragte mein Wächter. ‚Narr, ich konnte kaum stehen,' antwortete der andere schaudernd. Nun wurde aufgeknüpft, und aus dem Sacke kugelte ein kurz abgesägter Tannenblock so rund und glatt, daß man sich zum Schindelnmachen keinen hübschern denken konnte. Meine Grenzer standen da wie verhagelt, mir aber war die Müde vergangen und lachend sagte ich ihnen: ‚Wenn es keinen Schnee habe, könne man solche Klötze nicht auf Schlitten laden und trage sie lieber in Säcken aus dem Walde heim, wenns nicht an der Kraft dazu fehle.' Es war wol strafbar, daß ich auf das ‚Halt' nicht stille stand, aber sie hätten sich geschämt, mich jetzt auf das Gericht zu nehmen und, wie die Katze vom heißen Brei weg, schlichen sie den schlechten Weg hinab."

Ganz gegen Hansjörgs Erwarten belohnte die

Schwester seine Erzählung nicht mit dem leisesten Lächeln. Fast schaudernd sah das Mädchen aus den grauen Augen des Bruders etwas leuchten, was weniger Muth und Thatenlust, als Trotz, Schadenfreude, Rachsucht oder sonst etwas Schreckliches sein mußte. „Du bist mir ganz fremd worden," sagte sie traurig. „Nie könnte mich freuen, was Andern nur den Beruf schwer macht."

„Der Beruf," antwortete Hansjörg mit einem mitleidigen Lächeln, „der Beruf, du gutes Ding, ist nichts anderes als das Leitseil, an dem sie unsereinen nach Wunsch und Willen in der Welt herumführen. Als Soldat muß ich im Frieden berufsmäßig der Ankläger meiner Freunde, im Krieg der Mörder der sogenannten Feinde werden. Mach ich da nicht auch Andern den Beruf schwer? Aber sogar wenn ich daheim sitze, still und unbemerkt zwischen den vier Pfählen, wenn ich die Nadel walten lasse in schönem stillem Tuch und statt meiner nur einen Rock nach dem andern ins Feld schicke, mach ich Andern den Beruf schwer, und je fleißiger wir schneidernde Soldaten sind, desto hitziger ist der Krieg ums Leben, um die Kundschaft nämlich und ums tägliche Brot. Das sind so Gedanken eines Verkauften, wenn er von da droben herab schaut auf die wunderbar närrische Welt und seinen Aerger vergißt im Lachen darüber, daß sich sonst kein Mensch weit herum darüber ärgert und das alles ganz in Ordnung gefunden wird. Machen die Grünröcke mirs nicht auch schwer? Und werde ich hier Knecht, so hab ich einen Andern, heiß er Peter oder Paul, von Kost und Most verdrängt. Krieg ist überall

und ich will am liebsten da mit thun, wo doch auch noch
ein Spaß zu erleben ist."

Dorothee stand vor ihrem Bruder, wie ein Mensch
vor einem ungeheuern Ereignisse steht, welches ihn um
so mehr erschüttert, weil plötzlich dessen Ursachen und
Wirkungen in ihrer Nacktheit so hart vor ihn hintreten,
daß er nicht einmal mehr das Walten einer höhern
Macht, sondern nur noch den furchtbar regelmäßigen
Lauf der Dinge darin zu erkennen vermag. So hatte
der Bruder werden müssen, und doch sollte, durfte er
nicht so bleiben. Sie würde — das fühlte sie, wenn sie
ihn entschuldigen wollte, viel stärker, als ihr augenblick=
lich lieb war — an seinem Platze nicht so geworden sein;
aber vergebens suchte sie, was in ihr sich dagegen auf=
gelehnt hätte, in ein Wort zu fassen, um dem Bruder es
wie ein schöpferisches „Werde" zuzurufen. Es klang
recht traurig, als sie mit abgewandtem Gesichte fragte:
„Möchtest du nicht am liebsten ruhig leben und brav
werden?"

„Das wird nicht allen so leicht und so gut belohnt
als man sagt. Nur dir lächelt Stighans dafür so freund=
lich zu, daß der Kaplan keine Ruhe mehr bekam, bis er
darüber eine Predigt hielt."

Dorothee verstand diese Rede nicht, obwol sie
vormittags, wie gewöhnlich, dem ganzen Gottesdienste
beigewohnt hatte.

„Mit mir ists anders," plauderte Hansjörg weiter.
„Mir stände das Dulden nicht an, und meine größte

Kraft gibt mir der Trotz. Sie haben mir es aber auch darnach gemacht mein Lebtag. Der Vater —"

„Laß ihn," fiel das gute Kind ein, „auch er hat es hart gehabt, und die Mutter ist viel zu früh gestorben."

„Mutter!" rief der Bursche traurig. „Ja, sie konnte recht gut sein, sie war es, aber auch wieder furchtbar hart. Da hab ich gesehen, was die Noth aus den besten Menschen macht. Dich hat ihr Unfriede mit dem Vater aus dem Hause getrieben und unter ein besseres Dach gebracht, ich aber mußte bleiben, und alle Hiebe, die Vater und Mutter in groben Reden sich austheilten, fielen vor allem auf mich, bis ich hart und unempfindlich war, so daß mir bald ein Sonnenblick der Mutterliebe fast weher machte als das ärgste, was ihre üble Laune mir anthat. So ein Blick begann das Eis zu schmelzen, welches sonst den furchtbaren Riß in unserm Hause bedeckte. Gott tröste sie im ewigen Leben! Sie hat es doch nicht mehr erleben müssen, mich zu einem Handwerk zwingen zu sehen, für das ich am allerwenigsten Neigung hatte. Der kräftigste, trotzigste Bursche im Dorf, mußte ich ein Schneider werden, weil ich das beim Vater umsonst ein wenig lernen und dann gleich beim Krämer Arbeit nehmen konnte. Man hatte schon Jahre darauf hin gesündiget, und zwar so, daß ich mich nicht mehr frei machen konnte. Die Schuld wurde größer von Jahr zu Jahr, so daß man mich endlich an Hansen verhandelte. Diese Schule hab ich durchmachen müssen, drum ist mir denn auch ein schönes Vermögen das Höchste auf der Welt geworden. Wie ist der Krämer ein Mann und lebt trotz Neid und übeln Nachreden in aller Herrlichkeit! Und warum? Zuerst weil er ein unerfahrenes Mädchen verführte. Das machte ihn zum Herrn ihres Vermögens, und nun hat er sich natürlich gar alles erlauben dürfen. Und nun war eine Tochter da neben mir im Haus, ein übermütiges, teckes Ding, und die sah mich gern. Ja ja, der Krämer that sich recht, daß er mich aus dem Haus und aus dem Dorfe schaffte, denn die reiche Zufel hätte mein werden müssen um jeden Preis. Wol hat mir das Mädchen nachgeweint und nachgeschrieben von ewiger Liebe. Aber daran hab ich nicht geglaubt. Wär doch auch ich gleich wieder einer Andern nachgegangen, wenn mich das Glück wieder auf den Weg einer so Reichen geführt hätte. Drum — ja, ich will nur beichten, daß doch auch hier etwas Gutes geschieht unter dem Gottesdienst — drum hab ich dann sogar die Schreiberei von ihr um ein Sündengeld an den alten Krämer verschachert in der verworfensten Skorpionsstunde meines Lebens. Als ich heim kam und das hübsche Kind sah, Herrgott! ich hätte mir alle Haare ausraufen mögen. Erst jetzt seh ich wie hübsch sie ist, und ich weiß nicht, ists Reue oder was, das mich mit Gewalt immer zu ihr zieht und mich selbst dem Krämer gegenüber, den ich von ganzer Seele hasse, immer wieder so schwach macht. Er sagte mir oder verrieth doch, daß mich sein hübsches Töchterlein auch noch nicht ganz vergessen habe."

„Und nun läßt du dich wieder fangen von der

Lügenspinne?" fragte Dorothee im Tone des Vorwurfs.

„Der Krämer," antwortete Hansjörg, „hat es mir in einem großen Augenblick gesagt, und ich glaub es, denn ich empfinde nur zu gut, wie mir selber zu Muthe ist."

„Der Krämer meint es aber gewiß nicht redlicher mit dir, als mit Andern."

„Ich mit ihm auch nicht. Wenn er glaubt, daß ich nur für seinen Laden über die Berge gehen werde, dann trügt er sich viel ärger als ich. Das ist nur; um in seinem Hause nicht ganz fremd zu werden."

„Er kann dich aber verrathen beim Gericht."

„Ich ihn auch."

„Die Großen beißen einander nicht."

„Eben drum auch muß man sich an diese hängen, wenn man sicher sein will."

„Wenn du so etwas im Kopf hast," sagte das Mädchen ungewöhnlich streng, „so ist die heutige Predigt für dich schon ganz besonders wichtig. Es wär doch traurig, wenns dich träfe, wenn du als Dienstbot arbeiten thätest, und dein Lohn wäre der Zorn Gottes, der ja will, daß man ihm allein dienen und keine fremden Götzen daneben haben soll. Weißt du, der Kaplan hat die, welche dienen um Befriedigung der sündhaften Begierden, den Zauberern verglichen, die ihre arme Seele dem Schwarzen verschrieben aus Geldgier und Zeitlichkeit. Mir ist das schrecklich vorgekommen, und doch hab ich da noch gar nicht an dich gedacht.

Es ist mir nicht eingefallen, daß es dich treffen könnte."

„Oder gar dich auch noch," bemerkte Hansjörg.

„Du hast recht! Wer steht, der sehe zu, daß er nicht falle. Ich mein' es nicht bös, und es kommt mir selbst wunderbar vor, wie ich von deiner Erzählung weg an die Predigt denken muß."

„Du hast recht, daß du nicht gleich dich selbst bei der Nase nimmst, das thun schon die Andern. Aber laß sie dich nur beneiden. Neid bringt Glück."

„Mich nähme man dafür her?"

„Ja, dich und den Hans, den dir nicht nur die recht grausam übel gönnen, welche bei Prozessionen noch das Kränzlein tragen müssen."

„Mir — mißgönnen sie — ihn?"

„Ja; aber thu du nur jetzt nicht mehr gar zu falsch, nachdem ich doch auch so offen gegen dich gewesen bin. Du wärst nur ein Närrchen und er ein Klotz, wenn du ihn nicht bekommen thätest."

„Aber, Hansjörg —"

„Man vermutet von Andern nur und redet ihnen nach, was man selbst an ihrem Platze gethan hätte, drum auch brauchst du vor keinem Mensch roth zu werden und am allerwenigsten vor mir. Ich hab dem Stighof schöne Jahre geopfert, es ist recht, wenn er sie meiner Schwester zurück gibt. Ich gönne dir dein Glück von ganzem Herzen."

„Ja, ich bin glücklich hier und du könntest es auch werden. Komm doch. Schlag deine Leidenschaften nieder.

Man kanns, mit einem Ruck, wenn man die Faust ballt und recht trotzig thut. Ich mach es immer so, wenn mich Kummer plagt um den Vater, dich oder — und der Kummer sitzt doch noch viel tiefer, als was dich vom ordentlichen Weg treiben will."

„Wenn du für mein Vertrauen nichts hast als diese Predigt," bemerkte Hansjörg unmutig, „so wärs fast schad, wenn ich die ganze Vesper versäumen thät. Daß ich nicht gewillt bin, Knecht zu werden, hast du verstanden."

„Nützt alles Einreden nichts?"

„Nein."

Eine Minute später schritten die Beiden schweigend über die längst leere Gasse des verödeten Herrendorfes hinaus, der Kirche zu.

Siebzehntes Kapitel.

Rathlosigkeit und Entschluß.

Hansjörg hatte nicht ganz Unrecht, wenn er Dorotheens Predigt für eine Decke hielt, hinter der das Mädchen ganz andere Gedanken und Empfindungen zu verbergen suche. Ernst aber war es ihr mit dem Zuspruch doch; sie hätte ihn in der Verlegenheit gar nicht mehr finden können, wenn er ihr nicht ganz obenauf gelegen wäre. Erst als sie schweigend neben dem Bruder zur Kirche schritt, fragte sie sich ernstlich, ob er mit der Predigt des Kaplans wol recht gehabt haben könnte? Sie mußte sich aber so wenig vorzuwerfen, daß sie wieder ziemlich ruhig darüber wurde. Als sie aber in die Kirche kam, man sang eben den letzten lateinischen Psalm, da drehten Männer und Weiber die Köpfe um, sahen sie lange an und schienen sich dann Wichtiges sagen zu müssen. Ihr wurde siedig heiß und himmelangst. Auch das wieder schien man zu merken und auf allerlei Weise auszulegen, denn noch unverschämter starrte man sie an, noch länger steckte man die Köpfe zusammen und weniger um zu beten, als um einen Punkt für den unsicher werdenden Blick zu gewinnen, zog sie ihr kleines Andachtsbüchlein heraus. Gelesen aber hat sie nicht, die Buchstaben schwammen auf dem weißen Blatte so schnell durcheinander, daß ihr die Augen übergiengen, sobald sich diese fest auf eine Zeile richten wollten. War sie denn in der Kirche, dem Hause Gottes, wo alle gleich, alle Sünder sind, aber auch alle Ruhe und Trost finden können und Schutz vor den Stürmen, die da draußen toben? Es kam ihr wie eine Entweihung des heiligen Ortes vor, daß sie heute so viele zeitliche Gedanken und Erinnerungen mit da herein brachte, und doch war sie vergebens bemüht, derselben los zu werden. Was sie dem Bruder noch nicht recht glauben wollte, war ihr jetzt furchtbar klar geworden. Alle sahen sie um die heutige Predigt an, alle dachten an den Stighof und weiß Gott an was, während der Kaplan droben vor dem prächtig geschmückten Altar ein lateinisches Kirchengebet eintönig herunter sang, welches außer ihm und dem Pfarrer kein Mensch in der ganzen Versammlung verstand. Warum betete er nicht lieber, daß man es verstehen konnte? Vielleicht wäre doch ein Gedanke drin gewesen, der ihr hinausgeholfen hätte über die Beziehungen und Verhältnisse des Werktagslebens! Ihr Andachtsbüchlein hatte sie ja zu Hause auch. Nur in dem lesen hätte sie dort auch können und noch besser als da, wo sie sich von jedem anblicken und dabei unwillkürlich auch seine Rechnung zu machen anfangen mußte. Es war heut in der Kirche gar nicht wie sonst. Noch immer hatte sie da, wo Reich und Arm neben einander knieten und gemeinsam zum Mahl der Liebe giengen, sich als Kind Gottes gefühlt; heute dachte sie nur an ihre Armut, ihre Abhängigkeit. Wenn sie zu beten versuchte, wars nur ein Flehen zu Gott, daß doch er sie nicht verlasse und noch fernerhin den Schutzengel mit guten Einsprechungen sende an die, von deren Gunst ihr guter Verdienst und damit das Wohl des Vaters und der Schwester abhängig sei. Aber selbst in diesem Zusammenfassen ihrer zeitlichen Sorgen wurde sie durch das vielleicht ihr heute auch besonders auffällige Benehmen der Umstehenden gestört. Sie alle schienen ihre Wechseltische hier aufgeschlagen und das Haus Gottes zu einer Höhle des Neides, des Ehren= mordes gemacht zu haben. Nur einer in den untern Stühlen war so in seinem Gebetbuch, daß er weder sie noch die Andern zu bemerken schien — Stighans. Der hätte gewiß auch Grund gehabt sich zu ärgern, und be= sonders über sie, wegen der er — wie der Bruder sagte — ins Gerede und in die Predigt hinein gekommen war. Und doch war ihm auch unter dem Mittagsessen gar nichts anzumerken; die alte Stigerin freilich that etwas wunderlich. Es war das aber auch weniger zum Ver= wundern, als daß Hans alles so gelassen hinnehmen konnte. Das war denn doch ein anderer Mann als Jos, dessen Leidenschaftlichkeit sie seit einem halben Jahre schon so oft erbeben machte. Freilich brauchte er sich um Kleinigkeiten auch nicht viel zu kümmern. Er stand fest auf dem Erbe seines Vaters, Jos dagegen mußte sich jede Stufe mühevoll erkämpfen. Das mochte den guten

Burschen so trotzig gemacht haben, wie er damals war, als er ihr sagte, daß er nicht mehr auf den Stighof kommen werde. Freilich, zu erklären war allenfalls sein Benehmen, aber darum ärgerte das eins doch. Zwar nicht so recht und ganz wie heute die unverschämten Blicke — nur „a Bitzle", doch so, daß man es ihn nicht ungern auch etwas empfinden ließ. Und wie beim Jos wars auch bei Hansen. Wenn man auch seinen heitern Sinn, seine unverwüstliche Seelenruhe dem schon durch seine Stellung gegebenen Gefühle der Sicherheit zu= schreiben konnte, so that sie einem doch wieder wohl und man freute sich bald wieder zu ihm zu kommen auf seinen stillen Stighof. Wie schlimm wäre sie doch jetzt daran, wenn auch er noch dem Winde folgte? Aengstlich dachte das Mädchen, wie viele Leute er nun vielleicht wieder reden höre, bis er daheim sei. Sie verließ mit den Ersten die Kirche und der Weg nach Argenau kam ihr endlos vor. Wen alles konnten die Stigerin und Hans auf dieser Strecke antreffen, wie vielerlei hören!

Heute that ihr die Freundlichkeit der Bäurin so wohl, daß sie nun in der Küche ein inniges Gebet zum Himmel schickte, was sie in der Kirche nicht vermocht hatte. Es kam aber auch die Frau ihr so freundlich ent= gegen, daß dem armen Mädchen, welches ihrer Heimkehr mit Sorge entgegensah, vor freudiger Rührung das Wasser in die Augen schoß. Das waren Leute! Viel wohler wurde 'einem zu Muthe, viel frömmere und bessere Vorsätze konnte man neben ihnen machen, als selbst in der Kirche. Und nun kam auch Hans und erzählte, daß er heut gar keine Lust gehabt habe, mit den andern Burschen in die Krone zum Bier zu gehen, um da ihr dummes Geschwätz zu hören. Wenn böse Leute sie nun einmal alle zusammennähmen, so wollten sie auch gehörig zusammenhalten, so treu und fest, bis man vor Aerger darüber gar nichts mehr sagen möge.

So redete Hans, und die Stigerin hatte nicht einmal ein Wörtlein dagegen einzuwenden.

Dem Mädchen war ganz wunderbar zu Muthe. Hansjörg hatte also vielleicht doch nicht ganz unrecht, wenn er eine Neigung Stighansens andeuten wollte. Noch wurde ihr fast angst vor diesem Gedanken, aber Hans galt ihr jetzt zu viel, als daß sie sich nicht immer mehr und lieber damit beschäftigt hätte. Auch die Freundlichkeit der alten Stigerin, die man fast eine mütterliche nennen konnte, begann sie für einen Beweis zu halten, daß die gute Frau sich mit dem Gedanken, sie einmal als Stighofbäurin zu sehen, schon ein wenig vertraut gemacht habe.

Dorothee hatte wirklich nicht ganz unrecht. Wenn die Stigerin das Mädchen weit weniger gern gehabt hätte als das wirklich der Fall war, so hätte Hansens Rede doch genügt, sie an ihre Pflicht als Erzieherin zu erinnern, und das Glück des Kindes ihr zu einer Gewissenssache zu machen. Freilich wär ihr jetzt jedes erlaubte rechtliche Mittel, Dorotheen aus dem Hause und mithin Hansen aus dem Gerede zu bringen, fast um keinen Preis zu theuer gewesen. Aber in Unehren sollte sie nicht aus dem Hause, da sie doch entweder unschuldig an allem war was man sagte, oder gewiß auch Hansen sein Theil an allem zufiel. Nein, unglücklich werden für immer nur eines Geredes wegen durfte die nicht, welcher Mutter zu sein die Stigerin einmal gelobt hatte. Lieber wollte sie Hansen mit dem Mädchen, das an und für sich gewiß so gut als eine zu ihm gepaßt hätte, vor den Altar treten sehen, wie sehr das auch immer gegen ihre Rechnungen sein mochte. Glücklich mußte Dorothee werden, nur, wenns menschenmöglich war, nicht gerade um den allerhöchsten Preis; denn näher noch als das angenommene lag ihr doch noch immer das eigene Kind am Herzen, ihr einziger Sohn, den sie fast zu enterben glaubte, wenn sie keinen andern Ausweg, als eine Verehelichung der Beiden zu finden im Stande war.

Aber noch weniger als bei der Mutter that die Predigt und thaten die durch selbe gut geheißenen Verläumbungen bei Hansen die Wirkung, die der Krämer ganz bestimmt erwartet hatte. Erst nachdem es Hansen von allen Seiten vorgehalten wurde, daß nur er und die Magd gemeint, sogar zum Greifen deutlich gezeichnet worden seien, ward er recht fest und sagte mit Stolz, daß er dem Uebel leicht abhelfen könne, wenn Dorothee gar so gern Stigbäurin werden möchte. Ja, nun trotzte Hans aller Welt, daheim aber, wo er die so unschuldig Verfolgte so sicher und doch auch so demütig ihre Wege gehen und die vielen Arbeiten verrichten sah, konnte er zuweilen recht weich werden. „Nein, die sollte man ihm nicht mehr nehmen!" Diese Freude sollte dem Neid und dem Eigennutz nicht werden. Eine Angelika fand er doch nicht wieder, und da gab es nichts besseres, als dieses edle Wesen so hoch und frei zu stellen, als ers konnte und als sie an innerem Werth über den Meisten stand.

Nach der Kirchweih war Hans dem Mädchen gegenüber gewesen, wie ein Bürschlein, welches das der Mutter geholte Oel verschüttete. Wie dieses eine halbe Stunde zu spät mit den sorgfältig zusammengelesenen Scherben des Kruges, kam er mit seinen Klagen gegen den Knecht heim. Dorothee war seine Richterin und erst die Versöhnung mit ihr gab ihm auch den Frieden mit sich selbst wieder. Schon stand jetzt das Mädchen so hoch, daß er eifersüchtig werden konnte, und als er sie nun gar seinetwegen verläumdet sah, stand sein Entschluß, sie zu heiraten, damit die Plagerei doch einmal ein Ende habe — so fest, daß sich alle darüber wunderten, die ihn einmal seine Abneigung gegen den Ehestand aussprechen hörten.

Dorotheen war jetzt wunderbar zu Muthe. Es kam alles so unerwartet, daß sie weder recht daran glauben, noch sich darüber freuen konnte. Es war freilich ein großes Glück für sie und die armen Ihrigen. Aber es war ihr, wie es einem sein müßte, der auf einen Berg getragen würde. Ließe man ihn droben auf der furchtbaren Höhe, rings von Abgründen umgähnt, plötzlich allein, so käm er gewiß nicht dazu, sich an der herrlichen Aussicht zu erfreuen. Ach, auch sie sah rings um sich neidische Aufpasser, gelbstolze Basen und Unheilstifter aller Art. Sie war eben nicht durch sich selbst auf diese Höhe gekommen, sondern nur durch ein Zusammenwirken den Umständen, die ihr jeden Augenblick wieder untreu werden konnten. Auch andere dienten so treu wie sie, ohne solchen Lohn zu erhalten. Jos that dem Hofe so viel, und nun lag er daheim. Wol sagte sie sich, daß ja Hans neben ihr stehen würde auf der stolzen Höhe; aber wie lieb und recht ihr auch der Bursche war, so konnte sie doch kein solches Vertrauen zu ihm gewinnen, daß sie ganz ruhig wurde. Besonders quälte es sie, wenn sie aus seinen Reden etwas wie Trotz gegen den Kaplan und gegen alle, die fürs ganze Dorf Wetter machen wollten, herausklingen hörte. Jene Predigt machte ihr noch viel Kopfweh und immer häufiger fragte sie sich, ob sie denn auch wirklich von jenen herben Vorwürfen so frei sei, als sie anfangs glaubte. Sie fand freilich nichts und doch wollte ihr Gewissen nie ruhig werden. Ach wie gern hätte sie bei jemandem um Rath fragen und einmal alles in ein vertrautes Herz ausschütten mögen! Aber an wen sollte sie sich wenden? Sie dachte zuerst an Jos, aber nur um heftig den Kopf zu schütteln, ohne daß sie sich noch sagte, warum das nicht gehen werde. Den Rath des Vaters aber und all der Ihrigen konnte sie sich denken. Diese Leute hatten nie ein Verständniß für ihre Gedanken und Gefühle. Die Noth hatte sie hart und geldgierig gemacht. Ja, die Noth! Aber nun konnte sie ja helfen, und mußte dabei nicht einmal ein Opfer bringen! Ja, Hans hatte sie recht gern und die Stigerin that auch, ob sich wenigstens von der Sache reden lasse, ja vermied leise Andeutungen bei weitem nicht so ängstlich als sie selbst. „Es darf gehen und kann gehen," sagte sie sich in der folgenden Woche wol hundert Mal, aber immer war sie mit ihren Gedanken, mit ihrer unerklärlichen Angst am alten Fleck. Es gieng eben nicht. Irgendwo mußte ein Querholz in die Speichen herein ragen und sie bemühte sich vergebens und sann Tag und Nacht, um die Stelle zu finden. Es war ihr peinlich, immer nur noch an das zu denken, und dennoch suchte sie in freien Stunden gerne die Einsamkeit auf, um sich ungestört ihren Gedanken überlassen zu können. So schritt sie am folgenden Samstag Abends dem kleinen Weidenwäldchen zu, welches sich unter Argenau südöstlich an der Aach hinaufzieht und den von ihr in frühern Jahren angerichteten Schaden so gut als möglich verdecken zu wollen scheint.

Eine Bregenzerwäldlerin auf einem Spaziergang — das ist etwas Seltenes! Ihr, der es doch bei Tag und Nacht, im Sommer und Winter, an nichts weniger als an Bewegung fehlt, muß gewiß etwas viel zu eng, zu schwer geworden sein, wenn sie auch noch in den so seltenen Stunden der Ruhe und der Erholung die geselligen Kreise flieht und einen Gang macht, um die Einsamkeit aufzusuchen. Man kennt sie alle, die am Feierabend noch herumgehen wie der Schatten an der Wand, und dabei thun, als ob sie an ihrem Kopf voll Gedanken recht grausam schwer zu tragen hätten. Wenn man ein Mädchen so auf einmal die schönsten Spaziergänge, oder am Ende gar die allergräulichsten Schluchten und Tobel aufsuchen sieht, dann achtet man sorgfältig auf alles, was sie redet und thut, ob etwa nichts beweise, daß sie sich beinahe hintersinnt*) habe. Findet man aber noch alles in Ordnung, so sieht man ihr mitleidig nach und denkt an ein herbes, tiefes, kaum noch erträgliches Weh, an selbstverschuldetes Herzleid, eine Liebe ohne Hoffnung oder an eine recht unglückliche Ehe. Auch die Angelika trug immer häufiger ihr Hauskreuz feuchten Auges in das Wäldchen neben der Aach hinab. Wenn ihr Kind beim Spielen oder unter dem Abendgebete einschlief und auch in Haus und Stall alles versorgt war, dann trieb es die Unglückliche, die doch noch nicht schlafen konnte, gar bald aus dem Hause. Es war ihr noch immer fast unmöglich, den Andreas in betrunkenem Zustande heimkommen zu sehen; ja aufpasserische Leute wollten bemerkt haben, daß sie nicht selten erst nach ihm ins Haus gehe, vermuthlich weil das das einzige Mittel war, einen Wortwechsel mit ihm zu vermeiden. Freilich mochte der Mann sich auch hierüber ärgern, aber Angelika konnte ungemein eigensinnig sein, wo sie die Schuld ganz nur dem Gatten zuschreiben zu dürfen meinte.

Auch heute traf Dorothee das unglückliche Weib. Sie saß hart neben der Aach auf einem moosbedeckten Steine und warf die ihr vom warmen Herbstwinde zugetragenen welken Blätter scheinbar gedankenlos in den rasch vorüberstürzenden Fluß. Ihren Kopf bedeckte statt der schweren Pelzkappe nur ein weißes Tuch, und Dorotheen kam es gerade vor, als ob sie eine Leidtragende mit dem bei Begräbnissen üblichen weißen Trauerschleier,

_____
*) im Kopfe irr geworden sei.

dem sogenannten Sturz, erblicke. Da sie sich schon bemerkt sah, wagte sie nicht mehr zurückzutreten, wie bang ihr auch wurde neben Hansens ehemaliger Geliebten, die ihr in dem Halbdunkel des Waldes fast wie ein höheres Wesen erschien. Lang suchte sie vergebens nach einem Worte, die unglückliche Ernstblickende anzureden, und erbebte leise, wie vom Froste geschüttelt, als diese, sie immer schärfer ins Auge fassend, endlich fragte: „Hat auch dich die böse Welt schon da heraus getrieben? Kannst auch du ihr nur noch dienen und deine Kräfte opfern, aber dich nicht mehr mit ihr freuen, ruhen und genießen?"

Dorothee sann verlegen nach, wie und warum sie denn eigentlich da heraus gekommen sei, oder vielmehr sie sann, was sich denn eigentlich darüber Vernünftiges sagen ließe. Sie wollte sich nur ein wenig erspazieren, um — weil es daheim nichts mehr zu thun gab und — weil man ja keinen Tag sicher war, ob nicht der Winter dem freien Herumgehen in Feld und Wald ein Ende machen und alles ins Haus einsperren werde für lange Zeit. Sie floh eigentlich niemand und hatte auch keine Freude, sich mit der Welt unzufrieden zu zeigen. Sie war herzlich erschrocken, als Angelikas Rede sie daran erinnerte, daß ihr müßiges Herumtappen eine solche Auslegung zulassen würde.

„Warum," fragte sie endlich, „sollte denn eins nicht einmal, bevor es einschneit, noch gern einmal in einer freien Stunde, wo nichts Gutes und nichts Wichtiges versäumt wird, einen Gang durch das schöne, ruhige

Wäldchen machen, auch wenn man mit Gott und der Welt zufrieden und in der besten Stimmung ist?"

Noch selten hatte Dorothee solche lange Frage in einem Athemzuge gethan. Sie mußte eben eine zustimmende Antwort haben, um dann so bald als möglich wegzukommen.

„Nun, meinetwegen wol," sagte Angelika trocken. „Es hat jeder Mensch Liebhabereien, aber gewöhnlich streift sich das bald ab, wie die Blätter der Alpenrose, wenn sie vom Stamm weg kommt. Ist auch gar nicht schad um die Rose, wie hübsch sie sein mag. Sie ist nicht zum Verbrennen und taugt nichts ins Futter. Ich glaub, es gibt viele, die es dem lieben Gott verargen, daß er ganze Strecken Boden mit diesen Rosen angegärtnert hat. Schau mich nur nicht gar so groß an, wir redeten zuerst von Liebhabereien, dann von den Rosen. Ists nicht eins? Hier hat man Gärten, aber die brauchen sie nur für Rüben und Kraut. Das ist nützlich. Denk einmal an einen Menschen, der alles so genug hat, daß er gar nicht mehr auf den Nutzen sehen muß! Gute Nacht Ordnung und Fleiß und Friede und Tugend! Und wer da nicht gleich mit ‚schlaf wohl' sagt, der kann da heraus und Blätter in den Bach werfen und ihnen nachsehen, bis ihm die Augen übergehen. Ja, Mädchen, du bist meine Leidensgenossin, meine Schwester, drum hab ich dir auch so viel zu sagen. Wir beide haben keine Eigenen mehr, die uns verstehen, drum gehören wir uns. So ganz allein ist das Leben doch gar zu langweilig."

„Du haſt ja dein Kind," bemerkte Dorothee beinahe ſtreng.

„Seine Zukunft macht mir ſchwere Sorgen."

„Und Arbeit," fuhr das Mädchen fort, „gibts auf ſo einem Hof alle Hände voll."

„Dazu vergeht einem aber die Luſt gar bald, wenn Andere zum Fenſter hinaus werfen, was man mit Mühe zum Schlüſſelloch hereingebracht hat."

„Mir," ſagte das Mädchen, „iſt auch die Arbeit eine Liebhaberei. Wie viel hab ich ſchon verſchwitzen können! Hat man den Kopf ganz frei für jeden Gedanken der kommen will, dann kann man über keinen Weg, oft nicht einmal in die Kirche, ohne daß einem etwas aufſtößt und viel ärger iſt, als wenns bei der Arbeit ſchief geht. Ich weiß gewiß, daß auch du bei der Arbeit am glücklichſten biſt und dir auch bald nicht mehr ſo einſam vorkommſt."

„Haſt du es auch verarbeiten können, daß ſie deinen Bruder verkauften?"

„Das that mir da noch nicht ſo weh. Ich ſelbſt hätte für Hanſen durch ein Feuer mögen, drum fand ichs in Ordnung, daß der Bruder gieng für den guten Hans."

„Ja, das glaub ich, denn auch ich hätte viel für ihn thun können. Wir haben uns früher auch oft und gern getroffen. Viel und viel mal ſind wir da heraus, haben dem Wirbeln und Wallen der Aach zugeſehen, haben Blätter hineingeworfen und uns dann über ihren Gang verwundert. Die von mir wurden raſch erfaßt, aber

nach allen Seiten hinaus und dann wieder in die ärgsten
Strudel hinein getrieben, bis sie mit Hansens großen
Ahornblättern endlich wieder zusammen gekommen sind.
Ich hab an diesem kleinen Wunder oft meine Freude
gehabt und denk noch jetzt daran, wenn ich ein Blatt im
Flusse schwimmen sehe. Auch der Jos ist vielmal dabei
gewesen. Schon da hat er Hansen vielfach dienen
müssen, wie später auch noch, und jetzt sitzt er vergessen
daheim."

Dorothee fuhr erschrocken zusammen. Dann aber
sagte sie um so leidenschaftlicher, weil ihre Worte haupt=
sächlich an sich selbst gerichtet waren: „Vergessen ist er
nicht und wir alle auf dem Stighof haben schon viel für
ihn gethan."

„Dein Bruder wird sogar die Arbeit auf dem Hofe
für ihn thun, da er doch ausgebraucht ist."

„Das ist nicht wahr," sagte Dorothee traurig.

„Nicht?" frug Angelika, die ihre bittere Rede so=
gleich bereut hatte. „Er bleibt also — ach Gott, sein
jetziges Handwerk ist recht gefährlich."

Das endlich war Dorotheens Herzen ein verwandter
Ton. Jetzt trat sie näher zu dem wunderlichen Weibe,
welches sie bald zu bemitleiden, bald zu hassen schien.
Der letzte Ausruf gewann ihr Herz um so mehr, weil sie
im Augenblicke nicht daran dachte, wie sehr Angelika dem
eine glückliche Zukunft wünschen müsse, der durch
ihren Vater einst aus seiner eingeschlagenen Bahn
geworfen war. „Er hätt etwas werden können und

wär bei uns nicht zu bedauern gewesen," klagte das Mädchen.

„Ja gewiß, denn Hans hat viel gut zu machen. Just so viel als mein Vater. Wenn er auch kein so geübter Knecht gewesen wär, man hätte sich leiden müssen und denken: in der Zeit, wo er dem Kaiser dienen mußte, hätten auch Andere manches vergessen können. Oder sonst, wenn man daran sich nicht mehr erinnerte, wär er doch der Schwager. Ja, der sollte doch kein Schleichhändler sein, damit auch die Alte mit der Verwandtschaft ein Bischen zufrieden wär. Die sieht auf so etwas, und den Hans hat sie am kleinen Finger."

„Gute Nacht," sagte Dorothee unmutig.

„Wir wollen aber doch erst auch reden."

„Reden, einem deutsch Gutes und Böses sagen möcht ich schon auch, aber da weiß man nie ob es gehauen oder gestochen gilt."

„Ich hab dir weh gethan, gutes Kind, aber mir selbst noch viel weher," sagte das schöne Weib in ganz verändertem Tone. „Gewiß, ich gönne dir sein Vermögen so gut als Einer. An ihn denken darf ich auch noch, nicht wahr? Auch du denkst vielleicht später an einen Andern."

Dorothee hatte die letzten Worte nicht mehr gehört. Schon ragte eine Wand von Buschwerk empor zwischen Angelika und dem offenen Platze, wo Dorothee aufathmend zum tiefblauen Himmel empor blickte.

Die Sonne war bereits hinter der Kanisfluoh verschwunden. Nur einzelne geflügelte Wölklein trugen ihre letzten Grüße über die Thalenge herauf. Im Dorfe hörte man das Schellengeläute der zum Brunnen getriebenen Kühe und die Ziegen eilten von den Bergen ihren Ställen zu. Aus den nahen Scheuern duftete das Heu wie reifes Obst, alles war in schönstem Frieden und schien sich gesättigt zur Ruhe begeben zu wollen. Dorothee kam nur langsam vorwärts, wie schnell sie sich anfangs heim machen wollte. Waren ihr auch Angelikas Reden größtentheils unverständlich geblieben, so hatten sie ihr Herz doch mit einer ganzen Reihe quälender Gedanken belastet. Hansens Mutter und der stolzen Verwandtschaft war nicht einmal Angelika gut genug gewesen, und nun sollte sie, die Magd, an den Platz, während der treue Knecht daheim lag! Einem von ihnen beiden geschah nicht recht, oder es mußte aus den jetzigen Verhältnissen noch ganz Anderes erwachsen als man augenblicklich vermuthen konnte. Auch der Vorwurf wegen dem Bruder gab dem Mädchen zu sinnen. Es hätte doch schon damals etwas thun können bei Hansen, wenn es jetzt so viel bei ihm galt. Ums bare Geld hätte er auch einen andern Stellvertreter für sich bekommen. Durfte sie den Hansjörg opfern für die allerdings zahllosen Wohlthaten, die nur sie erhielt? Während sie stand und sann, trugen zwei Mütterchen die mit dürrem Buchenlaub gefüllten Bettsäcke nicht weit von ihr vorüber. „Mein Aeltester," sagte die eine Laubsackträgerin, ohne die unfreiwillige Lauscherin zu bemerken, „hielt sich auch mit aller Kraft an einem

Dornstrauch fest, als vor einem Jahr droben am Uentscher Spitz das Bergheu unter seinen Füßen wegzurutschen begann."

„Das wol," entgegnete die andere. „Aber Dorothee hält sich im Fallen an andern M e n s ch e n fest und reißt sie mit in den Abgrund der Schande. Hans ist mit ihr ins Gerede gekommen. Nun hält er sie für die Unglückliche, und da will der gute Bursche sie beide durch eine Verbindung retten. Bei ihm ists nur Mitleid und Trotz gegen die Leute, und aus Dummheit und Eigensinn ist noch nie viel Gutes entstanden."

Gefühlvolle Menschen, deren Einbildung sich beständig in einem engen Kreise bewegt, pflegen noch mehr als andere jedem Gegenstand, jedem Erlebnisse die Farbe ihrer augenblicklichen Stimmung zu leihen. Alles lebt, liebt, jubelt und weint mit ihnen, und der unbedeutendste Vorgang wird auf diese oder jene Art in Zusammenhang mit ihrem Leben gebracht. Es geschah, um sie zu mahnen, aufzumuntern, oder das Künftige anzudeuten. Hätte Dorothee die beiden Mütterlein zu anderer Zeit so reden gehört, so wäre sie dadurch allenfalls an andere närrische Schwätzereien derselben erinnert worden; jetzt aber waren es nicht etwa kurzweg die und die, sondern ein höheres Wesen hatte jene wenigen und doch so inhaltsschweren Worte durch sie gesprochen. Wie hätte sich alles so gut treffen, sie gerade diese Worte hören müssen, wenn daraus nichts Wichtiges werden sollte? War wirklich sein Entschluß nur aus Trotz entstanden, oder hatte er sie wahrhaft gern? Das Erste konnte sie nicht glauben, und wenn sie das Zweite annahm — sie suchte und fand dafür Gründe — so hätte sie lange schon gehen sollen. Dann hatte der Kaplan recht.

Feierliches Glockenläuten erklang im Thale. Die Berge wiedergaben mit den den Feierabend verkündenden Klängen die frohen Lieder der Arbeiter, die nun aus Feld und Wald wieder zu den Ihren zurückkehrten. Ein leises Lüftchen schüttelte die mächtigen Buchen und mit dem letzten Laub rieselten tausend Keime auf den nur noch mit Zeitlosen bedeckten Grund. Herbst und Samstag —! Man steht gern einmal still, um eine gewisse Strecke des Lebensweges von solchen Höhen aus zu übersehen. Viele giengen jetzt zur Beicht und ließen sich helfen bei ihrer Rechnung. Ach, auch sie hätte sich in diesem Augenblicke zum Pfarrer gewünscht! Warum fiel es ihr denn nicht schon längst ein, wohin sie sich wenden müsse in ihrer Rathlosigkeit? „Wenn ihr," hatte der edle Greis in der Schule gesagt, „keinen Freund auf der Welt mehr habt und niemand, der euch hinaus hilft aus Nebel und Nacht, o so glaubt nicht, daß ihr das allein könnt, glaubt euch nicht zu viel, sondern nehmt Theil an den Schätzen der Gnade, der Erfahrung und des Trostes, die die Kirche durch den Beichtvater anbietet; wendet euch an ihn, der nicht wegen den Gesunden auf guter Weide, sondern gerade wegen den Kranken und Verirrten jeden Sonnabend und an jedem heiligen Tag im Beichtstuhl sitzt, um zu helfen, zu trösten und zu erlösen."

Ganz deutlich wußte das Mädchen noch jedes Wort, so daß es die ganze Rede wie gelesen hersagen konnte. Und dabei wurde sein Gesicht immer heiterer. Ja, es wollte beichten, alles sagen wie es war und dann den Zuspruch erwarten. Eine Gewissenssache wars jedenfalls und die wichtigste, die es noch gehabt hatte. Der Priester an Gottes Statt sollte nun sprechen und seinem Herzen Ruhe gebieten.

Achtzehntes Kapitel.

Eine Beicht ohne Reue.

Dorothee kam in der heitersten Stimmung auf den Stighof, wo man bereits mit Ungeduld die Köchin erwartete. Gewöhnlich war es ihr noch unlieber als den Andern, wenn ihretwegen etwas nicht in gewohnter Ordnung vorwärts gieng. Heut aber gieng ihr die etwas unfreundliche Frage der alten Stigerin, „wo denn um Gottes Willen sie so lang und so Wichtiges zu thun habe, daß das ganze Haus auf sie warten müsse?" weit weniger nahe, als die Freundlichkeit, mit der man den neuen Knecht begrüßte, einen kräftigen Burschen, der bald nach ihr mit Sack und Pack auf dem Stighof ankam. Diese Leute hatten den armen Jos schon ganz vergessen, seit ein Anderer ihn zu ersetzen versprach! Auch an ihren Bruder dachte kein Mensch mehr. Wenn nur das Rad vorwärts gieng, um den Treiber kümmerte man sich nicht viel. Mit keinem Worte wurde des bisherigen Knechtes gedacht; das that dem Mädchen so weh, daß es, obwol für die spät gekommene Köchin sicher nicht die rechte Zeit zum Reden war, in immer offenern Andeutungen an das frohe Zusammenleben mit Jos und an seine Verdienste um den Hof erinnern mußte. Hans sah sie dabei recht unfreundlich an, die Stigerin aber schnitt bald mit der trockenen Bemerkung: „andere Leute sind auch wieder Leute," jede weitere Erörterung ab. Ja, was gab es auch Wichtigeres, als daß das Nachtessen im rechten Augenblick auf dem Tische stand, und gedüngt und gemäht wurde, wenn der Mond im rechten Himmelszeichen stand! Das Mädchen ward recht böse auf die alte harte Frau, während es Hansen, der nichts anderes daheim lernen konnte als selbstsüchtige Rücksichtslosigkeit, nach Kräften zu entschuldigen suchte. Aber auch das wollte ihr nicht recht gelingen. Denn so ein böses Gesicht hatte der Jos doch nie verdient, und ihr sollte es denn doch hoffentlich auch nicht gelten. Freilich war der Hans aus Liebe zur Bequemlichkeit gut und böse, wie es die Umstände gerade mit sich brachten; aber wenn ihre Erinnerung auch an sein Gewissen geklopft haben sollte, so durfte er sie nicht mit einer neuen Ungerechtigkeit abweisen. Noch in ihrem Schlafkämmerlein machte die Sache ihr Kopfarbeit. Wenn sie allenfalls, was ihr immer wahrscheinlicher wurde, nach der morgigen Beicht diesen Dienst verlassen mußte, so konnte ja die Stigerin wenigstens Hansen damit schnell trösten, daß doch andere Leute denn auch wieder Leute seien. Sie malte sich schon lebhaft aus, wie es dann sein werde, und fand fast einen Trost darin, daß ihr dann gehe wie dem guten Jos, ja daß sie, der die Verläumdung schon überall den

Boden unterwühlt, noch tiefer als er falle, aber doch keinen Menschen mitreiße. Keinen? Nicht den Vater? der den hübschen Jahreslohn, den sie gewiß nur hier erhielt, so grausam nöthig brauchte, seit er selber kaum noch etwas verdienen konnte? „Nein!" rief sie laut, „er soll nicht mit mir fallen. Lieber will ich mich an den Dornstrauch der Arbeit festhalten, wie blutig mir die Hände dabei auch werden mögen. Wenn einmal solche Bedenken mich hielten, dann wär ich wahrhaft nicht besser, als der Kaplan gesagt hat. Erst will ich den Frieden mit mir selbst. Den gibt es morgen auf die oder jene Art und dann — o dann bin ich wieder zu allem fähig und stark."

Und nun konnte sie sich nieder legen und ruhig schlafen, wie sie seit Wochen nicht mehr geschlafen hatte. Kein beunruhigender Traum quälte sie mit den Gedanken und Fragen, welche sie in der letzten Zeit bei Tag und Nacht beschäftigten und ihr keine frohe Stunde mehr lassen wollten.

Ihr hohes Bett mit dem zum Platzen vollen Laubsack stand hart neben dem Fenster, welches sie offen gelassen hatte, um eher von den Klängen der Avemariaglocke geweckt zu werden. Aber sie erwachte noch vorher und das galt ihr für ein gutes Zeichen. Vielleicht hatte sie der Schutzengel so ungewöhnlich früh geweckt. Hurtig stand sie auf und hätte sich kaum schneller ankleiden können, wenns gleich an eine Feuersbrunst gegangen wäre. Nur die letzte Arbeit, das Ordnen der großen, blonden Zöpfe nahm ungewöhnlich viel Zeit in Anspruch, und immer noch war sie nicht zufrieden mit sich selbst, obwol sie vor keinem Spiegel stand, aus dem sie einen Grund zu weitern Anstrengungen hätte ersehen können. Jetzt erst fragte sie sich: Was sie denn eigentlich nun zu beichten habe? Sie wollte losgesprochen werden von der inneren Unruhe, die sie quälte. Es mußte klar werden, ob ihr Gewissen, oder Launenhaftigkeit sie vor einer Verbindung mit dem reichen Burschen immer noch zurückschrecken lasse. Ja, sie wollte eben gar nicht beichten, nur um Rath fragen beim Beichtvater. Und doch sollte sie sich auch anklagen, sollte losgesprochen werden. Ihr Gewissen ward von etwas recht furchtbar schmerzlich gedrückt, aber sie konnte diesem Etwas keinen Namen geben, wußte weder woher es kam noch warum es da war, sondern nur, daß es etwas recht Sündhaftes sein müsse, weil sie noch nie ein innerer Vorwurf so gequält hatte. Sollte sie vielleicht sagen, daß sie sich über Hansen zuweilen noch recht ärgern könne? Richtig war das, obwol sie ihn für einen herzguten Kerl hielt, den man gern haben müsse, wenn man ihn recht kenne. Ja, Hans war ihr trotz allem nicht recht — vermuthlich weil sie ihn eben ganz nach ihrem Kopfe haben wollte. Da steckte es! Das Gute an ihm war seine Güte gegen sie und die Ihrigen. Es fehlte nur noch, daß er sich nicht ganz von ihr beherrschen ließ! Der Kaplan hatte daher ganz recht in seiner Predigt. Die Sache steckte schon viel tiefer, als sie bisher selber glaubte. Schon meinte sie klar zu sehen und nun gleich sollte alles das wieder heraus, wie viel Anderes dabei auch mitgerissen werden möchte.

Sie war mit den Zöpfen fertig und spitzte schon
den kleinen Mund, um das Licht auszublasen, als der
Glockenschlag der alten Schwarzwälderuhr sie erschreckte.
Wie war das möglich? Das Mädchen war über sich selbst
erstaunt und hielt die Hand gegen die Wärme des Lichts,
um sich zu überzeugen, daß nicht etwa das alles nur ein
Traum sei. Aber nein, sie war hell wach und zählte
fünf Glockenschläge der alten Uhr, die ihr schon so viele
glückliche Stunden zählte. Und heut konnte der bekannte
Klang sie erschrecken, ob nun die letzte derselben geschlagen
hätte! Unmöglich war es allerdings nicht, daß ihr der
Dienst vom Beichtvater ausgeredet wurde. Aengstlich
blickte sie eine Weile in ihrem kleinen Zimmerchen herum;
ob sie wol noch manchesmal hier schlief? Die ernsten
Heiligenbilder an der Wand gegenüber dem hohen Bette
neben dem bunt bemalten Kasten schienen die Häupter
zu schütteln, alles im Zimmer begann sich zu regen und
tausend liebe Erinnerungen in ihr zu wecken. Sie konnte
das Licht nicht mehr löschen, konnte nicht auf einmal,
vielleicht für immer, den lieben kleinen Raum ver=
schwinden lassen, um dann im Dunkel herumzutappen.
Mit zitternder Hand erfaßte sie den Leuchter und trug
ihn mit bis in den Schopf vor der Hausthüre, wo ein
leichter Windstoß das kleine Flämmchen sogleich verblies.
Dennoch war es ihr hell genug von dem Leuchten und
Glühen daroben über dem Uentscherspitz, der sich mit
seiner Schneekappe immer tiefer in die Flammenthore
des Tages steckte und kleiner und kleiner zu werden schien.
Noch einmal, beim Knarren der langsam hinter ihr ins

Schloß fallenden schweren Hausthüre gieng Dorotheen ein Stich ins Herz. Nun war sie herausgesperrt und ein Fremder, der strenge Geistliche, kam zwischen sie und die guten Leute, welche sie eben verließ. Aber nun trat sie ins Freie; ein frischer Wind wehte sie an und schien ihr Kraft und Muth einzuhauchen. Wie das schwache erloschene Lichtlein drin gegenüber dem Lichtmeer, in welches die Berge sich tiefer und tiefer eintauchten, kamen auch ihre Sorgen und Wünsche hier im Freien ihr recht klein und unbedeutend vor. Wie froh sangen die Vögel von den herbstlich gelben Buchenwäldern dem schönen Morgen entgegen, ohne sich viel um das Nahen des Winters zu kümmern, der schon von den Bergen ins Thal herunterblickte. Sollte s i e, für die die Vorsehung schon so väterlich sorgte, da sie selbst noch unerfahren und schwach war, denn weniger auf den Schöpfer trauen als diese Thiere? „Weg mit aller Kleinlichkeit und mit allem was nur belastet und niederdrückt," rief sie und ihr Schritt ward immer schneller. „Komm, heiliger Geist," betete sie, sich zur Gewissenserforschung vorbereitend, „erleuchte meinen Verstand, bewege meinen Willen, daß ich meine Sünden recht und vollständig beichten möge. — Die Sorge um seine und die Zukunft der Eigenen ist nur Mißtrauen gegen Gott und sich selbst. Weg damit und mit allem Hochmut, aller Selbstsucht und allem, was Zeitliches wie eine Last sich ans Herz hängen will."

Voll Muth gieng das Mädchen in die schwach erhellte Kirche und schritt vorwärts bis zu dem langen Stuhl neben dem Hochaltar, wo bereits zwei Beichtkinder auf die Ankunft des Geistlichen warteten. Hier begann sie ihre Selbstanklage zu ordnen, bis endlich, ganz weiß gekleidet, der Kaplan erschien und sich nach einem kurzen Gebete vor dem sonntäglich geschmückten Hochaltar in den Beichtstuhl einschloß. Dorothee hätte sich eigentlich den Pfarrer gewünscht. Noch heute ward ihr etwas bang, wenn sie an den großen Mann mit dem blassen kalten Gesichte dachte. Jetzt aber sah sie im Beichtvater nicht mehr den oder jenen, sondern nur noch den Stellvertreter Gottes, und sie hätte gleich die Erste vor dem Beichtstuhlgitter sein mögen, um von ihrer Last so schnell als möglich befreit zu werden. Dann aber fiel ihr wieder ein, daß sie ja noch immer nicht eins sei, wie und über was sie sich anzuklagen habe. Wieder sann sie und betete und kam nicht vorwärts, bis die Erste und dann auch die Zweite der vor ihr Knieenden das Gitter verließ. Noch war sie nicht fertig, als ihr schon der Priester lateinisch den Segen ertheilte. Sie kniete vor dem Gitter nieder, bezeichnete sich mit dem Kreuze und begann dann mit bebender Stimme, selbst dem Geistlichen kaum hörbar: „Ich hab vor zwei Monaten das letzte Mal gebeichtet. Seit dem aber bin ich durch eine Predigt und durch Anderes auf den Gedanken gekommen, es sei vielleicht nicht alles recht und wie es vor Gott sein sollte zwischen mir und meinem Dienstherrn. Ich weiß mir nichts vorzuwerfen, aber die Sache drückt mich und da hätt ich denn mehr um Rath fragen wollen, ob —"

„Du möchtest ihn wol gern heiraten?" fragte der Kaplan, der, das Mädchen schon beim ersten Wort

erkennend, sich nun sogleich an das Gerede der Ordens=
schwestern erinnern mochte.

„Eben da wird es wol stecken," antwortete das
Mädchen. „Er gilt viel bei mir, durch ein Feuer thät
ich für ihn gehen, und doch ist etwas unrecht und ich
weiß gar nicht was."

„Ja ja, durch ein Feuer," sagte der Kaplan, und
begann das Mädchen in eine Menge von Kreuz= und
Querfragen zu verwickeln, die es größtentheils nicht ein=
mal verstand. Es konnte fast immer ruhigen Gewissens
mit nein antworten, und doch wurde ihm heiß und kalt,
als es sagen mußte: ob sie sich nie geküßt hätten? ob sie
auch jeden Abend gehörig die Kammer schließe? und
Aehnliches, was nach Dorotheens Gefühl weder in den
Beichtstuhl noch sonst wohin gehört hätte. Etwas nach=
denklich wurde sie auf die Frage: wie ihr denn sei, wenn
seine Hand unversehens oder absichtlich die ihrige berühre?
Sie fühlte ein eigenes Zucken im rechten Fuß, der so oft
beim Essen den des neben ihr sitzenden Jos gesucht hatte.
Der Geistliche merkte ihre Verlegenheit und wurde nun
noch dringlicher. Ob sie auch Geschenke von ihm erhalten
habe? wie oft? verstohlen vor den andern Hausgenossen?
wie sie dafür gedankt, was sie versprochen, zugestanden
und sich vorgenommen habe, wenn sie einmal beschenkt
worden sei? Das nun waren lauter Fragen, auf welche
das Mädchen etwas, ja sogar viel zu antworten wußte.
Der Kaplan hielt eine kleine Rede und wollte dem guten
Mädchen klar machen, daß schon das freiwillige Ver=
bleiben in der nächsten Gelegenheit zur Sünde vor Gottes

Augen ein großes Unrecht sei. Er schloß mit der ernst= lichen Mahnung, vor allem für die unsterbliche Seele zu sorgen und daher noch heute den gefährlichen Dienst zu verlassen. Wenn eine Heirat mit dem Arbeitgeber dem Willen Gottes gemäß wäre, so könnte sie darum doch noch einmal zu Stande kommen.

Jetzt das aber war denn Dortheen doch gar zu arg! Warum hätte sie sich denn nicht freuen sollen über die vielen Beweise von Hansens Zufriedenheit? Freilich nicht so wie der Geizhals über seine Thaler; aber das war auch bei ihr nie der Fall, indem sie fast alles nur wieder den Ihrigen zukommen ließ. Der Kaplan sagte wol, daß geschenkte Pracht das Auge blende, sich wie ein Dorn ins Herz bohre und nur zu leicht auch die Unschuld verwunde. Doch ihr gieng das nicht mehr recht ein. Hatte sie doch das Prächtigste, das Köstlichste von Hansen nicht so gefreut, wie das kleine ganz einfache Gebetbüch= lein, welches Jos ihr im letzten Frühling vom Pfingst= markt von Dornbirn mit heim brachte! Ueberhaupt stand sie nicht gern beim Beichtvater im Ansehen, als ob nur theure Geschenke von ihr geschätzt würden und sie schon beim Gold und Silber hart und kalt geworden. Nein, so schlecht war sie denn doch nicht und hatte zum Beispiel den armen Jos noch immer, seit sie ihn recht kannte, für so viel oder noch mehr als den reichen Stighans gehalten, mit sammt aller seiner Pracht und Herrlichkeit. Sagen mochte sie davon jetzt freilich nichts, ihr selbst aber war es durch die vielen vom Beichtvater an sie gerichteten Fragen noch viel, viel klarer geworden als jemals vorher.

War es ihr doch, wenn sie im Wald oder auf dem Felde mit Hansen oder nur vom blauen Himmel gesehen neben dem guten Knechte saß, wenn ihr Blick den seinen traf oder sie ihm etwas aus der warmen Hand nehmen sollte, gerade so, wie der Kaplan in seinen Fragen gesagt hatte.

Dorotheen ward auf einmal ganz wunderbar leicht und wohl, gerade so, wie wenn schon alles abgeschüttelt und die Lossprechung bereits gewonnen wäre. Sie fühlte jetzt, wo es ihr fehlte. Der Jos war ihr lieber als Hans, und ihr ganzes Innere wehrte sich gegen eine Verbindung mit dem reichen Bauern, obwol sie ihm nichts Uebles nachzureden wußte. Das und nur das war das Unrecht, vor dem sie so gezittert hatte. Nun, Gott Lob und Dank im hohen Himmel! fühlte sie sich glücklich darüber hinaus für immer. Eine Weile freilich, da hatte der Kaplan ganz recht, vermochte das Geld sie zu blenden wider Wissen und Willen. Jetzt aber war sie mit Hansen fertig. Drum eben hielt sie auch sein Haus nicht mehr für so gefährlich. Wo noch hätte sie wol wieder einen so guten Platz gefunden, von dem aus sie auch den Ihrigen so viel helfen konnte, wie auf dem Stighof bei den guten Leuten, die doch ihr und denen sie schon lange ganz eigen geworden war? Ja, jetzt wollte sie erst recht wieder dem guten Hans dienen und mit den Ihrigen sich seines Wohlwollens freuen und für ihn beten. Warum auf die weite Gasse eilen, wo unter dem Dache keine Gefahr mehr war, sondern Schutz und Sicherheit für sie und die Ihrigen? Hätte sie nur sich selbst angehört, oder den Vater getrost und mit gutem Gewissen ihrem Bruder überlassen dürfen, dann hätte sie schon auch gehen mögen, wo Jos nicht mehr bleiben konnte und man ihn so schnell wieder vergaß. Ja, damals, als Hans den guten Burschen, den treuen Jugendfreund, den unermüdlichen Knecht nicht nur seinen Gegnern überließ, sondern sich selbst an ihre Spitze stellte und ihn dadurch zu jenem verzweifelten Sprunge trieb, da hätte sie gleich auch zusammenpacken, noch am nämlichen Tage gehen sollen, statt sich mit Hansen auf sein erstes gutes Wörtlein hin wieder zu versöhnen. Sie ließ bald sich wieder wohl sein, als ob gar nichts geschehen wäre, suchte das Unrecht zu vergessen, begann sogar ihre eigenen selbstsüchtigen Rechnungen zu machen. Das war es und nur das, was ihr Gewissen belastete. Der Unfriede mit sich selbst währte auch gerade seit der Kirchweih, obwol dann erst das, was sie seit der Predigt am vorigen Sonntage hörte und erlebte, sie recht ins Nachdenken und Grübeln gebracht hatte. Jetzt aber war das vorbei. Dem unglücklichen Jos konnte sie gewiß mehr nützen, wenn sie blieb und Hansens Gewissen weckte, daß es ihm gehörig sagte, wie ein großes Unrecht er an dem Burschen wieder wenigstens nach Kräften gut zu machen habe.

Solche Gedanken giengen dem Mädchen viel schneller, als sie wiedergegeben werden können, im Kopfe herum und ließen es nur wenig von der langen Rede des Geistlichen hören, der immer entschiedener auf ein sofortiges Verlassen eines Dienstes drang, der nicht nur dem Heile der armen Seele, sondern auch ihrer Ehre recht grausam gefährlich sei. Nun erinnerte sich Dorothee wieder an das entstandene Gerede und sagte nicht ohne Bitterkeit: „Was die Ehr anbelangt, ist das Tuch schon zerschnitten, so daß es doch immer eine Naht gibt, man mag wieder flicken und machen so viel man will."

„Um so leichter," meinte der Kaplan, „läßt der Arbeitgeber dich gehen und wird dir sogar noch ein gutes Unterkommen suchen helfen."

„Nein, der weiß grad so gut wie ich, daß alles erlogen, was über mich in Umlauf gekommen ist."

„Darum schadets ihm doch."

„Aber nicht so viel als mir, wenn ich thun wollte, wie wenn alles lautere Wahrheit — —"

„Der Christ sucht seine Ehre in der Verdemütigung."

„Ich will ja doch auch alles über mich ergehen lassen, wenn Gott mir beisteht."

„Er entzieht seine Gnade denen, die trotzig auf sich selbst bauen und in der Gefahr zum Bösen freiwillig verbleiben."

In Dorotheen wurde das Gefühl, daß ihr, wenn auch nicht mit Absicht, sehr Unrecht geschehe, stets lebendiger, besonders seit sie an die in der letzten Zeit entstandenen Schwätzereien erinnert worden war. Sie sah im Beichtvater wieder eher den Mann, der, wenn auch nur im Eifer und mit bester Absicht, sich viel zu sehr an die Meinung scheinheiliger Leute zu halten pflege. Es wuchs daher auch ihr Eigensinn in einer Weise, daß sie selber darüber erschrak. Trotzdem aber konnte sie nicht unterlassen, auf den letzten Vorwurf zu erwiedern: „Freiwillig geben wol wenige von den Eigenen weg und dienen Andern ums tägliche Brot."

„Wer hochmütig ist und träge, der will herrschen, selbst um den Preis der unsterblichen Seele. Wir sind fertig und du hast noch heute den Dienst zu verlassen."

„Ach, was würde der Vater sagen und Hans und — Nein, Herr — Euer Hochwürden! —"

„Du willst also das nicht versprechen?"

„Nein," antwortete Dorothee entschlossen. „Ich sehe nun die Sache ganz anders und mache mir kein Gewissen mehr zu bleiben."

„Nun — in Gottes Namen, dann kann ich dir auch nicht helfen, dich nicht lossprechen. Gelobt sei Jesus Christus!"

„In Ewigkeit," sagte Dorothee laut, und verließ sicheren Schrittes den Beichtstuhl.

Neunzehntes Kapitel.//
Ein kleiner Hauskrieg, bei welchem Hans eigensinnig wird.

Erstaunt gewahrte Dorothee, daß es während ihrer Beicht in der Kirche schon ganz hell geworden war. Ueber die Berge herein, welche hart vor den hohen Kirchenfenstern zu stehen schienen, leuchtete und funkelte es so goldig blendend, daß das Mädchen auf den Stufen unter dem Chorbogen ganz gewiß einen Fehltritt gethan hätte, wenn es hier nicht gar zu gut „zu Hause" gewesen wäre. Selbst mit geschlossenen Augen mußte sie hier durchkommen und kam auch wirklich mit geschlossenen Augen durch. Wie sie nun die Augen sich erholen lassen wollte von dem grellen Glanze und ihr Blick in dem noch etwas dunklern untern Schiffe der Kirche zu ruhen suchte, gewahrte sie erschrocken die vielen Andächtigen, deren Augen recht ernste Fragen an sie zu richten schienen. Als sie endlich in ihrem Stuhl ankam, verkündete feierliches Glockenläuten den sofortigen Beginn der Frühmesse. Sie hatte also das erste Glockenzeichen gänzlich überhört und war demnach mehr als eine Viertelstunde, ja nach dem Tagen zu schließen sogar mehr als eine halbe Stunde im Beichtstuhl gewesen. Was mußten diese Leute jetzt über sie denken? und was erst, wenn man sie unter der vom Pfarrer gelesenen Messe nicht mit den Andern, die gestern und heute beichteten, zur Communionbank gehen sah? —

Einen Augenblick beschäftigte und plagte Dorotheen hauptsächlich diese Frage, doch kaum länger als einen Augenblick, während manches andere Mädchen an ihrem Platze darüber gewiß den beklagenswerthen Seelenzustand sowol als auch alles Andere gänzlich vergessen hätte. Die Lossprechung — hätten die meisten gerechnet — war ja schon morgen, am Fest aller Heiligen, von einem weniger scharfen Geistlichen der Nachbargemeinde zu bekommen; aber von denen, die heute da in der Kirche waren, und von allen, welche mit diesen in den nächsten vierzehn Tagen redeten, war man darum noch keineswegs losgesprochen. Ja, bei diesen giengs gewiß erst recht an, wenn jetzt auch noch ein fremder Geistlicher aufgesucht wurde. In der Regel kann so ein Mädchen aus eigener Erfahrung wissen, was man alles über ein nicht absolvirtes Beichtkind denkt und wie erbarmungslos jedermann darüber herzieht. War es doch gewöhnlich schon selber dabei, wenn des Unglücklichen ganzer Lebenslauf durchgangen, wenn alle seine Beziehungen und Verhältnisse siebenmal umgekehrt wurden, um das entweder herauszufinden oder hineinzulegen, was etwa heut im Beichtstuhl hängen geblieben war. Das ist vielen die erste, die größte und sogar die einzige Sorge; drum denkt man, wenn man so ein junges Mädchen von gewöhnlichem Schlag ist — Mannsbilder sind viel weniger ängstlich — wie herrlich es doch wäre, wenn ihm nun auf einmal recht grausam übel würde und seine Wangen erblassen thäten, daß man es kaum noch zu erkennen vermöchte. Doch das Gesicht brennt, die Pulse fliegen und von so einer schönen Ohnmacht ist gar keine Rede. Trotzdem steckt man schon unter dem Staffelgebet den schweren silbernen Rosenkranz ein, als ob es gleich aus wäre, beim Gloria setzt man sich nieder, stützt unter dem Evangelium das Köpfchen auf die ein wenig zitternde Rechte, während die Linke das schneeweiße Schnupftuch und den von der Stuhlnachbarin entlehnten Rosmarinstengel festhält. Schon vor der Wandlung scheint es trotz allem Riechen nicht mehr zum aushalten, nach derselben aber wankt die Bedauernswerthe zur Kirche hinaus. Während nun die andern Beichtkinder zur Communionbank hinlenken, steht sie draußen bei einem Brunnen, und wenn sie sich von jemand gesehen glaubt, wird Wasser getrunken mehr als man sonst am heißesten Sommertage für menschenmöglich gehalten hätte.

Dorothee kam zu dem allem nicht. Demütig und ohne sich noch um die andern Leute zu kümmern, kniete sie vor dem Muttergottesaltar in ihrem Stuhl und fragte sich nun, wie es denn möglich gewesen, daß im Beichtstuhl nach so vielen guten Vorsätzen sie solcher Eigensinn habe ankommen können? Freilich sah und fühlte sie, daß Hans in Zukunft ihr nicht mehr gefährlich sei, aber war es nicht dennoch ihre Pflicht, dem Beichtvater zu folgen? Sie wünschte seinen Rath, um dann aus und draus zu sein, und nun hatte sie ihm nicht einmal gesagt, was beim Erforschen des Gewissens sich zwar noch nicht zeigte, doch im Beichtstuhl ihr auf einmal kam wie eine höhere Eingebung, die sie aber, statt dankbar und demüthig, nur trotzig machte.... Wärs möglich gewesen, so würde sie jetzt, gleich mitten unter der Messe, wieder in den Beichtstuhl gegangen sein, und das Versprechen gemacht haben. Aber dann hielt sie das nur wieder für Angst vor dem Urtheil der Menschen und sagte sich, daß das — wenigstens jetzt — zur Beruhigung ihres eigenen Gewissens noch durchaus nicht nötig sei. Entschieden hatte der Geistliche das Ganze noch weniger verstanden als sie selbst, das schienen schon seine wunderlichen Fragen zu beweisen. Warum sich also noch viel um sein Urtheil kümmern, wenn man ein viel richtigeres gewonnen hatte? Sie war ja nun losgesprochen von ihrer Last, fühlte sich wieder eins mit sich selbst, und das blieb die Hauptsache. Anders reden hätte sie sollen; aber es war in sie gefahren, wie wol auch in den Jos am Kirchweihfest. Nun, für sie, die dadurch ins Klare kam, hatte sogar das sein Gutes. Vielleicht konnte also doch auch dem Burschen etwas Wünschenswerthes aus jener traurigen Geschichte kommen. Unter der Messe betete sie fast mehr für ihn als für sich selbst, wobei ihr so wohl zu Muthe wurde, daß sie es kaum bemerkte, wie die andern Beichtkinder zur Communionbank schritten und nun aller Blicke sich von neuem auf sie zu richten begannen.

Es heißt allgemein: der Schein trügt; richtiger wärs wol wenn man sagte: der Mensch betrügt sich selbst, denn er hat seine Freude trotz aller Erfahrung am Scheine. Kommt man einmal mit Bauern und Bäuerinnen auf das Kapitel von Schein und Sein, ja dann lächeln sie recht vornehm und richten die Köpfe gehörig auf; da dürfen sie die Meinung um so herzhafter sagen, weil das nun sie selber gar nichts angeht. Es gilt nur den hoffärtigen Stadtleuten in ihrer theuern Herrlichkeit, die nicht kalt und nicht warm zu machen vermag. Sie aber, die Bauern, haben diesen Fehler nicht und sind nicht eitel.

„Was würden die Leute dazu sagen, wenn auch sie sich um den Schein kümmerten, sich etwa gar über den Stand kleiden und gnädige Herren spielen wollten? Dadurch müßte man ja den Kredit und sogar für die Kinder oft die schönsten Aussichten auf eine gute Versorgung verlieren. Drum doch beileibe keinen Aufwand machen um des Scheins willen wie die Stadtleute, viel lieber zu demütig, zu einfach und ärmlich. Es ist doch weit genug bekannt, wie einer steht, und daß er es leicht großartiger geben, viel mehr Aufwand machen könnte, wenn er dazu nicht zu bescheiden wäre und eben an Einfachheit und Sparsamkeit seine größte, seine einzige Freude hätte."

Dorothee, die bisher stets ziemlich unbeachtet gebliebene Magd, galt und hielt sich selbst für gleichgültig gegen Urtheil und Meinung derjenigen, an die sie nicht

durch ihre Dienstpflicht gebunden war. Heut aber zeigte
sie das auf eine Weise, die der erwähnten Gleichgültig=
keit anderer Bauern so ziemlich glich. Sie blieb ruhig
an ihrem Platze, als die Andern die Kirche verließen,
und zog abermals ihr Gebetbüchlein heraus. Daran
konnte man sehen und sollte sehen, wie leicht sie diese
Blicke ertrug, wie wenig sie sich um die vielleicht ent=
standenen Gedanken kümmerte und wie stark ihr gutes
Gewissen sie machte. In ihrem Büchlein stand freilich
ganz Anderes, aber davon sah sie nichts, schon weil sie
es lange verkehrt in der Hand hielt. Sie kam erst
darauf, als ihr Auge einem auf sie gerichteten Blicke des
Pfarrers, der wegen Unwohlsein die Kirche bald nach
der Messe wieder verließ, ins Büchlein zu entrinnen
suchte. Sie fand und las das Gebet einer christlichen
Hausmagd, wodurch sie nun wieder an die vielen
Arbeiten erinnert wurde, die ihrer auf dem Stighofe
warteten und noch Morgens, vor dem Beginn des eigent=
lichen Gottesdienstes, verrichtet werden mußten. Sie
schloß das Büchlein, steckte den Rosenkranz ein, dachte
wieder an den Stighof und kam nun von neuem ins
Grübeln und Sinnen hinein. Aber je mehr die,
welche sie aus dem Beichtstuhl und später nicht zur
Communion gehen sahen, die Kirche verließen, desto
herzhafter gab sie sich nun sogar in den Stücken
recht, die ihr sonst noch wenigstens etwas bedenklich
erschienen. Sie wiederholte sich noch einmal jedes Wort
des Kaplans und ihre Antworten, dabei richtete
sie das Köpfchen immer mehr auf und sie trug es wirk=

22*

lich so hoch, wie sonst nur selten, als sie endlich die Kirche verließ.

Und schnellen Schrittes, dem heitern Herbstmorgen, der Berg und Thal vergoldete, fröhlich entgegen lächelnd, ging sie kurz darauf durch Argenau hinein. Den Begegnenden, die sich ein wenig stellen und ein Gespräch mit ihr anfangen wollten, wünschte sie nur einen guten Morgen, aber nicht aus übler Laune, sondern weil ihr einfiel, daß es schon vor einer Weile sieben geläutet hatte. Da durfte sie neben und unter ihr kein Gras mehr wachsen und keinen Reisen vergehen lassen,*) wenn sie noch in der Küche und überall rechtzeitig fertig sein wollte, so daß die Stigerin keine Veranlassung mehr zu neuem Tadel fand. Und das sollte sie nicht. Lange genug schon hatte Dorothee hier, wenigstens halb und halb, das Gnadenbrot gegessen. Jetzt aber mochte sie nichts mehr geschenkt. Nur Magd wollte sie sein, eine fleißige, ja eine unentbehrliche Magd für ein gehöriges Hauswesen, wie das auf dem Stighof war. Dann konnte dem Vater und ihr das Gerede nicht lange schaden, welches über sie in Umlauf kam und vielleicht von heut an sogar noch ein wenig ärger wurde. „Gott und gute Menschen haben mir zu einer Zeit geholfen, wo ich selber gar nichts war, als ein armes

---

*) Scherzworte von Solchen, die da ein langes Ständchen machen. Grasboden ist überall im Thale, wo man von den schmalen Pfaden weg tritt. Im bereiften Boden bleiben daher die Spuren der Stehenden recht deutlich sichtbar.

hülfloses Ding, für das niemand als sein Elend um Hülfe, um Erbarmen flehte. Gott und gute Menschen sind aber überall und helfen, wenn man redlich das Seine thut." So tröstete sich das Mädchen, als allerlei trübe Gedanken kommen und ihm schwer, recht schwer machen wollten. Sie dachte daran, wie wunderbar Gott sie bisher geführt, wie ihr noch nie unbelohnt blieb, was sie that, und wie viel sie der Stigerin zu verdanken habe. Dafür wollte sie nun doch auch etwas sein in der Stunde der Prüfung und ihrer Erzieherin Ehre machen. Als Jos gestürzt, aus seiner Bahn geworfen, scheinbar vernichtet zu Hause lag, bekam Hans aus der Unterredung des Doktors mit dem Vorsteher einen Respekt vor ihm, daß es eine Freude war. Das galt ihr für ein Muster und Beispiel, daß sie sichs gar nicht anders gewünscht hätte.

Es war ihr ordentlich lieb, noch keinen Rauch ob dem hohen Hausdach zu sehen. Das Kochen war ja ihre Arbeit, und heute wollte sie zeigen, wie leicht sie auch eine versäumte halbe Stunde wieder einzubringen im Stande sei.

Fröhlich sprang sie die Treppe hinauf, und ohne vorher sich umgekleidet zu haben, eilte sie in die Küche, wo sie einstweilen Wasser zum Kaffee obs Feuer bringen wollte. Noch kein Verweis der zuweilen etwas strengen Stigerin hatte sie so erschreckt, wie jetzt die Entdeckung, daß hier schon gekocht worden, und ihre Stimme war unsicher, als sie in die Stube tretend, den am großen runden Tische sitzenden Hausgenossen einen guten Morgen wünschte.

„Für heut," bemerkte die Stigerin etwas rauh, „ists mit dem guten Morgen schon fast zu spät."

„Ja," stammelte Dorothee, „verspätet hab ich mich allerdings und viel ärger als ich selbst meinte; aber —"

„Aber!" fiel die Stigerin hastig ein. „Wenn Weihnachten auf einen Freitag fällt, so hört das Fastengebot auf und Fleisch darf essen wer will und bis man genug hat. Du bringst wol auch so ein Aber mit, welches die alte Hausordnung über den Haufen wirft? Ists nicht ein Ereigniß wie das, welches am heiligen Tage gefeiert und anpsalmirt wird, wenn einmal Jedermann dich ansieht und etwas dabei denkt? Das, wirst du gewähnt haben, sei schon werth, daß man von der Regel abgehe und eine halbe Stunde Dienst versäume?"

Dem armen Mädchen war das Wasser in die Augen gekommen, es schwieg.

„Ja, du kannst mir nun wieder Augen machen," eiferte die Bäurin, „es gibt Flecken, welche die salzigste Thräne nicht mehr aus dem Lebenswandel waschen kann."

Dorothee wollte nun auch reden, doch die Stigerin ließ ihr noch kein Wort. „Kurz und gut!" rief sie „heut machest du mich nicht mehr zum Narren wie vor Jahren einmal, als ich dich in einer bösen Stunde zum Erstenmale sah. Wär ich da nicht gar zu gut gewesen und hätte dich an uns gebunden, so hätten wir heut auf dem Stighof einen bessern Morgen als den, welchen du uns hintennach noch wünschen kannst. Wir haben dich emporziehen wollen und nun drückst du uns hinab. Der faule Apfel steckt nur die frischen an. Ich hätte wol wissen sollen, daß es gar nie anders, nie umgekehrt gehen kann, aber ich bin immer viel zu gut."

So gieng es noch lange fort, bis das Mädchen endlich erfuhr, daß die Stigerin schon alles wisse, was heut in der Kirche beobachtet wurde. Es gelte, so klagte die Mutter, schon überall für eine ausgemachte Sache, daß heut sich öffentlich bestätiget habe, was über Hansen und seine Magd schon seit länger in Umlauf gekommen sei. Man sage sogar schon, Hansen wär wol vor kurzem beim Beichten um kein Härlein besser als ihr gegangen, wenn er auch so redlich gewesen wäre wie sie, oder so klug, um die Sache richtig beurtheilen zu können. „Nun darüber," schloß die Stigerin „haben wir noch viel zu reden. Was man so sagt unter den Leuten, ist nicht wie Siegel und Brief, darum darf man sich nie gar zu viel kümmern, aber denn doch auch nie so wenig, daß man in deiner heutigen Lage noch die Stirn hat, den Leuten eine halbe Stunde lang ohne Noth groß in den Augen zu sein und wie eine Schandtafel für unsere ganze Verwandtschaft dazustehen, und besonders für den großen Einfaltspinsel da!"

Das war für Hansens Geduld zu viel auf einmal, wie wenig es auch immer scheinen mochte im Verhältniß zu dem, was er sonst immer ziemlich geduldig über sich ergehen ließ. Wenn er allein bei der Mutter war, so tadelte diese schließlich immer nur seine Unempfindlichkeit, wovon auch zuerst die Rede gewesen sein mochte. Heut aber ließ er sie dazu nicht mehr kommen. Was die Mutter über Dorotheen sagte, that ihm um so weher, weil auch er sich recht von Herzen über das Mädchen ärgerte. Was denn hatte sie, die er für die Unschuld selber hielt, so Großes zu beichten, daß der Kaplan es ihr nicht einmal abnehmen konnte? Sollte er sich auch hier wieder betrogen haben? Noch wollt er es nicht glauben, aber das „Einfaltspinsel" der Mutter traf ihn doch schmerzlicher als gewöhnlich und brachte ihn in jene Stimmung, wo er um jeden Preis widersprechen mußte, gerade wie wenn dadurch das etwa verlorene Ansehen rasch wieder zu gewinnen wäre. „Wenn die Geschichte mich besonders viel angeht," sagte er, „so sollte doch auch ich das erste Recht haben, darüber zu reden. Ein Bischen predigen werd ich wol auch können, sonst müßt ich ja gar keinen Blutstropfen von meiner Mutter haben. Aber zu einer gehörigen Predigt und schon voran als Fundament gehört ein schönes Evangelium. Für ein solches nun kann man denn doch die Vermutung und das Durcheinander von lieblosem Geschwätz nicht halten. Zuerst, bevor man Andern die Wege weisen kann, muß man doch auch selber wissen woran man ist. Ihr Weiber wollt alles mit Reden richten, ich aber kann und mag niemand die Meinung sagen, so lang ich noch gar keine eigene Meinung habe. Kurz und gut, in die jetzige Schwätzerei hinein will ich nicht noch ärger verwickelt werden."

„Eben darum, du Verblendeter, Undankbarer, hab ich mich wehren wollen."

„Zu spät, wie gewöhnlich," bemerkte Hans bitter.

„Warum zu spät?"

„Man hätte dem Krämer kein Thürlein offen lassen dürfen, wenn der seinen Unrath nicht herein bringen sollte."

„Du hast aber schon früher mit dieser Verwandt= schaft zu thun gehabt."

„Ja, und jetzt möcht ich gleich alles wiederholen was damals gegen den alten Sünder gesagt wurde. Doro= theen hat nur er so ins Geschrei gebracht. Aber mit derlei Mitteln fängt man Hansen nicht. Da gewinnt der Krämer wenig und macht seine Zufel nur noch un= glücklich wie die gute Angelika."

„An der Geschichte bin aber ich nicht schuldig."

„Dann ist die Lehre, die man daraus nehmen kann, um so wohlfeiler."

War Dorothee zum Theil froh, daß das Wetter sich so auf eine andere Seite zu ziehen schien, so that es ihr doch recht von Herzen weh, Mutter und Sohn so unfreundliche Worte wechseln zu hören. Solche Haus= kriege waren ihr immer ungemein peinlich, wenn sie selbst auch nichts zur Veranlassung derselben beitrug; heut aber hätte sie um alles in der Welt nicht mehr länger dabei zu sein vermocht. Für sich selbst hatte sie schon eine kurze Vertheidigungsrede nicht eben von höf= lichster Art zusammengestellt. Die würde sie gehalten haben, wenns noch länger in dem Ton fortgegangen wäre, welchen die Stigerin anfänglich anschlug. Jetzt aber vermochte sie das rechte Wort nicht mehr zu finden. Geräuschlos verließ sie die Stube, ohne noch an ihren Kaffee zu denken, der eingeschenkt auf dem Tische stand. Sie hatte weder Hunger noch Durst und war herzlich froh, daß es in der Küche noch so manches anzurichten gab, obwol sie nicht mehr mit der Freudigkeit arbeiten konnte, die ihr noch vor einer halben Stunde gar alles leicht gemacht hätte.

Unterdessen vertheidigten sich Mutter und Sohn immer tapferer; die Worte wurden um so weniger gewogen, als man endlich gewahr wurde, daß die Magd sich entfernt hatte. Die Stigerin sagte Hansen: „Er dürfe sich schon ein wenig einreden lassen, denn er habe doch für nichts Talent als für seinen Stall. Aber auch das nur so, daß er nicht einmal auf seinen Kopf ein Kälblein für zehn Thaler kaufen dürfe. In dem Stück arte er ganz nur seinem Vater nach. Dagegen gute Blutstropfen hab er von dem Seligen keine geerbt. Der habe doch seine Schwächen gekannt und sei daher immer fügsam und nachgiebig gewesen."

Ueber seinen Vater nun ließ Hans nicht so leicht etwas kommen, wie sorgfältig man es auch, gleich einer bösen Pille, ins Zwetschgenfleisch versteckte. Ja, er konnte der Mutter gegenüber es offen aussprechen, daß er den Guten noch jetzt bedaure und als großen Dulder verehre. Die Stigerin kam daher jetzt nur noch in der größten Erregung auf ihren Mann zu sprechen; dann verlor sie überhaupt alle Kraft zum Ueberlegen, während

Hans gerade im Zorn am klarsten zu denken schien. Auch heute sprach er sich so klar und entschieden aus, wie man es von ihm wol nie erwartet hätte. Er sagte: „Ich hab auch noch Blut von andern Leuten und schlage vielleicht nicht ganz aus der Art, wenn ich zuweilen ein Bischen eigensinnig bin und glaube, meine Herzensangelegenheiten — das sind wichtigere als die des Stalles — gehen niemand mehr an als mich."

„Redet man so jetzt?" rief die Stigerin aufspringend. „Bin ich die Mutter oder bist du sie?"

Hans saß ruhig am Tisch und machte ein ganz ernsthaftes Gesicht.

„Wenn du mein Mann wärst," sagte die Stigerin nach einer Weile, „so ließe sich das noch viel eher ertragen. Man weiß ja schon, wie die Männer alle sind. Dir aber, dem eigenen Kinde, das ich so klein und schwach gesehen, das ich mit so viel Mühe gehen lehrte und groß zog, dir kann und will ich den heutigen Morgen nie mehr vergessen. Das gräbt sich tief, tief ins Herz und thut recht grausam weh!" Sie zog das Taschentuch heraus und bedeckte das Gesicht.

„Thut man doch heut wieder einmal! und weiß kein Mensch warum es nötig wär," murrte Hans, der sich schon etwas schwächer fühlte.

„Nur deinetwegen, zu deinem Wohl."

„Oho!"

„Ja so ists, und wenn du nicht eben der Hans wärst, müßtest du das auch einsehen."

„Ich bin aber der Hans," sagte der Bursche, herzlich

froh, daß die Mutter so schnell wieder in eine andere Tonart übergieng.

„Ja, du siehst und merkst immer nichts, bis dir eine Kuh auf den Fuß tritt."

„Ich merke wol, wie man jeden Zufall herein zieht, um dem guten Mädchen, der Dorothee, böses Spiel zu machen."

„Nennst du das einen Zufall, daß ihr Beichtvater sie nicht einmal mehr lossprechen kann?"

„Der Kaplan hat nicht so viel erfahren als ich in der letzten Zeit an dem Mädchen gesehen habe."

„Was hast du denn gesehen?"

„Seit im Sommer," erzählte Hans, „die Zeit weiß ich nicht mehr so genau, kommt mir die Magd in gar allem ganz verändert vor. Nach der Kirchweih schien es mir mehrmals, als ob eine böse Krankheit in ihr stecken müsse. Trotzdem war sie unermüdet früh und spät wie sonst, ja fast noch fleißiger, wenn es sein konnte. Nur zuweilen, wenn sie sich nicht gesehen wähnte, stand sie wie angenagelt und gebannt, oder als ob sie etwas recht schwer drücke. Dann und wann hätt ich sie von Herzen gern heim geschickt ins Bett, aber wenn ich sie noch so freundlich anreden wollte, erschrak sie und redete so heilles närrisches Zeug, daß ich ihr im Aerger darüber zuerst vielmal kein gutes Wort mehr gönnen konnte. Jetzt aber weiß ich, daß man viel von dem, was sie über sich selbst und über Andere sagt, bei weitem nicht so grell nehmen muß wie sie es giebt. Es wär gut gewesen, wenn das auch der Kaplan gewußt hätte."

Die Stigerin, welche aufmerksam zugehört hatte, sagte mit seltenem Ernst: „Ich fürchte, daß auch du das nicht kennst und will aber Gott auf den Knieen danken, wenn du wenigstens keine Schuld hast."

Hans besann sich: „Das wegen dem Jos auf der Kirchweih allerdings hat sie sich recht grausam zu Herzen genommen. Fast nur um sie darüber hinaus zu bringen, hab ich dann ihren Bruder anstellen wollen, da sein Herumstreichen ihr viel Kummer machte."

„Sie hätt wol den Jos lieber gehabt?"

„Nein, sie hat nach der Kirchweih gesagt: der werde dem Stighof nicht mehr dienen."

Die Stigerin ward immer nachdenkender. Immer schneller zog sie den langen Rosenkranz zwischen den rundlichen Fingern herum. Plötzlich warf sie ihn auf den Tisch und im nächsten Augenblick würde Hans ihre Gedanken erfahren haben, wenn nicht eben Dorothee zur Thür herein gekommen wäre. Sie bat um Erlaubniß, nach dem Gottesdienste den Vater zu besuchen, und schloß mit der Bemerkung, daß sie noch selten mit einer solchen Bitte gekommen sei.

Diese Bemerkung war so überflüssig, daß die Stigerin, nachdem sie kurz ja gesagt, der wieder Forteilenden beinahe ängstlich nachsah. „Da ist nicht alles in Ordnung," flüsterte sie. „So scheu — so blaß. Es ist wie ich dachte. Für das Mädchen ist heiraten das Beste, für dich aber nicht, wenn du dir nichts vorwerfen mußt."

„Ich weiß nichts."

„Nun, angelogen haſt du mich noch nie. Dumm=
heiten machſt du ſchon, aber Schand auf die Verwandt=
ſchaft und ein Mädchen ins Unglück bringen wirſt du
nicht. Der Apfel fällt nicht weit vom Stamm, drum
wird es wol der Jos ſein. Wenn wir den Spitzbuben
doch nur nie ins Haus gelaſſen hätten!"

„Eine Liebſchaft?" fragte Hans ängſtlich.

„Eine Verführung, und wenn du noch nichts ge=
merkt haſt, ſo biſt du dümmer als dumm."

„Da kenn ich mich freilich nicht aus."

„Aber ich ganz gut. Alles wird nun dich dafür
hernehmen, drum iſts wol das Beſte, wenn man ihr ſo
ſchnell als möglich zum Heiraten hilft. Einige hundert
Gulden Heiratsgut können wir den Beiden ſchon geben
und dann gehts."

Hans war auf einmal ein ganz Anderer. „Jos,"
rief er, „der Lümmel hätte das Mädchen verführt? — ſo
hätten ſie uns hintergangen, und nun ſollten wir noch
Geld ausgeben und ihnen zuſammen helfen? Na, ſo
dumm iſt denn der Hans doch nicht!"

„Nur nicht ſo laut; ſie könnte dich hören."

„S i e ſoll und jedermann ſoll hören, daß der Hans
nicht auf den Kopf gefallen iſt."

„Aber damit verdirbſt du mir dann meinen Plan."

„Das will ich auch, wenn er ſo iſt, daß eine
Schlechtigkeit dabei noch belohnt werden ſoll!"

„Nun, dann magſt du es haben, wenn drei Gemein=
den von dir reden. Und das kommt gewiß, wenn wir
nicht helfen. Ich möchte Dorotheen gleich rufen."

„Nein, Mutter! Die drei Gemeinden sollen sich heiser krähen, wenn sie mir nur nicht so eine Dummheit nachreden können."

„Aber —"

„Nichts da — jetzt läutet es schon bald in die Kirche und wir sind noch nicht einmal gehörig angelegt. Es wär doch sicher Sünde, wenn wir wegen derlei Schneckentänzen auch nur ein halbes Vaterunser versäumen thäten."

Das alles sagte Hans in einem Athemzug und verließ dann hastig die Stube.

Zwanzigstes Kapitel.

Dorothee besucht ihren Vater.

„Dem unbeliebten Krämer wird auch die beste
Waare nur getadelt." Vom unbeliebten Geistlichen hat
man im Bregenzerwalde keine ähnliche Redensart, obwol
man auch gegen diesen durchaus nicht gerechter ist.
Schöner als unser Kaplan hat an diesem Sonntag wol
weit herum kein Geistlicher die Messe gesungen; trotzdem
ließ Dorothee sich nicht aus dem Lesen bringen, und
hatte nur einen mitleidigen Blick für die, welche dem
geübten Sänger lauschend, zuweilen ihre Gebetbücher
schlossen und es machten, wie auch sie früher es jeden
Sonntag gemacht hatte. Ja, wären die gesungenen Gebete und Psalmen deutsch gewesen, so hätten sie vielleicht
ihr frommes Herz über die Erlebnisse des Tages zu erheben vermocht; so aber kam es ihr beinahe widerlich
vor, daß ein frommer Mann so singen mochte nach der
wichtigen Unterredung, die er heute morgens mit ihr
gehabt hatte. Sorgte der denn gar nicht, wie sie das

alles in sich verwerchen*) und noch dazu das Gerede
der ganzen Gemeinde ertragen werde? Nein, dazu stand
er zu groß und zu prächtig droben auf den Stufen des
geschmückten Altars, und das Rauchfaß schwang er so
zierlich, als obs auf der Welt nichts Wichtigeres gäbe.
Dorothee kam sich wie eine Ausgestoßene vor. In ihrem
Stuhl wurde es ihr immer enger, und sie war herzlich
froh, daß sie endlich den vielen schmerzlich treffenden
Blicken, welche schon ihr Hiersein ihr zu verargen
schienen, wieder entrinnen konnte.

Ja, jetzt war sie nicht mehr so fest und sicher, wie
noch nach der Unterredung mit dem Beichtvater. Schon
der Empfang auf dem Stighof hatte ihr den Muth ge=
nommen, die Ruhe des Herzens erschüttert. Drum
wollte sie über Mittag zum Vater und ihm den Rest des
vor Kurzem erhaltenen Jahreslohns bringen. Da war
sie gewiß ein willkommener Gast. Wenn sie heim kam
und Geld brachte, dann sagte ihr der Vater in einer
Stunde mehr Liebes und Gutes, als sie sonst in einem
ganzen Jahr hörte und auch zu hören wünschte. Dieses
Schmeicheln und Loben des Vaters that ihr so weh, daß
sie, um es nicht mehr erleben zu müssen, schon seit einigen
Jahren den verdienten Lohn durch den Knecht auf dem
Stighofe heim tragen ließ. Heut aber mußte sie liebe,
gute Worte hören, wie selbstsüchtig sie auch immer ge=
meint sein mochten, mußte die Freude der Eigenen über
ihr Erworbenes sehen und — vielleicht doch auch theilen,

---

*) verarbeiten.

denn das blieb wol nun alles, was sie von ihrem bisherigen Leben hatte.

Sie eilte so schnell als möglich über den Platz.
Dennoch hörte sie, wie ein Freund des Jos mehreren
Bauern sagte, daß es dem Schneider ganz unmöglich sei,
die bestellten Sachen alle zur bestimmten Zeit zu liefern,
wenn er nicht einen Gesellen auftreiben könne.

Das gab Dorotheen wieder Muth. „Wenn auch
ein Ast unter den Füßen bricht," dachte sie, „so fällt man
drum noch nicht aus der Welt, sondern bloß vom Kirsch-
baum zurück auf den festen sichern Boden, der überall
fruchtbar ist und den Fleißigen nährt. Das Glück und
seine Kinder sind launisch! ich aber will stark sein und
trotzig werden wie Jos. O jetzt, erst jetzt versteh ich
ihn ganz."

Das Mädchen lief noch rascher und richtete das
Köpflein immer höher auf. Alles war vergessen, seit sie
sich in das kleine Stübchen dachte, wo jetzt der noch etwas
blasse Schneider und Gemeindeschreiber saß. - Was war
die ganze Herrlichkeit des Stighofs gegen ein Leben,
welches nicht hauptsächlich dem lieben Vieh, sondern den
Menschen diente. Wenn auf dem Stighof ein drei-
tägiges Kälblein kurz vor Mitternacht recht erbärmlich
schrie, so mußte alles aus dem ersten Schlafe heraus,
und kein Mensch fand mehr Ruhe, bis der Thierarzt auf
die eine oder die andere Art geholfen hatte; wenn aber
Jos um Hülfe rief, dann wars umsonst. Hansjörg hatte
nicht so unrecht, daß er lieber etwas anderes thun wollte,
als da Knecht sein, wenn es nur nicht etwas gar zu

Gefährliches gewesen wäre. Warum sollte er nicht lieber dem Jos bei seiner Arbeit helfen? Sie hätte sich doch nichts Angenehmeres denken können und glaubte daher, daß es ihr noch gelingen müsse, ihn zu bereden.

Mit solchen Gedanken langte sie vor dem kleinen Häuschen an, welches ihr Vater seit seiner Verehelichung bewohnte. Die schwere, niedrige Hausthür war noch geschlossen und nichts regte sich, bis des Vaters kleiner Pudel das Mädchen wie eine Landsfremde wild anbellte. Ach, so fremd war sie hier, daß nicht einmal der Wächter des Hauses sie kannte! Das wär wol anders gewesen, wenn die Mutter noch gelebt hätte. Machte sie die Noth auch hart, so hatte sie doch ein Herz für ihre Kinder und wäre gewiß nicht dahin zu bringen gewesen, daß sie den Hansjörg verkauft hätte. Aber die Lebenden müssen sich selber helfen. Die Mutter war vielem Bösen durch den Tod entronnen. Da neben dem früh gealterten, durch bittere Erfahrungen lieblos, hart, selbstsüchtig gewordenen Vater, dem wilden Bruder und der kränkelnden Schwester hätte sie ein Leben gehabt, wie man es ihr nicht wünschen könnte. Man mußte Gott danken, daß die so Empfindliche von dem erlöst wurde, was sie doch nicht anders zu gestalten vermocht hätte.

Dorothee saß auf der Bank neben der Hausthür, erwartete die Heimkehr des Vaters und sann und betete, bis sie in der Stube einige Tritte zu hören meinte. Die kleinen Fensterchen waren zwar niedrig genug, aber zu trüb und verklebt, als daß man hätte sehen können, wer sich drinnen geregt. Eins der Ihrigen aber mußte es sein, da der Pudel sofort zu bellen aufhörte und sich neben die Thürschwelle legte.

„Ja so, du kommst endlich wieder einmal," rief eine schwache, heisere Mädchenstimme. Die unvermutet Angeredete fuhr erschrocken auf und erblickte hinter einer in die Verklebung des Fensters gerissenen Oeffnung das bleiche Gesicht ihrer Schwester.

„Bist du denn nicht in der Kirche gewesen?" fragte sie Marien, als diese gleich darauf die Hausthür aufschloß.

„In der Frühmesse wol, so weit ich sie nicht verschlief, wie das leicht geht, wenn man mehr als die halbe Nacht arbeitet. Vormittag hab ich eine Stickerei fertig machen müssen, die gleich nach dem Essen abzugeben ist."

„So so," sagte Dorothee, der es nicht recht war, daß also auch die Schwester sie in der Frühmesse gesehen und vermuthlich schon da von ihrer ungültigen Beicht gehört hatte.

„Du mußt mir nicht verargen, was mir sogar der Pfarrer erlaubt hat," sagte Mari, die sich Dorotheens trüben Blick ganz anders erklären zu müssen meinte. „In den letzten Nächten hab ich mich fast blind gearbeitet, um doch den Sonntag feiern zu können, aber es war alles umsonst. Wenn ich dich erwartet hätte — mit deinem Lohn — hätt ich mir freilich etwas mehr Zeit gelassen."

„Du solltest wirklich nicht so streng, ja du solltest gar nicht sticken. Der Doktor hat es dir doch schon vor Jahren verboten."

„Er sollte kommen, der Doktor, sollte neben dem Vater leben und für ihn den Tisch decken müssen! Die Herren haben gut reden."

Dorothee schaute die Schwester traurig an. Das war einst in der Schule weitaus das schönste Mädchen, wenigstens in den ersten Schuljahren. Dann aber wurde sie zum Sticken gehalten, daß sie nie mehr eine freie Stunde hatte. Die Lieferanten von Stickereien streckten dem Vater von Herzen gerne ziemlich bedeutende Summen vor, um die beste Stickerin der Gegend recht lang an sich zu binden. So mußte sie denn arbeiten, bis sie so bleich wurde, wie sie jetzt, etwas nach vorn gebeugt, vor Dorotheen stand. „Aber am Sonntag solltest du dir doch Ruhe gönnen," sagte sie mitleidig.

„Auf das hin," antwortete Mari hüstelnd, „muß ich dir sagen, was ich schon dem Doktor gerne gesagt hätte. Man darf nicht glauben, ich sei gern bei der Stickerei gesessen, wenn meine Schulfreundinnen früher vor dem Hause sangen und spielten, oder Abends, wo es oft so lang währte, daß der Vater mich wach machen mußte mit einem gräulichen Fluch."

„Hat der denn gar nie genug?" fragte Dorothee mit schlecht verhaltenem Unmuth.

„Sei doch nicht bös über ihn, ich verdiene mir mit allem Fleiß nicht einmal das tägliche Brot. Die meisten Stickerinnen sind hier nur so nebenbei, mehr zum Zeitvertreibe bei der Nadel. Sie kümmern sich daher auch nicht viel um den Lohn. So behält der Lieferant den Wurf in der Hand und unsereins kann nichts Besonderes anfangen, wenn seine Arbeit auch mehr werth wäre, als die von Stickerinnen, deren Hände an viel rauhere Arbeiten gewöhnt sind. Kaum einmal bekomme ich so feine Arbeit als ich mir wünschte. Nur in der letzten Zeit hab ich etwas für eine Ausstellung machen müssen. Ich bin dem Herrn in der Schweiz drüben dankbar, daß er mir so schöne Arbeit überließ, wenn ich auch täglich nur zehn Kreuzer verdiente. Ich hab einen großen Fleiß gehabt und glaube, daß die Arbeit ihm Ehre machen werde."

„Und du hast nichts als täglich zehn Kreuzer?"

„Und in der Nacht noch zehn, wenn ich arbeite, bis mir alles vor den Augen herumtanzt."

„Es ist ein Elend!"

„Heut unter dem Gottesdienst ist es mir gewesen wie damals, als die Kinder vor dem Hause spielten. Ich bin mir vorgekommen als eine, die an nichts auf der Welt ein Recht hat."

„Leidet ihr denn wirklich Noth?"

„Ja, Hunger!"

„Hunger?" fragte Dorothee erschrocken. Was waren dagegen ihre kleinen, meistens nur eingebildeten Leiden und Sorgen! „Großer Gott!" rief sie aus, „ich helfe doch so viel ich kann!"

„Davon sagt auch niemand; aber wir beide verdienen nicht viel und Hansjörg steckt alles nur in seinen Handel und sagt, daß er sich schon einmal für uns habe verkaufen lassen. Ja, Schwester, der Friede fehlt und damit der Segen Gottes und alles. Die Beiden reden vielmal gegen einander, daß ich in den Boden versinken möchte, oder gleich davon laufen, wenn ich nur wüßte wohin."

„Ach, daß ich doch recht und für immer zu helfen vermöchte!"

„Du wirst das schon können, wenn du einmal auf dem Stighof zu befehlen hast. Mir und dem Vater ist das jetzt immer der beste Trost —"

Dorothee sank auf eine Bank zurück. Mari bemerkte nicht, wie weh sie der Schwester mit diesen Worten gethan hatte, denn sie sah den Vater kommen und erinnerte sich nun daran, daß sie zur Bereitung des gewiß schon fertig erwarteten Mittagsmahls noch nicht einmal Feuer angemacht habe.

Sie schickte Dorotheen aus dem etwas kühlen Vorhaus in die Stube, damit sie unbemerkt ein Ei und etwas gutes Mehl zur Bewirtung des seltenen Gastes in der Nachbarschaft auftreiben könne.

Dorothee begab sich in das dunkle Wohnzimmer mit dem großen Ofen und den schwarzen Wänden. Nirgends ein Schmuck oder etwas, das das Auge zu fesseln vermochte. Die Erinnerungen, die in Dorotheen erwachten, kamen ihr wie ein böser Traum vor. Sie dachte an die freundlichen Zimmer auf dem Stighof und sagte sich, daß es doch nur Ehrensache für Hansen wär, auch wieder einmal an dieses Nest zu denken.

„Bist du auch da?" redete sie der Vater etwas unfreundlich an und gieng dann, ohne ihr noch einen Blick zu gönnen, rasch in der Stube auf und ab.

Heute schien keines der glatten Worte kommen zu wollen, mit welchen sonst ihr Lohn und ein besonderer „Gruß" der alten Stigerin erwartet wurden. Das erschreckte sie noch mehr, als was sie schon von der Schwester hören mußte. Sie wäre gern zu dieser in die Küche, doch wagte sie sich nicht mehr zu regen, als des Vaters kurze gedrungene Gestalt sich wie drohend hart vor sie hingestellt hatte. Lange saß sie zitternd und schweigend, bis sie endlich Muth gewann, der ihr unerträglich gewordenen Stille ein Ende zu machen. „Wie lebt Ihr, Vater?" fragte sie mit bebender Stimme.

„Von einem Tag in den andern, wenn das allenfalls auch gelebt heißt," antwortete das Mathisle, indem es sich zum Lachen zwang. Es gelang ihm aber so schlecht, daß es den Versuch sofort wieder aufgab und sich seufzend auf einen alten Lehnstuhl warf.

„Fehlt Euch etwas?" wagte das Mädchen wieder zu fragen.

„Alles."

„Ich hab Geld mitgebracht; freilich ist es nicht gerade mehr viel, aber —"

„Das wär wenigstens das. Nur her mit! Ich höre Hansjörgen, den Lümmel, schon vor der Thür, und was der einmal sieht, hat unsereiner gesehen."

Dorothee zog ein kleines Beutelchen heraus, welches ihr der Vater sofort entriß und einsteckte. Dann durchschritt er etwas langsamer als vorher die Stube und begann vom Wetter zu reden. Hansjörgen, der die Schwester kühl, aber doch freundlich begrüßte, schien des

Vaters lange Lobrede auf die wunderschönen Herbsttage
verdächtig vorzukommen. Lächelnd bemerkte er: „Es ist
doch ein Glück, daß es immer so genug Wetter gibt.
Immerfort hat der Vater etwas in dasselbe zu wickeln,
und besonders erst halb fertiges Zeug liebt er darin zu
verstecken. Aber gar so viel Wetter können wir doch in
dem elenden Reste da nicht brauchen, drum will ich gleich
eine Ladung mit hinaus nehmen; auf die Art gibts
Platz und können wir nachher um so näher zusammen
rücken."

Gar so schlimm konnte er doch nicht sein, der das
jetzt so gemüthlich sagte, nur um eine leicht zu machende
Beobachtung auszusprechen, nämlich die, daß man ihn
hier noch nicht vermissen würde. Er sollte jedoch dieses
Gefühl nicht länger haben. „Bleib nur da," sagte die
Schwester, und hätte gern etwas recht Witziges beigefügt,
wenn ihr nur auch etwas eingefallen wäre. Ihr aber
gieng das Spötteln hier nicht so leicht wie dem Bruder,
der sich nun auch über Marien lustig machte, da diese
unter die Stubenthür kam und rief: daß sie sich wahr=
haft schäme, weil sie nicht einmal etwas Ordentliches
aufzutischen im Stande sei. „Wenn du dich schämst,"
entgegnete er, „so brauchst du nicht vor uns zu stehen
wie ein magerer Küchenzettel, sondern du kannst dich in
den Mehltrog verstecken und mit dem Schmalztopf läuten,
bis dein Schmarren verzehrt ist."

Das nun aber war denn Dorotheen doch gar zu
arg, und bei nächster Gelegenheit wollte sie den Bruder
ernstlich daran erinnern, daß so etwas nicht einmal für

Unbetheiligte ein Spaß sei, geschweige denn für solche, die darunter leiden müßten. Zu dieser Predigt aber kam sie nicht, hatte dagegen bald Ursache, dem Bruder dankbar zu sein, daß er alles niederspotten konnte, was wie ein böses Gespenst sich aufrichten und Schwermut erregen oder Unfrieden stiften wollte.

Unter dem Essen pflegen die Bregenzerwälder sehr wenig zu reden. Arme und Reiche löffeln schweigend ihre Suppe aus der für alle mitten auf den Tisch gestellten großen Schüssel, und wischen alsdann den mit den Anfangsbuchstaben ihrer Namen bezeichneten Löffel am Tischtuch ab, was immer so viel heißt als: Ich habe genug und ihr könnt mit dem Dankgebet anfangen. Hansjörg aber, der die üble Stimmung der Tischgenossen sah, schien viel mehr an die Erheiterung derselben, als an die Stillung seines Hungers zu denken. Besonders gern beschäftigte er sich mit den Thorheiten der Angesehensten in der Gemeinde. Für Dorotheen hatte dieses schonungslose Bloßlegen menschlicher Schwächen anfangs etwas ungemein Peinliches. Bald aber sah sie im Bruder nicht mehr nur den scharfen Beobachter, der aus der Welt herein für die heimatlichen Verhältnisse ganz einen andern Maßstab brachte, sondern einen herzguten Menschen, dem die Welt wol wie ein aus erbärmlichen Kleinigkeiten zusammengesetztes Wehhaus vorkommen mochte, der ihr auch wirklich zuweilen mit dem halben Gesichte zu lachen und mit dem halben zu weinen schien. Recht lieb ward ihr Hansjörg, als sie einmal zu merken meinte, was er niederspotten und was darüber aufrichten wollte.

Er schien ihr etwas, ja ziemlich viel vom Jos zu haben, drum gieng denn auch ihr das Herz auf und sie sprach einen Gedanken aus, den die bitteren Klagen der Schwester in ihr geweckt hatten. „Dem Jos" begann sie, „hast du vorgerechnet, es sollte jeder sein eigener Brotherr sein. Dem Jos wolltest du auch dazu helfen, warum nicht ebenso dir und den Deinigen? Mit dem Geld, welches du in den Handel steckst, könntest du doch auch ein kleines Gütchen, eigene Arbeit kaufen."

„Ja, ein sehr kleines Gütchen, welches wol Arbeit machte, mich aber nicht nähren hälfe."

„Warum nicht? Andere Leute —"

„Gut'— andere Leute stehen auch nie auf dem Fleck Welt, wo ich just bin. Ein Bauerngut ist ein Werkzeug, wie eine Nadel, aber eins, das nur ein Kapitalist sich anschaffen kann."

„Es muß aber doch auch seinen Zins tragen."

„Nur den, der noch darauf liegt, und das ist in der Regel der wirkliche Werth des Anwesens. Man bringt aber auch ein Opfer, wenn man so ein Werkzeug will, man zahlt mehr als den wirklichen Werth. Auf einem großen Anwesen bringt man sich noch durch, auch wenns gerade um das zu theuer ist, was man als eigenes Vermögen besaß; drum trachten die Bauern, die sich doch mit dem Hofe nur abgeben, so sehr auf Vergrößerung ihres Grundbesitzes, daß im Kleinen gar nicht mehr anzufangen ist."

Hansjörg mußte lang reden, bis es Dorotheen klar war, daß nur durch dieses Opferbringen für das Werkzeug der Preis der Bauerngüter bestimmt und mit dem durch den Holzhandel und dergleichen wachsenden Geldreichthum so regelmäßig hinauf getrieben werde, daß es schon zum voraus zu berechnen sei. Es war ihr heut eine Erholung, sich mit solchen die ganze Aufmerksamkeit fordernden Gedanken zu beschäftigen. Um so schmerzlicher traf es sie, als Hansjörg schließlich sagte: „Nun siehst du, wie schwer es geht. Ich bin schon zu alt, um noch reich zu werden, du aber machst am klügsten, daß du auf den Stighof kommst. Dann, wenn einmal der dicke Hans weg ist, kann auch ich mein Glück bei der Zusel wieder versuchen."

„Ja, wenn!" rief das Mathisle, wischte den Löffel haftig ab, ließ sein Messer zuschnappen und begann dann das übliche lange Tischgebet so schnell, daß die Andern ihm kaum zu folgen vermochten. Dorothee, der Hansjörgs letzte Worte einen doppelten Stich ins Herz gaben, hatte noch selten so zerstreut gebetet. Wol hätte sie für die Eigenen sich zur Herrin auf dem Stighof heiraten lassen mögen, so lang sie sich nicht besser kannte; nun aber war das gegen ihr Gewissen. Sich schon so auf den Webstuhl gespannt und in hundert verschiedene Berechnungen eingezettelt zu sehen, kam ihr jetzt doppelt unheimlich vor. Dieser Hansjörg konnte so gut rechnen und sagen, was Andere können und sollen, er aber that nichts als reden. Wie anders war der Jos! Die besprochene Berechnung — sie war richtig und eine Menge Beispiele dafür konnten leicht in der nächsten Umgebung gefunden werden — kam gewiß von dem guten Burschen.

Aber der rechnete dann auch für sich einen Weg heraus, auf dem er mit seiner armen Mutter in Ehren durch die Welt kommen konnte. Sie nahm sich vor, das dem Bruder ernstlich ans Herz zu legen. Dieser aber verließ gleich nach dem Tischgebete die Stube, indem er sagte, „daß Dorothee nicht seinetwegen gekommen zu sein scheine und er daher auch nicht länger stören möge."

Als es zum Nachmittagsgottesdienste läutete, wollte auch Dorothee mit ihrer Schwester, welche die fertige, wirklich zierliche Stickerei in ihr bestes Taschentuch eingeknüpft hatte, die düstere Behausung verlassen. Doch das Mathisle befahl ihr zu bleiben, da man noch allerlei zu besprechen habe. Er gieng der Schwester nach, um die Hausthüre zu schließen und kam dann schnell wieder in die Stube zurück.

Dorotheen ward himmelangst, obwol der Vater jetzt bedeutend ruhiger schien, als da sie ihn zuerst gesehen hatte. In seinem unsicher und scheu herumirrenden Blicke suchte sie zu lesen, was nun kommen solle, bis er endlich fragte: „Warum hat dich der Kaplan heut nicht losgesprochen?"

„Weil ich nicht versprechen wollte, meinen Dienst sogleich zu verlassen."

„Aber was um Gottes Willen hast du denn auch gebeichtet? du große Einfalt!"

„Eigentlich gar nicht viel. Er wollte nur wissen, ob Hans mir manchesmal etwas geschenkt habe."

„Das geht doch die Herren gar nichts an!" fuhr das Mathisle auf. „Soll man denn bloß für ihre

Missionen und in ihre Klöster hinein schenken dürfen, die Eigenen seiner Dienstboten aber verhungern lassen? O geh mir doch mit dieser —"

„Vater, ich bitte, redet doch nicht noch etwas Sündhaftes, erzürnet nicht auch den lieben Gott! Was habt Ihr in dem Elend als seine Gnad und seine Liebe?"

„Er soll nur einmal kommen, dieser gerechte Gott, und soll gehörig drein schlagen, daß man wieder ein wenig Respekt vor ihm bekommt. Jetzt geht es zu in dieser seiner Welt, daß man gar nicht mehr weiß wo er ist."

„Ach, Vater, wenn Ihr so redet —"

„Er soll nur auch die beim Kopf nehmen, die mich zur Verzweiflung bringen. Wenn er alles gar so genau nähme, so könnten gewiß nicht mehr alle Kapläne davon erzählen, und ich hätte schon eine viel bessere Welt angetroffen. Aber sag, was hast du noch mehr gebeichtet?"

„Das muß ich nicht und will ich nicht," sprach Dorothee, sich stolz aufrichtend, mit fester Stimme.

Einen Augenblick sah sie das Mathisle fast erschrocken an, dann frug es spöttisch: „Was willst du denn, Mädchen?"

„In die Kirche, denn es ist die höchste Zeit."

Mit einem Lehnstuhl bewaffnet stellte sich der kleine Mann vor die Stubenthür und schrie: „Du bleibst mir da und erzählst mir alles, oder es gibt ein fürchterliches, ein doppeltes Unglück. Ich merke, daß ich mich nicht mehr bezwingen kann. — Sage nur gleich, was hast du gebeichtet?"

„Nichts — als was ich schon gesagt habe."

„Nichts — überall nichts," jammerte der Vater. „Mit nichts kommt man zu nichts. Du Närrin, warum läufst du zur Kirche, wenn du nichts zu sagen hast? Der Kaplan hielt das wol nicht für möglich, glaubte nur eine Heuchlerin vor sich zu haben und darum wurdest du nicht losgesprochen."

„Aber ich hab mir, so wahr mir Gott helfen möge, gar nichts vorzuwerfen!"

„Bald genug wirst du auch nichts mehr zum Einstecken haben. Ich wollte lieber, daß du uns recht viel vorzuwerfen hättest."

„Der Kaplan verstand mich nicht. Ich bleib darum aber doch im Dienst und will auch immer nach Kräften helfen."

„So lang das geht; aber wie lang wähnst du Tröpflein, daß du noch bleiben könnest, nachdem du so herabgesetzt bist? Kurz und gut, jetzt ists aus. Die Stigerin wird dich nicht mehr im Hause lassen."

„Ich hab aber doch nichts Unrechtes gethan."

„Das ist mir nur ein schlechter Trost."

„Vater!"

„Ich weiß was ich will, du aber willst mich umbringen mit deiner dummen Ehrlichkeit. Für Leute von unserer Art ist die liebe Tugend ein theurer Spaß. Wir müssen selbst schieben oder wir werden geschoben. Ist es recht gewesen, den Hansjörg unter die Soldaten zu lassen? Recht? Lächerlich! Aber klug war es, wenn man auf dich rechnen konnte. Mit der Zusel ists aus gewesen, da hats nun gegolten, den Hans anzubinden an sein Gewissen. Bloß den Krämer mit seiner Forderung hätt ich allenfalls schon noch abfertigen können."

Das Mathisle redete mit einer Kälte, die Dorotheen das Blut beinahe zum Stehen brachte. Nun aber fuhr es wild auf: „Der Bursche konnte todt, zum Krüppel geschossen werden, dennoch hab ich ihn gewagt, um den Töchtermann zu fangen. Durch dich aber, du närrische Tugend, hab ich beide verloren. Dein Ruf ist hin durch deine Schuld, und auch uns hast du die ganze Zukunft verdorben."

„Ich hab aber doch nichts gethan."

„Das ist der Trost jedes Faulenzers, aber damit bringt man es nicht weit. Ich wollte bei Gott lieber, der Kaplan hätte Grund gehabt, dich nicht loszusprechen. Aber so wegen nichts und wieder nichts aus allem heraus und so ins Geschrei hinein zu kommen, das — ja, Mädchen, das ist schon zum Wüthendwerden!"

„Aber," wagte Dorothee dem wirklich beinahe rasend gewordenen Vater zu erwiedern, „Ehrlich währt denn doch am längsten. Hansjörg mit aller List und Berechnung bringt es auch zu nichts, wie mutig, ja toll er es auch anfängt; dagegen...."

„Hansjörg ist ein Lümmel. Er mag nicht und du kannst nicht; aber was hast du noch mehr sagen wollen?"

„Dagegen kommt Jos in Ehren, und wenn auch langsam, doch sicher immer mehr empor."

„Hab ich mir doch gedacht, daß es da steckt!" schrie das Mathisle und schwang den noch immer krampfhaft festgehaltenen Stuhl um sich herum, daß er surrte.

„Herrgott im Himmel! Also darum nur mußt du beich=
ten? Du dummes, leichtsinniges, elendes Ding bringst
mich noch rein um!"

„Vater!"

„Nichts mehr, kein Wort mehr dein Lebtag, du
verfluchter und vermaledeiter Balg, wenn du noch etwas
mit diesem Schneider, diesem hergeschmuggelten Bettler
zu thun hast."

„Aber —"

„Schwöre mir ihn ab, gleich, bei allem was du
hoffest und wünschest, was dir heilig und trostreich ist."

Draußen begann der Hund zu bellen. „Vater,"
stammelte das Mädchen, „wenn jetzt jemand kommt —?"

„So wird man etwas Gräuliches, unsere ermor=
deten Leichen sehen, wenn du nicht schwörst."

„Ach du mächtiger, grundgütiger Gott!" jammerte
Dorothee.

Der Vater mit seinem Stuhl kam näher. Er
schwang ihn so gewaltig, daß er an der niedrigen Decke
der Stube ein Bein abschlug. Das Hundsgebell wurde
wilder.

„Dorothee!" stammelte der Wüthende.

„Ich schwöre ja!" schrie das Mädchen, und sank
auf die breite Ofenbank zurück.

Das Mathisle stand lange stumm und bewegungs=
los, als ob es sich auf das eben Vorgegangene besinne.
Dann wollte es sehen, was dem Kinde fehle, welches
wie leblos auf der Bank lag. Da bellte der Hund noch
wilder. Wer um Gottes Willen kam denn jetzt? Es

eilte, wieder mit dem Stuhl bewaffnet, ans Fenster, und sah nun den Krämer mit einem überkindeten*) Bauern vorüber, vermuthlich seinem Walde zuschreiten. Die Beiden warfen dem treuen Wächter Steine nach und machten ihn so wüthend, daß ihn auch das noch immer zitternde Mathisle kaum zu beschwichtigen vermochte.

Bis es ihm gelang, unbemerkt von den Vorübergehenden das aufgeregte Thier zu sich ins Haus zu locken und zum Schweigen zu bringen, hatte sich seine Stimmung bedeutend gemildert. Mit einer gewissen Scheu gieng er langsam in die Stube zurück, wo er Dorotheen noch gerade so traf, wie er sie — nach seinem Dafürhalten schon vor langer Zeit — verlassen hatte.

So leise wie nur möglich setzte sich der Mann auf die knarrende Bank und wagte kaum zu athmen, bis das Mädchen, endlich sich langsam aufrichtend, wie im Traume sagte: „Ach Gott, wie war das eine böse, eine schreckliche Stunde!"

„Ich bin weit getrieben worden," stammelte der Vater. „Ich will und muß auch Gewalt brauchen, wie der Krämer. Der aber hats angefangen und ist viel der größere Sünder als ich; den müßte Gott zuerst, lange vor mir strafen. Einmal hab ich an die Gerechtigkeit geglaubt, jetzt aber weiß ich, daß man sich selber helfen muß, so gut oder so schlecht man kann."

„So will ich meinen Vater nun nicht mehr hören!" rief Dorothee. Mit furchtbarer Kraftanstrengung sprang

---

*) der zu viel Kinder hat.

sie auf und verließ die Stube. Der Vater suchte sie nicht mehr daran zu hindern. „Wir haben uns verstanden," sagte er scharf. „Gewalt für Gewalt, wenn die göttliche Gerechtigkeit schläft. So lang die Reichen mit den Menschen machen wie sie wollen, so lange Gott dem Krämer sein Handwerk nicht legt, gilt zwischen uns, was wir eben ausgemacht haben."

Unter der Stubenthüre kehrte Dorothee sich noch einmal um und schien etwas sagen zu wollen. Sie warf einen langen wehmütigen Blick in die dunkle, unfreundliche Stube. Dann plötzlich drehte sie sich um und verließ das Häuschen so schnell, als ob der Boden unter ihren Füßen zu brennen begonnen hätte.

Einundzwanzigstes Kapitel.

Wie Dorothee die Lossprechung bekommt.

Als Dorothee wieder im Freien war und sich von einem frischen, kräftigen Lufthauch angeweht fühlte, wollte das eben Erlebte ihr nur noch wie ein schrecklicher Traum vorkommen. Hatte sie so Ungeheures wirklich gesehen und gehört? oder war es nicht vielmehr eine Vorstellung aus jenem Zustande, in dem sie ziemlich lang auf der breiten Ofenbank gelegen sein mochte? Sie besann sich, wie es denn vorher gewesen, bis sie wirklich den Vater wieder sah mit dem Stuhl in der Hand und seine Worte nochmals zu hören meinte. Es war aber alles das so — närrisch, daß sie selbst diesen Vorstellungen, wie sie sie auch erbeben machten, noch immer nicht glauben wollte. Das fromme Mädchen war, wie beinahe jede Bregenzerwälderin, von der Schule auf gewöhnt, in allen Ereignissen einzig bloß Belohnung und Strafe des gerechten Gottes zu sehen. Das heutige Erlebniß aber wußte sie mit nichts aus ihrer Vergangenheit in Zusammenhang zu bringen. Hatte sie, der traurigen Lage der hülflosen Ihrigen gedenkend, sich in der letzten Zeit auch als Herrin auf dem Stighofe gewünscht, so that sie das gewiß niemals aus Selbstsucht und es war zu hart, daß der Vater, für den sie sich opfern wollte, sogar an den guten Jos zu denken verbot. Unrecht, ja wol sogar Sünde — das gestand sie sich nach langer, sorgfältiger Gewissenserforschung — war es freilich gewesen, daß sie schon ganz im Ernste an eine Verehelichung mit Hansen dachte. Sie schätzte den Burschen — und vermuthlich nur der erhaltenen Wohlthaten wegen — zu hoch und verzieh ihm zu viel. Hatte sie es doch noch gar für eine Gnade gehalten, daß er sie nicht aus dem Dienste jagte, nachdem sie ihm wegen seiner Treulosigkeit gegen Jos ein wenig die Meinung gesagt. Und schon vor Jahren fand sie es ganz in der Ordnung, daß der Bruder seine Freiheit, seine Zukunft um ein Sündengeld an den reichen Burschen verkaufen mußte. Wars zum Verwundern, wenn man jetzt, wo das erhaltene Geld verbraucht sein mochte und sich an Hansjörgen die Folgen jenes Bluthandels zeigten, vom Stighof einen weitern Ersatz zu fordern sich berechtigt wähnte? Mußten Vater und Bruder nicht annehmen, sie betrachte Hansen schon als den Künftigen, da sie nicht ein tadelndes Wort für jenen bedauerlichen Handel hatte? Sie hätte mit Zusprechen und Bitten das alles verhindern können. Auch der Bruder war, wie sie, zu einem furchtbaren Eide gezwungen worden, der alle seine Hoffnungen zerstörte und ihn, den trotzig gewordenen, zum Kriege trieb gegen die gesellschaftliche Ordnung. Nun hatte das Mädchen die Schuld gefunden, welche es büßen zu müssen meinte. Schaudernd blickte es zum tiefblauen Himmel empor, und dankte dem Gerechten für diese Erkenntniß, die ihm in diesem Augenblicke wirklich ein großer Trost war und Kraft verlieh, auch dem Aergsten mutig und voll Vertrauen auf den weisen Leiter der Menschenschicksale entgegen zu gehen. Jetzt mußte sie die Folgen früherer Herzlosigkeit tragen; einmal hätte sie es anders machen können. Freilich wäre dadurch all dieses Elend nicht unterblieben; Hans hätte doch einen Ersatzmann gekauft und vermuthlich das Lebensglück eines Andern zerstört. Sie und die Ihrigen trugen nur am Elend, an der Noth der ganzen Klasse. Arme Leute mußten sich eben verkaufen lassen auf die oder auf jene Art; drum wars, wenn auch nicht recht, so doch erklärlich, daß der Vater, der das wol oft im Leben erfuhr, den höchsten Preis aus ihr lösen wollte. Lange stand Dorothee auf der Brücke, die über die Aach führt, und beschäftigte sich mit diesen neuen Gedanken, bis sie, trotz Sonnenschein und warmer Herbstluft, wie im strengsten Winter zu frieren begann. Nur schon weil sie arm war, mußte sie für eine listige Verführerin gelten, die den reichen Burschen um jeden Preis in ihr Netz zu bringen suche; der Besuch daheim, und was sie da zu erleben hatte, bewies deutlich genug, daß dieses Vorurtheil gegen die Armen auch nicht ganz unbegründet war. Macht denn das Geld auch tugendhaft? fragte sich das Mädchen, blickte aber dabei nicht mehr zum Himmel empor, sondern nieder in den Strom, der unter der Brücke dahinbrauste.

Wenn jetzt die Brücke zusammen gebrochen wäre — dann hätte doch alle Noth ein Ende gehabt … für sie wenigstens; die Ihrigen freilich . . . . . .

„Du wirst dir da nicht etwa gar noch ein Leid anthun wollen?" fragte die helle, klangvolle Stimme der Kronenwirtin das Mädchen, welches über dieses Errathen seiner Gedanken noch mehr als über die unvermuthete Anrede der Frau erschrak, die ohne bemerkt zu werden bis hart neben Dortheen heran getreten war.

„Ich wollte nur — ich komm eben vom Vater herüber," stammelte die Verlegene.

„Ich glaub schon, daß es nicht so weit mit dir ist, aber eben drum solltest du dich auch nicht öffentlich in so einen Verdacht bringen. Die Kirche ist aus und mehr als hundert Augen blicken von allen Seiten auf dich. Was man dabei denkt, kann ich, die sonst doch nicht eben zu den Bösdenkenden gehört, mir selber abnehmen."

Dorothee schloß unwillkürlich die Augen.

„Ich hab dich von meinem Haus aus gesehen und bin geschwind herüber, um dich zu holen, denn mir fiel etwas Schlimmes ein. Jetzt aber seh ich, daß dir gar nicht wohl ist. Du zitterst, als ob es Winter wär, und dabei glühen deine Wangen wie im Fieber. Komm nur mit mir und trink vor allem ein kräftiges Glas Wein; das wird dir wohl thun an Leib und Seele. Unterdessen verlaufen sich dann die Leute wieder ein wenig. Es wird dir lieb sein, nicht gar so vielen Blicken zu begegnen."

„Ich bin ein armes Mädchen," sagte Dorothee, „das ist das Einzige, dessen ich mich zu schämen hätte."

„Vor mir nicht," sagte die freundliche Wirtin. „Wenn das das Aergste ist, so richte dein Köpflein nur wieder auf und denke, du seiest noch lange nicht am schlimmsten dran."

„Aber schlimm genug," meinte Dorothee, welche der Wirtin langsam folgte.

„Du hast Recht — wenigstens zum Theil. Nennt man doch im gewöhnlichen Leben das Betragen eines lüderlichen, streitsüchtigen und unredlichen Menschen ein ärmliches. Er thut ärmlich! damit ist einem sein Urtheil gesprochen."

„Ja," fiel Dorothee leidenschaftlich ein, „und wenn man es anders will und nicht sein Herz und die Ruhe des Gewissens ums Geld verkauft, so handelt man gegen die Ordnung und mag es büßen. Nirgends wird man verstanden, nirgends mehr geschätzt."

„Ach Mädchen, was mußt du gelitten haben, daß du so urtheilen lerntest! Aber gar so arg ist es denn doch nicht. Zwar Niemand hat die ganze Welt und kann allem das Rechte treffen; aber liebe, gute Menschen, denen man ganz trauen kann und darf, solche findet jeder, der ihrer werth ist. Hast du denn keine mehr?"

Dorotheen traf der Wirtin vorwurfsvoller Blick. „Kann und darf!" wiederholte sie; „noch vor fünf Minuten hab ich niemand gehabt, jetzt aber" — Thränen erstickten ihre Stimme.

Unterdessen waren sie vor dem Wirtshause angelangt.

Die Frau führte Dorotheen am Arme die steinerne Stiege hinauf und durch die geräumige Küche ins Herrenstüble, um den Blicken der im Gastzimmer Anwesenden zu entgehen.

Es war Dorotheen ganz wunderbar zu Muthe, als sie einige Minuten später im sauber getäfelten Zimmer mit den wunderbar schönen Bildern und dem großen Spiegel vor einem guten Schoppen saß, und durch die halb offene Thüre die in dem vollen Gastzimmer geführten Gespräche hörte. Viele suchten für die nächsten Tage Arbeit und Brot, boten ihre Arbeitskraft öffentlich an und trieben sich dabei die Löhne herunter. Nun wurde die Waldung versteigert, welche der Krämer unter dem Gottesdienst mit dem bisherigen Besitzer besichtigt hatte. Der Krämer bot etwas über den verhältnißmäßig sehr niedrigen Anschlag, und nun wartete der Ausrufer vergebens auf ein höheres Angebot. Endlich schrie man ihm von allen Seiten zu: Er solle doch der langweiligen Geschichte ein Ende machen, da ja der Krämer schon mit allen eins sei, welche die Mittel hätten, den Wald zu kaufen.

„Nicht wahr, da gehts wunderbar zu?" fragte die Wirtin, als sie endlich wieder etwas freie Zeit für ihren Gast im Herrenstüble gewann.

„Es thut einem weh und wohl zugleich, das Durcheinander zu hören," antwortete Dorothee. „Weh, so viele leiden zu sehen, und fast wohl, daß man das Eigene dabei wieder ein wenig vergessen kann. Es ist doch ein Trost, wenn auch ein schwacher, sich mit so vielen leidend zu denken. Man lernt den Andern vieles vergeben, und Gott wird hoffentlich noch barmherziger sein als man selber ist."

„Wenn man sich nur nichts vorzuwerfen hat."

„Wer ist so gut?" fragte Dorothee.

„O viele sind nicht schuld an ihrem Unglück."

„Das wollt ich sonst nie glauben."

„Und nun?"

„Hab ich es erfahren und empfunden. Jetzt aber möcht ich wissen, was denn Gott thut."

„Er hat die Menschen einander gegeben, daß sie sich lieben und sich helfen nach seinen Geboten, nicht so sich bekriegen, wie du es da draußen und überall hörst. Thun sie das nicht, so folgt die Strafe von selbst. Den Reichen kann sein Ueberfluß tiefer hinab drücken als den Armen seine Noth. Oder um wie viel ist der Krämer besser, seit er einer der Reichsten wurde? Er hat nur noch mehr Gewalt für seinen bösen Willen. Ja, Mädchen, mir hat der Pfarrer genug erzählt. Wer im Beichtstuhl redet, daß man ihn nicht lobt, gilt mir mehr als die, welche sich dann, sei es aus Dummheit oder Lieblosigkeit, über ihn hermachen, als ob kein guter Faden mehr an ihm wär. Das sag ich unverhohlen. Wenn der Krämer mit seinem Anhang dich noch um den Dienst bringt und du dann als ehrliche, unverdorbene Magd zu mir kommen kannst und magst, so will ich dir mit Freuden die Thür aufthun, es mag dann Tag oder Nacht sein."

„Das ist guter Bescheid und großen Dank werth,"

antwortete Dorothee gerührt. „Glück, Gunst, Neigung, alles ist übernächtig auf der Welt. Man kann immer nur sagen, was gewesen ist, nie wie es noch kommen wird. Aber nicht bloß darum, schon als Beweis des Vertrauens thut mir der Antrag recht im Herzen wohl, wenn ich auch nicht glaub, daß ich so schnell werde daraus Ernst machen müssen. Der Hans gibt um solche Rebereien nicht viel."

„Aber heut haben sie ihm schon auch warm und kalt gemacht."

„Meint Ihr?"

„Ich weiß es. Heut, als er nach dem Gottesdienst seinen Enzianer trank, gieng es gehörig über ihn her."

„Was haben sie gesagt?"

„Sei nur froh, wenn du es niemals hören mußt. Des Kaplans Predigt und deine Beicht nimmt man zusammen und glaubt, entweder mit Hansen oder dem Jos müsse nicht alles in Ordnung sein. Man beginnt schon, den reichen Bauern so halb und halb aus der Sache zu wickeln."

„So!" rief Dorothee mit einer Lebhaftigkeit, welche die Wirtin zuerst fast erschreckte. „Der Jos ist also jetzt auch noch mit hinein gekommen! Das laß ich mir gefallen. Er kann sich nun um so eher denken, daß an dem ganzen Gerede kein wahres Wort sei."

Die Wirtin blickte Dorotheen erstaunt an und sagte nicht ohne Strenge: „Was Hans denkt, ist jetzt für seine Magd am wichtigsten."

„Hans steht auf sich selbst und thut was er will."

„Du kennst die Welt noch schlecht, wenn du glaubst, daß nur wir Weiber uns nach dem Winde drehen. Ja, dann ists zum Theil gut, daß Gott dich schon jetzt etwas erfahren läßt."

Die Wirtin wurde wieder in die Stube gerufen. Auch Dorothee stand auf, dankte für den Wein und noch mehr für das, was dabei ihr Herz erleichtert hatte.

Die freundliche Frau war anfangs bemüht, Dorotheen, die ihr noch sehr aufgeregt schien, zurückzuhalten, „da ja das Glas noch nicht einmal zur Hälfte geleert sei." Dorothee jedoch sagte: „Sie wäre so viel derlei Getränk gar nicht gewöhnt, wenig aber mache ihr leicht und wohl. Zudem sei es ihr immer, als ob es nicht recht wäre, so in einem fremden Hause vom Brotherrn zu reden, während es daheim vielleicht dieß und jenes zu thun gäbe."

Sie sehnte sich wirklich zurück zu den stillen häuslichen Verrichtungen, die ihr die Stigerin seit längerer Zeit fast ganz allein überließ. Da vergaß sie alles Andere, konnte den Zusammenhang leicht übersehen und war ganz in ihrer Welt. Das Reden und Thun der Menschen aber that ihr weh und drückte ihr Herz wie eine Last, unter der sie sich nicht mehr frei regen konnte, wie gern sie auch eingegriffen und etwas gethan hätte. Ja, sie kannte die Welt noch nicht, da hatte die Wirtin ganz recht; aber sie wußte doch schon zu viel von ihr, als daß ihr das Plaudern der Leute in der Gaststube und das Klingen der Gläser noch ein Vergnügen machen konnte. Das Schönste war für sie und das Beste, treulich ihre Pflicht zu thun, daß kein Mensch einen Grund zum Tadeln hatte. Dann konnte sie das Gerede vorüberschwirren lassen wie einen Herbststurm, vor dem sich kein Mensch fürchtet, wenn er nur sein Schindeldach gehörig mit Steinen überlegt und festgedrückt hat und auch sich selbst nicht auf der weiten Gasse befindet. Wäre sie heute wie sonst ordentlich zu Hause geblieben, statt sich groß thun zu wollen mit ihrem Gelde, dann hätte sie gewiß nicht so Schlimmes erlebt. Mit solchen Gedanken kam sie vor den Stighof, den sie ihr Daheim zu nennen so gewohnt war, daß sie es auch noch jetzt nicht lassen konnte, obwol sie eben von den Eigenen kam und nicht wußte, wie lange sie noch hier bleiben durfte. Sie begrüßte das Haus, schon da sie nur dessen hohen Dachstuhl über die andern Häuser herüber ragen sah, mit dem Gefühl des Wanderers, welcher eine liebe Stätte, den Schauplatz seiner frohesten Tage nach langer mühevoller Reise wieder betritt mit dem festen Vorsatze, nun — wenns irgend möglich — für immer da zu bleiben und unbekümmert um die Welt, die er nun genugsam kennt, sich hier so nützlich und angenehm als nur immer möglich zu machen. Aber wie es dann gewöhnlich solchen Wanderern begegnet, daß sie nicht mehr alles finden, wie sie auf mühevoller, unsicherer Fahrt sichs träumten, so fand auch Dorothee nicht mehr alles wie sie es erwartet hatte und gewohnt war. Etwas freilich mochte davon kommen, daß sie jetzt auch zu scharf beobachtete, zu ängstlich jedes an sie gerichtete Wort auf der Goldwage wog, um nicht sowol Hansen als die Stigerin ganz erstaunlich verändert zu finden.

Was die Stigerin heute Morgens noch mehr als Vermuthung aussprach, indem sie der Liebe zum gutmüthigen Sohne und der Abneigung gegen Jos folgte, hörte Hans nach dem Gottesdienste überall so bestimmt behaupten, daß ihm die Sache mehr als bedenklich zu werden begann. Die Leute glaubten, es geschehe dem Burschen gewiß ein großer Dienst, daß er noch so ziemlich ungeschlagen aus der Geschichte gewickelt werde; doch sie täuschten sich. Wenn Dorothee so falsch war, dann konnte man an keine Tugend mehr glauben und keinem Menschen trauen. Das aber wäre Hansen unerträglich gewesen. Er glaubte fest noch immer an Dorotheens Unschuld, daher war es ihm nicht genug, daß das Gerede ihn selbst jetzt schonte. Unschuldig mußte das Mädchen sein, aber seine Neigung zum Jos — ja die hielt er jetzt für eine ausgemachte Sache, und das wurmte ihn mehr, als er sogar sich selbst gestehen wollte. Davon wol kam es hauptsächlich, daß er den Vorschlag der Mutter, Dorotheen um jeden Preis und so schnell als möglich aus dem Hause zu bringen, immer vernünftiger fand. Aergerlich, daß nun das frohe Zusammenleben mit Dorotheen, die ihm die Schwester ersetzte, noch auf so unangenehme Weise zu Ende sein sollte, erklärte er sein Einverständniß mit dem Plane der Stigerin auf eine Weise, daß diese nicht wußte, was sie daraus machen sollte. "Mit diesen Weibsbildern," murrte er, "sollte man gar nichts zu thun haben, oder wenn das nicht geht, gleich die Allerärgste heiraten, damit sie sich für Einen gegen die andern Weibsleute wehre. Dieses Gelärm wird mir denn doch zu arg, seit auch ein Geistlicher dahinter steckt, der das Unheiligste bekreuzigt und segnet, daß jeder schon zum voraus verdammt ist, der sich noch dagegen wehren will. Dorothee muß heiraten, und wenn sie noch keinen hätte, so thät gleich ich sie nehmen aus purem Trotz; aber man kann ja darüber reden."

Unter der Kinderlehre kam Hans zu dem Entschluß, das Mädchen gleich offen zu fragen: Ob es lieber ihn oder den Jos zum Manne möchte? Nach dem Gottesdienste eilte er gleich heim, obwol er wußte, daß in der Kronenwirtschaft eine Versteigerung stattfinden sollte, bei der er nicht ungern auch ein wenig mitgethan hätte. Ungeduldig wartete er nun auf die Magd; aber die wollte nicht kommen. Das verdarb ihm von neuem seine Stimmung, und bald war er mit der Stigerin wieder übers Kreuz, da er sich nun gar nichts mehr sagen lassen wollte. So, unzufrieden über das lange Ausbleiben und noch aufgeregt vom Wortwechsel mit der Mutter, traf ihn die Magd, welcher er jetzt um alles kein gutes Wort hätte geben können. „Ich hab schon gedacht, du machest eine Wallfahrt nach Einsiedeln oder Rankweil*)," brummte er. „Mädchen, die man nicht mehr lospricht, suchen gern die Beichtväter dort auf, die sie nicht kennen und längst allerlei Brocken gewohnt sind."

Solchen Gruß erwartete das Mädchen nicht. Die

---

*) der gesuchteste Wallfahrtsort in Vorarlberg.

Wirtin schien also ganz recht zu haben, wenn sie besorgte, daß es hier nicht lange mehr gut thun werde. Etwas haftig antwortete sie Hansen: „Ich kann schon auch hier losgesprochen werden, wenn ich nur verspreche, was man will."

Hans bereute zwar seine Rede; doch um sich das nicht anmerken zu lassen, und weil er hoffte, mit dem armen Mädchen schon so nach und nach wieder einlenken zu können, frug er mit erzwungener Härte: „Was will man denn?"

„Daß ich dich — daß ich den Dienst verlassen soll," antwortete das Mädchen, welches durch diese Frage und diesen Ton sich aufs neue verletzt fühlte.

„Das ist wol auch das Allergescheideste," bemerkte die Stigerin, welche beide nicht ungern auseinander gerathen sah. „Man muß sich immer in die Zeiten oder die Menschen schicken, wie sie sind, und dafür sorgen, daß die Kirche noch im Dorfe bleibt. Wir sind lange friedlich bei einander gewesen und wollen uns nun auch im Frieden trennen, wenn einem Gerede, das dir mehr als uns schadete, nur dadurch noch abzukommen ist."

Dorothee hatte sich auf einen Stuhl gesetzt und sagte nun mit halberstickter Stimme: „O dieses Reden alles braucht es nicht. Nur durch euere Güte bin ich her gekommen als armes Kind und gehe nun mit dankbarem Herzen. Mit schwerem Herzen freilich auch; aber ihr verzeiht mir es wol, wenn ich nicht so leicht ein Haus verlasse, wo so viele Lieb und Güte mich fast vergessen ließ, daß es nicht meine Heimat sei. Nun, Gott wird mich weiter führen," fügte sie nach einer Pause bei und wollte, da sie die Thränen nicht mehr zurück halten konnte, das Zimmer verlassen.

„Wohin denn gleich?" fragte die Stigerin etwas unsicher.

„Meine Sachen einpacken," antwortete Dorothee.

„Das thut nicht gar so noth," wehrte die Stigerin. „Gleich schon zum Jos hinein wirst du denn doch nicht wollen, heim aber kommst du noch lang. Man gönnt jeder Magd so viel Zeit, daß sie sich gehörig auf den Umzug vorbereiten kann. — Und du bist mir mehr gewesen als Magd," fügte sie immer weicher werdend bei. „Ich merke so etwas an mir selbst. Ich hab mir fest vorgenommen, für dich zu sorgen und will es auch halten, drum darf dir für die Zukunft nicht gar zu bange sein. Komm nur, wenn dir etwas mangelt, und auch an einem hübschen Zehrpfennig solls nicht fehlen."

Dorothee schüttelte traurig den Kopf. „Ich hätte gewiß nie nur einen Kreuzer Lohn von euch genommen, wenns mir nicht um die armen Eigenen gewesen wäre. Aber etwas dafür nehmen, daß man jetzt meiner los wird, kann ich sogar diesen zu Liebe nicht."

„Aber dir zu Liebe dürftest und wirst du, wenn du wieder zu dir selbst kommst, doch nehmen, was wir dir als Beweis unserer Zufriedenheit von Herzen gern geben."

„Solche Beweise hab ich täglich bekommen und mich daran gefreut, ohne mich einer Sünde zu fürchten. Jetzt aber sind wir fertig. Meinen Lohn hab ich heute den

Eigenen gebracht und — ich muß offen sagen — auch da wieder von Herzen für die Rettung aus dem Hause drüben gedankt. Aber jetzt — Mutter — Stigerin — laßt uns scheiden und uns das Herz nicht noch schwerer machen —"

„Das wird mir nun doch gar zu ernsthaft," sagte Hans in einem Tone, welcher deutlich verrieth, wie sehr die letzten Worte des immer schöner und schuldloser vor ihm stehenden Mädchens ihn ergriffen. „Wo um Gottes Willen wolltest du doch gleich wieder ein ordentliches Unterkommen finden?"

„Dafür," antwortete Dorothee, „haben Gott und gute Menschen schon gesorgt. Ich kann gleich heut noch als Magd bei der Kronenwirtin einstehen."

Hansen hatte es wohl gethan, sich das arme Mädchen ganz von ihm abhängig zu denken. Nie hatte sich sein Kopf stolzer aufgerichtet als bei dem Gedanken, daß er dieses holde Wesen aus seiner Niedrigkeit erheben und auf einen seiner würdigen Platz stellen könne mit einem Worte. —

Schmerzlicher traf ihn noch nichts als die Mittheilung, daß das Mädchen ohne sein Wissen und Zuthun sich geholfen habe. Er fuhr auf wie wenn ihn eine Wespe gestochen hätte. „Also darum," rief er zornig, „hat die Mutter vom Jos heut so viel mit der Wirtin zu zischeln gehabt unter der Kirchenthür."

„Ich weiß das nicht."

„Aber ich weiß nun, daß du falsch bist wie Galgenholz. Alles war heimlich abgekartet. Uns gieng das nichts mehr an. Wir haben jetzt lange genug für dich gesorgt."

„Sei das wie es wolle," beruhigte die Stigerin den Sohn, welchen seine Aufregung kaum noch auf dem Stuhle litt. „Jeder Mensch hat ein Recht, für sich selbst auf seine Weise zu sorgen und er soll das auch, wenn er sich einmal seinen Erziehern entwachsen glaubt. Der Platz in der Krone ist nicht schlecht, wenn man mit der Alten auszukommen weiß."

„Ich wünsch ihr Glück," sagte Hans unmutig, „und mehr scheint sie von uns nicht mehr zu wollen."

Dorothee gieng oder vielmehr wankte weinend in ihr Zimmer; Hans holte einen großen Sack aus der Rumpelkammer, warf ihn vor die Mutter auf den Tisch und rief: „Den da kann man ihr bringen, wenn sie gleich einpacken will."

„Sei doch nicht so ungeschickt," bat die Mutter.

„Ja gelt, daß sie mir nicht noch überall Böses nachredet wie eine fortgejagte Wäscherin? O, nicht eine Hand thät ich dafür umkehren. Sie soll nur machen wie sie will, denn schon zu lang hat sie sich immer verstellen müssen, daß man glaubte, Roß und Wagen könnten sie nicht von uns bringen."

„Es ist aber doch recht, daß sie geht."

„Ganz recht. Jos könnt am End noch gar eifersüchtig auf mich werden. Drum wird sie so große Eile haben."

„Du hast vergessen, was das Gerede der Leute dabei that."

„Ich wäre fest gestanden und sie hätt es neben mir wagen dürfen. Aber da muß man sich immer nach dem

Nebel*) richten, wie die Weiber bei der Wäsche. Zuerst lauter Wörtlein so eben und glatt, daß man darauf leicht fallen und den Kopf verlieren könnte; dann läutets eine ganz andere Glocke, und nun macht man einen Kopf und dreht sich und geht wie ein Bettler von einem Wucherer."

„Du bist sonst im Urtheilen so billig als einer."

„Ich hab auch noch nie so was Unbilliges erlebt. Was heißt das Bischen Lärm gegen das, was Angelika leidet; aber die ist noch nicht davon gelaufen, obwol es auch einen geben thät, der sie besser zu schätzen wüßte, als ihr Mann."

„Großer Gott!" jammerte die Stigerin, „muß ich meinen Buben so sündhaft reden hören von dem Weib eines Andern. Schäme dich vor dem hellen Tag."

„Ich bin nicht schuld, daß sie das Weib eines Andern wurde."

„Nun," begütigte die Mutter, „ich hab jetzt nichts mehr gegen die Verwandtschaft, und Zusel, die Hübschere, ist noch zu haben."

„Ja, falscher, treuloser als Dorothee kann sie gewiß nicht sein, und dabei ist sie zu herzhaft, um sich wegen einem Gerede zu kümmern. Immer lustig, hübsch, klug; ja, die Zusel ist nicht so übel, und dabei der Angelika fast ähnlich."

Während Mutter und Sohn sich so allmählich wieder näherten, hatte Dorothee ein Kleidungsstück nach dem andern in den Ueberzug ihrer Bettdecke zu packen

---

*) d. i. Regen drohenden Wolken.

begonnen. Sie kam damit um so langsamer vorwärts, weil sie immer wieder daran denken mußte, bei welcher Veranlassung sie dieß und jenes erhielt. Erst jetzt empfand sie es recht lebhaft, wie viel sie diesen Leuten zu verdanken hatte. Zuerst glaubte sie, so, noch halb im Unfrieden und mit dem Gefühl, daß ihr sehr Unrecht geschehen sei, werde sie am leichtesten gehen; doch beim Anblick der vielen Geschenke Hansens und der Stigerin nahm ihre Aufregung bedeutend ab. Endlich aber fragte sie sich: Bist du denn gar so in diese Herrlichkeiten vernarrt? und nein! rief sie, indem sie alles ordnungs= los auf einander warf, um dann so schnell als möglich von hier fortzukommen. Dennoch war es schon beinahe dunkel, bis endlich alles beisammen war, was sie nicht einzupacken vergaß. „Nun in Gottes Namen!" sagte sie, indem sie ihr Bündelein anfaßte, sich noch einmal die großen Tropfen von den Wangen wischte und dann mit geschlossenen Augen das Zimmer verließ.

In der Stube war ihr nicht mehr anzumerken, wie viel sie in den letzten Viertelstunden gelitten hatte. „Ich will Euerer Erziehung immer Ehre machen," sagte sie beinahe heiter zur Stigerin, welche die Fassung des Mädchens um so mehr in Erstaunen setzte, da sie selbst das Weinen kaum erwehren konnte.

„Geh mit Gott und der heilige Schutzengel begleite dich und zeige dir gute Wege und gute Menschen," sagte sie, indem sie in das Weihwasserkrüglein hart neben der Thüre langte und des Mädchens Stirne segnend be= kreuzigte.

Dorothee bat noch, ihr Hansen, welcher nirgends mehr zu sehen war, herzlich zu grüßen und ihn um Vergebung zu bitten wegen allem Unrechten, was sie je aus Schwäche oder Unwissenheit gesagt und gethan habe. Dann verließ sie die Stube und das Haus.

Jetzt war sie im Freien, im Weiten, allein. Ihre Erzieher hatte sie verlassen, ihre größten Wohlthäter. Nun wollten wol auch die Eigenen nichts mehr von ihr hören, und den guten Jos hatte sie abschwören müssen! Im ersten Augenblicke kam ihr das alles wie eine ungeheure Uebereilung vor und sie wußte nicht, ob sie vorwärts gehen sollte oder wieder zurück. Dann aber entsann sie sich des Geschehenen und jedes gewechselten Wortes ganz genau und ohne dabei wieder weich zu werden. „Wo es einmal so klingt, ist gut gehen," sagte sie sich und schritt rasch durch das Herrendorf hinaus, dann hinunter zur Kirche und der Kronenwirtschaft zu.

Der alten Stigerin hat ihre Rechnung jämmerlich gefehlt. Hans kam erst recht ins Gerede hinein, als am andern Tag, am Fest Allerheiligen, jedermann davon erzählte: Dorothee sei nun doch noch losgesprochen worden, weil sie den Dienst auf dem Stighofe verlassen hab und bei der Kronenwirtin eingestanden sei.

Zweiundzwanzigstes Kapitel.

Bei der Brunnenstube.

Die wackere noch etwas altmodische Wirtin und Dorothee kamen sehr gut mit einander aus. Das Mädchen gewöhnte sich viel schneller an das unruhige Leben einer Wirtsmagd, als selbst die Wirtin erwartet hatte. Gerade das ewige Kommen und Gehen, die Gespräche über die verschiedensten Angelegenheiten und Verhältnisse, das ganze Durcheinander der Gaststube war Dortheen schon darum erwünscht, weil es sie den ganzen Tag niemals zu sich selbst kommen ließ. Recht lieb war ihr auch, daß sie nur jeden Gast gehörig, ja sogar reichlich bedienen, sonst aber nicht besonders viel Wesens machen mußte. Die Kronenwirtschaft war ein recht eigentliches Bauernwirtshaus. Die Wirtin schien das Geschäft nur zu Ehren des verstorbenen Mannes fortzuführen, um es einst dem einzigen Töchterlein im alten guten Rufe abtreten zu können. Die Gäste, die hier kamen und giengen, waren um so mehr geachtet, je williger sie sich von der guten Frau auch ein wenig bemuttern ließen. Man durfte ihr aber das Vertrauen schon schenken. Sie schien nicht nur die Sprüche und Redewendungen ihres unvergeßlichen Seligen, sondern etwas, ja sogar viel von seinem ganzen Wesen geerbt zu haben. Da war alles einfach, aber solid, wie in ihrer Hauseinrichtung, die auf den ersten Blick recht bäuerlich altmodisch aussah, aber durch ihre Zweckmäßigkeit jeden befriedigte. Nützlich, vernünftig und klar, das waren ihre Lieblingsworte, und mit diesen ließen sich auch all ihre Reden und Handlungen bezeichnen.

Um so mehr setzte Dorotheen ein Auftrag in Erstaunen, den sie am Abend vor dem Martinstag erhielt. Sie gebot sich aber so schnell, daß die Wirtin den Schatten gar nicht bemerkte, der dabei über das Gesicht des Mädchens flog. Es war ein Glück für Dorotheen, daß sie gerade nicht besonders scharf beobachtet wurde, denn es handelte sich um einen alten Brauch, den man im Hause seit Urgroßvaters Zeit und kein Mensch wußte wie lange vorher schon übte, und über den die sonst so nüchterne Frau sich um so weniger zweifelnd oder gar spöttelnd hätte befragen lassen, weil auch sie mit ganzem Herzen daran hieng.

Dorothee langte schon nach dem Weihwasserkrüglein an der Wand neben der Stubenthür, um sich gleich in ihr freundliches Dachkämmerlein zur Ruhe zu begeben, als sie von der Wirtin mit eigen feierlicher Stimme, die etwas Wichtiges zu verkünden schien, in die Küche gerufen wurde. Sie folgte so schnell sie konnte, denn ihr

wars lieb, wenn es noch etwas zu thun gab an diesem
wunderbar schönen und doch so stürmischen Abend.
Vorhin, als sie den die Stube lang sich hinziehenden
Zechtisch abgeräumt hatte, und ihren Blick alsdann
durchs mondbeglänzte Thal schweifen ließ und der Sturm
einige Fensterläden zuschlug, wurde sie wieder so wach,
daß sie viel lieber noch an irgend eine Arbeit als gleich
ins Dachkämmerlein gieng.

Auf dem schneeweiß gescheuerten Schranke in der
geräumigen Küche, über dem sich ein vierfacher Rahmen
voll glänzenden Porzellangeschirrs an der Wand hinzog,
stand ein großer Topf, den die Wirtin so eben mit
Weißbrot, Butter, Honig und Schweizerkäse — von
ihrer Alp — füllte. Als sie Dorotheen bemerkte, sagte
sie: „Leg dich noch einmal ordentlich an, daß dir der
Föhn nichts schadet, und bring das alles unserm
Brunnen."

Dorothee sah die Wirtin erstaunt fragend an.
Wol hatte sie von dem schon damals ziemlich aus der
Uebung gekommenen Brauche gehört, am Martinsabend
die im Jahre gebrauchten Quellen — Ursprünge — zu
speisen, aber es kam ihr doch sonderbar, beinahe lächer=
lich vor, da sie eine sonst so nüchterne, wohlberechnete
Frau die Sache noch so ernsthaft nehmen sah. „Ich hab
das noch gar nie gethan," flüsterte sie beinahe bittend,
„ich weiß auch nicht wie man es machen muß, und es
wär mir lieb, wenn Ihr dießmal den Knecht schicken
thätet, der doch heut auch sonst nicht mehr besonders viel
anfangen wird."

„Das geht nicht."

„Warum?" fragte Dorothee, nachdem sie eine Sekunde schaudernd das Tosen des immer mächtigern Sturmes gehört hatte.

„Es muß ein Mädchen, eine Jungfrau sein."

Dorothee, die es ordentlich fröstelte, wagte nochmals zu fragen: „Warum?"

„Meines Mannes Großvater selig," erzählte die Wirtin, „soll das einmal unterlassen haben, dafür hat ihm dann der Ursprung im nächsten Sommer auch kein Wasser mehr gegeben. Seitdem ists immer getrieben worden und mein Mann selig soll auch in dem Stücke mit mir zufrieden sein. Vielleicht haben auch die Ursprüng ihren eigenen Schutzpatron, wie das Feuer den heiligen Florian, dessen Bild man in jedem christlichen Hause findet. Jedenfalls heiß ich dich nichts Schlimmes, nur das was ich selbst als Magd in diesem Hause früher jeden Martinsabend habe thun müssen."

„Und wie habt Ihr es denn gemacht?" frug das Mädchen, welches nun seinen Muth wieder wachsen fühlte.

Die Wirtin stellte zwei Teller vor sich auf den Küchenschrank und begann: „Siehst du, das rechts ist die Fluoh und das links der Fuß vom Liggstein. Drinn, da zwischen den Bergen in der Enge, wo am längsten Sommertag die Sonne nur wenige Stunden zu sehen ist, hart neben dem Weg den die Schleichhändler und Alpknechte benützen wenns einmal Eile hat, grad wo der Wald angeht, mitten in einem Buchenkranz, unter hölzernem Deckel ist im Boden ein ausgehöhltes Holz, ein

Trog. Das ist unsere Brunnenstube, wo mehrere Ursprünge gesammelt sind, um in einer Leitung bis zu unserm Hause geführt zu werden. Da gehst du hin. Die Schaufel darfst du aber nicht vergessen, denn mit der mußt du hart neben die Brunnenstube gegen Sonnenaufgang vergraben, was ich dir da zusammen gerichtet habe. Ich summte dabei gewöhnlich ein frommes Lied, und mein Lebtag nie hab ich mich so gern gehört als da. Noch weiß ichs ganz gut, als ob es gestern gewesen, wie da die fallenden Tropfen klangen und rauschten, die Baumwipfel flüsterten und es dann wieder wie in der Kirche unter der Wandlung still, ganz still worden ist. Ich thät am liebsten selbst gehen und lang, lang drüben bleiben wie vor zwanzig Jahren. Wie wird mir doch so eigen und alles liegt noch so lebhaft vor mir, daß ich dir gleich erzählen muß, wie mir damals gegangen ist."

Beide setzten sich auf die an der Fensterwand hinlaufende Bank; Dorothee knüpfte den ihr übergebenen Topf mit zitternden Händen in ein weißes Tuch, die Wirtin aber erzählte: „Ich bin da Magd gewesen, aber du mußt nicht glauben, daß meine Eigenen den lächerlich kleinen Lohn gerade nötig gehabt hätten. Von der Stickerei wußte man damals noch nicht viel, aber ein Vater, der nicht eben gebunden war, hätte sein Mädchen auch um den schönsten Lohn ungern das ganze Jahr in der Stube sitzen lassen. Man meinte, gerade wohlhabenden Mädchen, denen später vielerlei durch die Hände geh, könne es nicht schaden, wenn sie schon in den jungen Jahren ein Bischen herumgepudelt würden und die Arbeit so lernten, daß auch die eine Freude daran hätten, die nicht mit der Verliebtheit des Vaters oder der Mutter urtheilten. Besonders der Dienst in einem ordentlichen Wirtshaus ward einem jungen Mädchen recht herzlich gegönnt, wenn es sich nur auch gehörig zu stellen wußte. Nun, mir hat es an dem nicht gefehlt und auch nicht an Burschen, die ich hätte haben können. Es gab manchen Spaß und ich mag oft schuld gewesen sein, daß einer länger da blieb, als es bisher seine Gewohnheit war. Ich meinte, den jungen Wirt müsse es freuen, wenn ich ihm so Kundschaft warb, und nichts hat mir so weh gethan, als ihn immer stiller und unfreundlicher gegen mich zu sehen. Zuweilen wollte ich ihm einmal gehörig das Kapitel lesen, aber zu dem bin ich Schwache doch nie gekommen, denn ich hab gleich gemerkt, daß ich ihm noch viel eher den Dienst auf=künden könnte. Das aber wollt ich wirklich thun. Da kam der Martinsabend und sah just aus wie der heutige. Ich wußte schon was ich zu thun hatte, doch sann ich über ganz Anderes, und so kam es denn, daß ich Einfalt zur Brunnenstube hinauf lief und vergaß was ich zur Speisung hätte mitnehmen sollen. Der Wirt mußte mein Versehen schon bemerkt haben, und eben das war mir zehnmal ärger als der Gang zurück, den ich nun wieder noch machen mußte. Der Spott des Wirtes über jedes Versehen war in der letzten Zeit so spitz, daß man zehnmal eher einen kräftigen Vorwurf ertragen hätte, auf, den sich wieder etwas Gesundes entgegnen ließ.

Das thuts da nicht mehr, und du mußt fort auf einen andern Platz! rief ich überlaut und erschrak dann selbst über den sonderbar fremden Klang meiner Stimme. Wenn du allein am Ursprung stehst unter den gelben, flüsternden Wipfeln, und du das Murmeln und Plätschern hörst, ganz allein, als ob es nur für dich da wär, dann beginnt sich das Fallen der Tropfen, das einen Saitenklang von sich gibt, in die Weise eines wunderbaren Liedes zu ordnen, das dir ganz bekannt ist, obwol du es auf der Welt noch nie gehört haben kannst. Dann wirds dir weit und wohl, alles ist dir gut und recht, und du bist nicht mehr fähig zu einem Entschluß, der irgend etwas ändern könnte. Mir wenigstens ist es so gewesen. Ich bin da gesessen wie verzückt, bis das gefallene Laub unter den Buchen raschelte und auf einmal — der Wirt mit dem Vergessenen hart vor mir gestanden ist. „Trifft man dich doch einmal allein, wo man ein vertrautes Wort mit dir wechseln kann?" frug er. „Ja wol," hab ich gesagt, „wenn deine Spottsucht auch ein vertrautes Wort aufkommen läßt." Jetzt redeten wir lang hin und her, wir räumten uns erst gehörig herunter, dann wurde alles klar zwischen uns und acht Wochen später sind wir Brautleute gewesen. Drum denk ich noch jeden Martinsabend an den Ursprung am Alpweg und bleibe treulich beim alten Brauch, wie sehr der auch sonst aus der Uebung gekommen ist."

Dorothee, welche zuerst das ihr Uebergebene den hungrigen Eigenen weit besser, als dem Ursprung am Alpwege gegönnt hätte, ward tief ergriffen von der

Erzählung, aus der sie eine so schöne Neigung zu dem Seligen heraus klagen und jubeln hörte. Der ihr befohlene Gang ward nun fast zu einer gottesdienstlichen Verrichtung. Sie mußte der Wirtin zum Abschiede die Hand drücken, was wol die meisten Bregenzerwälderinnen noch nie in solchen Fällen gesehen, geschweige denn selber gethan haben.

Hastigen Schrittes verließ Dorothee das Haus. Die Wirtin ward ihr das bewundernswerthe Weib, indem sie sich als Stellvertreterin ihres Seligen dachte. So, meinte Dorothee, hätten die meisten Menschen einen Gedanken, ein Gefühl, woran sie sich in allen Stürmen mit Herz und Seele festhalten könnten. Ach, und sie stand einsam, abgerissen überall, und ein furchtbarer Eid bannte sie und trennte sie, sowohl von den Ihrigen, deren Selbstsucht sie dazu zwang, als auch von dem Geliebten, dessen Bild jetzt bei Tag und Nacht vor ihrer Seele stand. Wann sollte das enden, wann sie das aufklärende, versöhnende Wort finden? Schaudernd blickte sie hinüber zu dem stattlichen Hause des Krämers, wo noch alle Zimmer beleuchtet schienen. Es ward ihr kalt und heiß, als sie daran dachte, daß ihre Erlösung an das Verderben jenes Mannes geknüpft sei. Lange Zeit lehnte sie an dem schon etwas morschen Stamm einer vieläftigen Buche, so in Gedanken verloren, daß sie das Tosen des immer wildern Sturmes kaum bemerkte, bis derselbe einen halbdürren Ast von ihrer Buche brach und surrend hart neben ihr niederwarf, daß die vielen Zacken sich mehr als fußtief in den Boden bohrten. Einen lauten Schrei ausstoßend, sprang das Mädchen von der gefährlichen Stelle weg und empfand, als einmal der erste Schreck überstanden war, ein ganz eigenes Behagen, alle Glieder nach Belieben regen zu können. Sie hatte ein Gefühl, als ob ihr Leben und Gesundheit aufs neue wieder geschenkt worden sei. „Es ist doch schön auf der Welt!" rief sie emporblickend zu den stillen ernsten Bergen, die jetzt mit Sternen bekränzt schienen. Nie noch hatte sie den Liggstein, der stolz und wie ein Wächter des Thales über den Schnepfauer Wald gegen die Kanisfluoh hinüber ragte, so aufmerksam betrachtet und so klar gesehen wie jetzt im Scheine des Mondes. Die Schatten der vom Sturme geschüttelten Tannen, welche zwischen den über einander gewölbten Steinschichten hervorwuchsen, zogen an dem roth und bläulich schimmernden Felsen auf und ab und schienen ihr zu winken. Der Wald dort, welcher sich in der noch nicht beleuchteten Tiefe weit, bis an den Streifen Himmelbläue hinzog, welcher zwischen den beiden Felsenköpfen herunter hieng, hatte sich viel zu erzählen. Geheimnißvoll rauschten und flüsterten die röthlich schimmernden Buchen und die ernsten Tannen, wenn wieder ein Sturm ob ihren Wipfeln dahin fuhr, daß man sogar das Tosen der blauen, tausend Silberstreifen über die von den Bergen gestürzten Steine werfenden Aach nicht mehr hörte. Endlich in der geschützten Schlucht der Brunnenstube angelangt, wo nicht mehr Aeste, sondern bloß noch die welken Blätter sich regten, empfand Dorothee, wie wahr die Wirtin das Gefühl schilderte, von dem man hier erfaßt und gehoben wurde. Noch nie hatte sie wie jetzt die Bewegung des Gehens und den Gebrauch jedes ihrer Sinne als Wohlthat empfunden. Lange war sie zu nichts fähig, als zum Sehen, Hören und Bewundern der herrlichen Gotteswelt, deren Anblick und Genuß ihr eben wieder geschenkt worden war. Selbst in der Kirche, wo zuweilen manches noch an die Noth und Plage des Alltagslebens erinnerte, war ihr noch selten so leicht und frei gewesen wie hier. Nie hätte sie geglaubt, daß sie bei der wunderbar lieblichen Musik der Ursprünge mit solcher Andacht ihrem Opfer ein Grab graben würde, denn noch nie sonst war ihr eine Quelle fast wie etwas Lebendiges erschienen. Jetzt aber lauschte sie dem Geplauder der Tropfen so aufmerksam, daß sie das ihr aufgegebene Vaterunser für den seligen Wirt beinahe vergaß. Erst als die Arbeit fertig, fiel es ihr ein. Als sie nun auf einem ganz mit Moos bedeckten Stein kniete, laut und langsam betend, wars ihr gerade, wie wenn der Geist des Verstorbenen sie umschwebte. Von den zitternden, rauschenden Buchen ringsum rieselten Blätter herab auf die Beterin und das Opfergrab, welches sie mit Moos bedeckt hatte. Sie begann unwillkürlich ein zweites Vaterunser zu beten. Da fiel der erste Mondstrahl hell und voll auf ihr fast wie verklärt leuchtendes Gesicht. Einen Augenblick später war der ganze Platz erhellt. — Dorothee stieß einen lauten Schrei aus und wankte einige Schritte zurück. Nicht weit vor ihr erblickte sie, an einen Buchenstamm gelehnt, eine männliche Gestalt. Nur das Gesicht wurde noch vom Schatten eines Astes bedeckt. „Wer ist da?" fragte das Mädchen, alle Kraft zusammen nehmend und schon auf dem Sprung zur Flucht.

„Niemand als ich."

Diese Antwort war sehr unbestimmt. Dorothee jedoch hatte schon an der Stimme genug. Diese Stimme würde sie überall und unter allen Umständen sogleich erkannt haben. „Ach Gott, es ist Jos!" jammerte sie und langte nach ihrer Schaufel, als ob sie so schnell als möglich zu gehen entschlossen sei.

„Was thust du da?" fragte Jos, indem er langsam dem Mädchen näher trat, welches noch immer zwischen Gehen und Bleiben schwankte.

Endlich lehnte sie die Schaufel an einen Buchenstamm und sagte: „Ich hab die Brunnenstube speisen müssen."

„Ich kann nicht begreifen," begann Jos nach einer Weile, „wie eine sonst verständige Frau noch solche Dummheiten treiben läßt."

Diese Rede that Dorotheen weh. Jetzt dachte sie nicht mehr ans Gehen. Erst sollte Jos eine bessere Meinung von der Wirtin bekommen. Sie setzte sich neben den Burschen auf einen Stein und erzählte, was jene hier als Mädchen einst erlebt habe.

Aufmerksam hörte Jos zu; auch als Dorothee geendet hatte, blieb er eine Weile ganz still. Endlich aber sagte er: „Der Platz ist ganz dazu gemacht, einmal frei auszusprechen, was man sonst in sich vergraben mußte — da drunten, wo jetzt der Sturm zieht. Auch ich hab

dich heute zu mir hergewünscht, Gott hat mich erhört und
aus dem schöpf ich die Hoffnung, daß nun alles noch
gut werde. Viel, viel hab ich zu sagen und zu fragen,
ich will gleich anfangen, so treibt mich die Ungeduld, und
zudem weiß ich nie, wann dein Bruder kommt und uns
stört."

„Hansjörg?" fragte das Mädchen erschrocken. Es
hatte dem Bruder oft einen ordentlichen Freund gewünscht
und besonders den Umgang mit dem fleißigen Jos hatte
es ihm recht von Herzen gegönnt, weil der ihn wol so
leicht als Einer wieder auf den rechten Weg bringen
konnte. Als nun aber allem nach die Beiden hier sich
treffen wollten, wußte sie nicht mehr, welchen sie für den
Leiter und Führer des Andern halten sollte.

Jos fühlte sich durch den Ton der Frage verletzt.
„Dein Bruder," antwortete er, „scheint dich lieber zu
haben als du ihn."

„Der Schein trügt."

„Ich bin froh, wenn es das ist," sagte Jos mit
Wärme, „Hansjörg braucht jetzt Liebe. Nur seinen
Tadlern und Aufpassern zu Lieb wird er nicht viel thun
und nicht viel unterlassen."

„Das glaub ich auch," versetzte Dorothee, näher
rückend. „Gerade du vermöchtest viel über ihn und könntest ihn weit bringen."

„Wir schaffen auch wirklich zusammen jetzt."

„Gott Lob und Dank im hohen Himmel!" jubelte
das Mädchen, dem seine Freude recht ordentlich anzusehen war, obwol es im Schatten eines noch nicht ent-

blätterten Astes saß. „Aber," sagte es dann, sich besinnend, „mich nimmts doch wunder, daß ich noch nichts davon gehört habe."

„Das kommt nicht an den Wirtstisch, und es wäre schlimm, wenn jeder davon zu erzählen wüßte," lachte Jos, fuhr dann aber, das Erschrecken des Mädchens bemerkend, in ganz anderm Tone fort: „davon jedoch können wir auch neben dem Hansjörg noch reden. Jetzt sag mir lieber, wie es dir auf der Wirtschaft gefällt? Du glaubst nicht, wie viel ich mich schon darum sorgte."

„O du guter Jos! mir geht ja ganz wohl."

„Nein, Dorothee, das sagt man nicht in dem Ton; so redet man, wenn man krank, oder ganz unglücklich ist. Hast du denn kein Vertrauen mehr wie früher, wo du mir alles sagtest?"

„Was aber soll ich dir sagen? Ich bin kaum zwei Wochen im Haus. Die Wirtin hält mich wie eine Mutter und sonst thät ich nur wünschen, daß die andern Hausgenossen mit mir so zufrieden wären, als ich es mit ihnen bin."

„Dann ists noch schlimmer," klagte Jos.

„Warum noch schlimmer?" fragte das Mädchen mit einer Hast, welche wol seine Streitlust verrathen sollte.

„Weil dann dein wunderliches Benehmen einen noch tiefern, schmerzlichern Grund hat. Du glaubst gar nicht, wie gut ich deine Stimme kenne. Sie ist mir wie ein Lieblingslied, welches man ganz in sich aufgenommen hat, so daß man gleich jeden falschen Ton darin merkt.

Wie mancher bei der Arbeit sein Liebchen summt, so hör ich dich Stunden lang reden in mir, aber nicht so wie heute. Dann bist du ganz das, was immer mich an=lächelt, wenn ich auch nur den Namen Dorothee von einem Gassenbuben höre, der dabei vielleicht an ein Butterbrotbäschen denkt. Heut kommst du mir fremd vor, aber doch nicht so fremd als du dich stellen willst. Ein tiefes Leid klagt aus jedem deiner Worte. Gewiß, ich hätt es dir gegönnt, wenn bloß die Kronenwirtin dran schuld gewesen wäre. Das wär nur ein Dorn am Strauch, dem wieder zu entrinnen sein würde. Ge=fährlicher sind die Dornen, die man schon im Leib hat; die schmerzen sehr und machen krank."

Nun konnte Dorothee nicht mehr trotzig und kühl antworten. Es fehlte dem armen Mädchen alles, was dazu gehört hätte. Seine Stimme klang weich und etwas unsicher, als es fragte: „Gibt es nicht auch Dornhecken, zu denen wir gebannt sind und von denen wir uns immer wieder weh thun lassen müssen?"

Kein Dornstich hätte das Jösle schmerzlicher treffen können, als diese Frage, die alles wieder umzuwerfen schien, was aus Vermuthungen auf das in letzter Zeit Beobachtete gebaut werden konnte. Wer anders war wol mit diesem Vergleich gemeint als Hans, den sie noch nicht aus dem Herzen brachte, an den sie noch gebannt war, wie weh er ihr auch immer gethan hatte? „Hast du noch das Heimweh auf den Stighof?" fragte das arme Bürschchen mit bebender Stimme.

„Nein, Jos," antwortete Dorothee fest, und es ward

ihr babei so leicht, ob sie nun erst die Lossprechung des Kaplans verdient hätte. Auch dem Jos war wieder leicht ums Herz; leichter selbst, als da er hörte, daß nun Dorothee vom Stighof auf die Kronenwirtschaft gekommen sei. Und auch das schon that ihm wunderbar wohl und sein Fuß besserte von dem Tag an so schnell, daß auch der Doktor darüber staunen mußte. Dorotheens eigenes Nein aber war noch viel mehr werth als alles, was aus einem vielleicht nur zufälligen Zusammentreffen von Umständen sich herausrechnen ließ. Jos dachte nicht mehr an den immer schmerzenden Dorn, von welchem Dorothee gesagt hatte. Wenigstens jetzt einmal athmete er frei auf und sagte fröhlich: „Auch ich hab mich nie mehr auf den Stighof gewünscht; wol aber zu dir. Ich passe nicht zum Bauern, das hab ich im Sommer nur zu gut empfunden, aber auch, daß mir neben dir und für dich alles, gar alles möglich wär. Anders hab ich mir nach der Kichweih niemals erklären können, daß ich es nur so lang auszuhalten vermochte."

„Mir kommt es vor, ob du dem Hans jenen Abend noch immer nicht vergessen habest."

„Es ist nicht mehr viel davon in mir, aber jetzt muß auch das Verstecteste heraus," antwortete Jos. Dann des Mädchens zitternde Hand erfassend, fuhr er fort: „Du glaubst gar nicht, wie wohl es mir thut, hier unter Gottes freiem Himmel, ganz in der Stille gar alles aus mir heraus zu reden, was drückt und quält."

„Thu das nur, wenn du es kannst," sagte das Mädchen traurig.

„Ich kann und muß es, aber auch du solltest es können wie früher. Du thust ja, wie wenn sich etwas zwischen uns gestellt hätte. Was ists denn, wenn du kein Heimweh auf den Stighof hast?"

„Das plagt mich nie," sagte das Mädchen und Jos glaubte dabei einen leisen Druck ihrer Hand zu empfinden, die ihm aber so schnell entzogen ward, als die seinige denselben erwidern wollte.

„Ich will dich nun in Gottes Namen mit Fragen gehen lassen," sagte Jos etwas verlegen. „Sag mir nur noch, ob ich dir etwas helfen, etwas thun kann, wodurch dir vielleicht denn doch etwas abgenommen würde."

„Ja, das kannst du."

„Und was?" fragte Jos, indem er den Kopf wieder aufrichtete und dem trüben Blick des Mädchens ein fröhliches Gesicht sehen ließ.

Dorothee rückte näher zu ihm und flüsterte: „Thu für den Hansjörg was du kannst! Benutze deine Macht über ihn zu seinem und deinem Heil. Er traut dir und du hast ihn auf dem Gewissen."

„Weißt du das so gewiß?" fragte Jos etwas verlegen.

„Von dir kann er lernen, wie man mit blutsaurer Arbeit alles Mißtrauen, alle Hindernisse überwindet. Ich weiß aus Erfahrung, wie leicht man sich auf einen schweren Weg macht, wenn ein Mutiger voran ist. Ich

fühle, wie hoch du über ihm stehst, wenn du willst, ich —"
Das Mädchen stockte.

„Nun, wir thun jetzt auch mitsammen. Bin ich doch da, um auf ihn zu warten."

„Aber der Führer ist e r. Du hilfst ihm etwas thun gegen das Gesetz, dem wir folgen müssen."

„Aber nichts Sündhaftes."

„Was gegen das Gesetz geht, ist nicht recht. Wie es uns schützt in unsern Rechten, so schützt es auch Andere. Es sieht weiter als wir, drum sollen wir es auch achten, wo wir es nicht verstehen."

„Ich hätt auch lieber einen großen Hof geerbt," sagte Jos etwas unmutig, „als armer Teufel aber muß ich mich wehren wie es geht. Unser mehrere haben sich zusammen gethan, um die Sache in Gang bringen zu können."

„Wenns nur etwas anders wär," klagte Dorothee. „Ich hab auch schon gedacht, die Armen sollten so zusammen halten wie die Reichen, aber zu etwas Ordentlichem. Ihr da kommt mir fast vor wie die Bauern, welche sich vereinbarten, um auf der letzten Versteigerung beim Kronenwirt einen Wald recht wohlfeil an sich zu bringen. Beide Theile handeln gegen das Gesetz. Jene schadeten Einem, ihr dem Staate."

Diese Rede Dorotheens bewies, wie viel sie sich in Gedanken mit dem Schleichhandel beschäftigt, und daß sie auch Andere, die mehr davon verstanden als sie selbst, gelegenheitlich darüber befragt hatte. Jos jedoch war über diesen Beweis, daß das Mädchen auch jetzt

noch an ihn denke und für ihn sorge, nichts weniger als
erfreut. Schüchtern begann er der lieben Predigerin
auseinander zu setzen, daß er immer an sie denke und
nur ihretwegen so viel wage. Vor den Menschen nehme
man sich in Acht, und Gott werde seine gute Absicht
sehen, und ihm verzeihen. Dorotheen wurde heißer und
heißer. Sie merkte, auf was alles der gute Bursche
noch kommen werde. Und schon fühlte sie nicht mehr
die Kraft in sich, ihm in seinen Auseinandersetzungen
zu widersprechen und vielleicht mit einem Worte alle
seine Hoffnungen zu zerstören. Hoffnungen auf eine
Zukunft, die ach! auch ihr so lieblich erschien, daß sie
hätte weinen, laut aufschreien mögen bei dem Gedanken,
daß niemals etwas daraus werden könne. Ja, sie
mußte fort, das war ihr furchtbar klar. Nicht mehr
länger durfte sie zuhören und den guten Burschen reden
lassen. Auf einmal, ohne sich zu erklären, wollte sie
wegspringen und heimeilen .... auf einmal — jetzt,
nur noch einen Augenblick, eine halbe Minute neben
ihm, und dann scheiden fürs ganze Leben. — Ja scheiden!
... Sie erfaßte krampfhaft die Hand des Burschen, ihre
Blicke begegneten sich innig und inniger und mit einem
Seufzer, in dem der ganze Schmerz und die ganze
Wonne eines Menschenlebens lag, sank sie an seine
Brust. Da nun ruhte sie und weinte. Er legte den
zitternden Arm um den weißen Hals, welchen der
Schatten der Buchenäste gar nicht zu treffen schien. In
der Brunnenstube rauschte es ganz wunderbar, das
Fallen der einzelnen Tropfen klang wie Saitenspiel, das

Flüstern der Wipfel da droben wie Gesang. Dorotheen war's, als ob sie nun alles, alles heraus weinen könnte, was bisher sie erdrücken und ersticken wollte, während Jos vergebens nach Worten für seine Empfindungen suchte. Vergessen war die böse, böse Welt und alles, womit sie diese beiden Herzen schon belastet hatte, vergessen alle Verhältnisse und Verbindungen, selbst Vater und Mutter — wenigstens eine Zeit lang und viel länger als die Glücklichen glaubten, die jedes Zeitmaß verloren. Dann durchzuckte es das Mädchen wie ein furchtbarer Schmerz. Es stieß einen leisen Schrei aus und schien dann etwas sagen zu wollen, aber wieder wurde seine Stimme von einem Strome noch heißerer Thränen erstickt.

Wenn der Schutzgeist der Ursprünge noch in der nun folgenden Viertelstunde bei seinen Opfergaben weilte, so segnete er gewiß das Paar, welches wie angebannt unter den Buchen saß, und sich schweigend umschlungen hielt. Wurde doch selbst Hansjörgen, der unbemerkt nahe genug kam um beide zu erkennen, so wunderbar zu Muthe, daß er, da er sie nicht stören, nicht auf einmal aus ihrem Himmel bringen wollte auf die böse Welt, wieder zurück schlich und in der Ferne nur leise, doch so laut, daß die Beiden es hören mußten, ein Soldatenliedchen zu summen begann.

Das that Hansjörg, der sonst so fest rechnete, die Schwester einmal als Bäurin auf dem Stighof, auch zu seinem Vortheil, walten zu sehen. Seit Hans Dorotheens oder ihrer Verwandtschaft sich so schämte, daß er sie gleich aus dem Dienste ließ, hätte Hansjörg ihm so ein Mädchen wie seine Schwester gar nicht mehr gegönnt. Des Vaters schonungslose Selbstsucht war jetzt seinem Wesen fremd und die Mittheilung desselben: Dorothee habe den Jos abschwören müssen, wär ihm gewiß recht schwer auf dem Herzen gelegen, wenn er die Sache so ernsthaft wie Dorothee genommen hätte. Doch er wähnte, dem Vater sei der Jos nur zu arm. Wenn das einmal etwas anders und der Vater überzeugt sei, daß man den dicken Hans nicht mehr fangen könne, werde das im Zorn gesprochene Wort von Herzen gern zurückgenommen werden. Auch den Jos brachte er zu dieser Ansicht und machte ihn so fest, daß den guten Burschen die Zurücksetzung Dorotheens zuweilen ordentlich ärgern konnte, wie manche Sorge dadurch ihm auch abgenommen wurde. Hansjörg war noch begieriger, den Jos in seinen für einen Schneider so vortheilhaften Schleichhandel zu ziehen, seit er damit auch für seine Schwester zu sorgen meinte. Der Krämer konnte doch nicht verlangen, daß man einzig für ihn über die Berge gehen werde. Jos hatte den Gewinn viel nöthiger, der z. B. von billigen Seidenstoffen zu machen war. Er war schwer zu bereden. Endlich aber, als auch andere Handwerker ihn drängten und ihm ihre Sparpfennige vorzustrecken versprachen gegen die Zusage, daß er ihnen, wenn sie etwas kauften, keinen Profit berechne, hatten sich die Beiden geeinigt, und heute kam Jos, um den ersten Waarenballen abzuholen. Nur Dorotheens Predigt brachte ihn um den Muth, ihr das offen zu sagen. Jetzt freilich hätte er ihr alles sagen, hätte nöthigenfalls ihr in allem nachgeben mögen. Aber dazu blieb keine Zeit mehr, als Hansjörgs leiser Gesang das Mädchen aufschreckte. „Ach Jesus! wer kommt?"

„Gewiß niemand als Hansjörg," beruhigte Jos.

„Aber was will der?"

„Sei ohne Sorgen, der sagt dem Vater gewiß nichts."

Dorothee schien zuerst erschrocken über diese Erinnerung an den Vater und das ihm gegebene Wort. Gleich jedoch richtete sie sich stolz auf und rief: „Was geht ihn auch diese Stunde an? Gott hat sie mir gelassen und ich fühle, wie ganz sie hineingehört in mein Leben, wie der Frühling ins Jahr. Aber weißt du denn auch schon, was ich habe versprechen müssen?"

„Hansjörg hat es vom Vater selbst, aber er nimmts nichts besonders ernsthaft. Der Vater wär wol zurück zu bringen, wenn ich nur etwas mehr Vermögen hätte. Das, Dorothee, nur das ist der Grund, daß ich auch den Schleichhandel betreibe."

„Ach Jos, warum doch mußt du mir diese Stunde noch so verderben!"

„Ich thu das gewiß nicht. Ich will nur machen, daß wir noch viele solche Stunden erleben können und dürfen."

„Mir wird nie mehr wohl sein, wenn ich an dich denke."

„Sei nur unbesorgt. Unser gefährlichster Feind ist

der Krämer, aber Hansjörg dient auch ihm, und mir nur so nebenbei. Wenn der später etwas von unserm Zwischenhandel merkt, wird er doch nicht mit mir auch sich selbst in Verlegenheit bringen wollen."

"Wir tragen am gleichen Unglück, wir sollten es gemeinsam und demüthig tragen, bis Gott hilft. Es ist nicht mehr in Ordnung, wenn man sich nur auf den Eigennutz Anderer und auf List und Frechheit verlassen muß. Ich hab keinen gekannt, der dabei noch ein guter Mensch geblieben ist. Ich möchte dich lieber arm sehen, als wie den Krämer, und ich weiß was arm sein heißt und was ich dabei leiden werde. Du solltest Hansjörgs guter Engel werden und nun verführt er dich! Komm, laß ihm seinen Plunder und geh mit mir!" bat das Mädchen und erfaßte seine Hand.

"Das kann ich doch unmöglich; denk, er ist auch dein Bruder und ich darf ihn nicht verlassen."

"Und ich kann dich nicht als Schwärzer denken," sagte das Mädchen; sein Händedruck aber, mit dem es schied, schien dem Jos doch wieder zu verzeihen.

Jos stand zitternd, zweifelnd, rathlos, bald vier Schritte vorwärts, bald zwei zurück gehend. "Sie ist gut," rief er, "viel zu gut für diese Welt, und wenn man es da zu was bringen will, darf man ihr nicht folgen. Ich handle gegen ihren Willen, aber doch für sie, nur für sie."

Jetzt stand Hansjörg neben ihm.

Etwa zehn Minuten später eilte Jos mit der Last, welche er Dorotheens Bruder abgenommen hatte, so schnell als möglich ins Dorf zurück. Hansjörg, der durch nichts andeutete was er sah, und auch die heim= eilende Schwester nicht zu bemerken schien, machte sich wieder über die Berge, um noch vor dem Grauen des Morgens auch den Krämer zu bedienen, von dem er in der vorletzten Nacht schon über die Grenze geschickt worden war.

Dreiundzwanzigstes Kapitel.

Dorothee kommt abermals in ein Gerede.

„Ach Jos, warum doch mußt du mir noch diese Stunde verderben!" jammerte Dorothee, als der Geliebte ihr mittheilte, auf was für eine Art er für sie beide wirken werde. Aber so eine Stunde läßt sich nicht so leicht wieder verderben, und besonders schon gar nicht dadurch, daß man hernach für den muthigen, opferwilligen Mitgenossen derselben zittern muß. Wäre die Liebe die große mächtige Weltbeherrscherin, wenn sie sich nur aus wohlgeordneten Verhältnissen wie das Resultat oder die Probe einer Berechnung ergäbe, und wenn sie so den Weg schon geebnet finden müßte? Dann segnete sie nie des Armen baufällige Hütte, dann wäre sie die Qual des größten Theils der sorgenbeladenen Menschheit, die sie nur noch tiefer unter ihre Lasten begrübe. Die wahre Liebe aber erhebt über die Kleinlichkeiten des Lebens. Sie überwindet die Selbstsucht und alle andern Suchten, deren Jammergestalten die, welche sie ihres Segens unwerth hält und strafen will, als ihr Bild verehren,

zu spät erst den Abweg erkennend, auf welchen ihr Götzen=
dienst sie geführt hat.

Eine ganz unglückliche, ganz hoffnungslose Liebe
gibt es eigentlich gar nicht; denn die Liebe findet Hoff=
nung und Glück immer und überall wieder in sich selbst.
Der Liebende, der im Kampfe mit entgegenstrebenden
Verhältnissen erläge, gliche nur erst dem gefangenen
Weisen, welcher doch noch besser daran ist als sein roher
Ueberwinder, der noch immer den Lichtstrahl der Wahr=
heit fürchtet, welchen er nicht einzusperren vermag.

Die Neigung hat einen strengen Werthmesser bei
sich, für den es fast jeden Tag etwas zu thun gibt; hat
aber einmal die Liebe gesprochen und ihren Schatz in
ein Herz ausgeleert, dann wird alles aufgewogen, was
auch die ärgsten Plaggeister der Menschen in die andere
Wagschale werfen mögen, und die Macht der Verhältnisse
ist wenigstens innerlich überwunden. Die Liebe nährt
sich nicht mehr bloß von dem Werthe ihres Gegenstandes,
sondern durch sich selbst glaubt sie, hofft sie und ist
glücklich.

Auch das ärmlich gekleidete Dorfkind, der einfachsten
Erziehung entwachsen, kann so leicht und wol noch leichter
etwas von diesem Segen der Liebe empfinden als die
fleißigste Romanleserin, wenn es darüber auch nicht so
gut wie diese jeden Augenblick ein Langes und Breites
zu machen weiß. Eine schöne Strecke des Lebensweges
legt man gern in der Erinnerung wieder zurück, wenn
man auch für einzelne Stellen leichter eine Farbe, ein
Bild, als eine sprachgerechte Bezeichnung findet. Der

Gewinn für sich selbst kann gewiß in beiden Fällen der gleiche sein. Dorothee sann Tage, Wochen über das, was Jos und was sie mit ihm seit einem Jahr erlebt hatte. So entstand ihr ein Zug nach dem andern, bis das Bild eines Mannes, den sie zitternd bewundern mußte, lebendig vor ihrer Seele stand. Vieles freilich war in seinem Wesen, was ihr Sorge machte, aber auch das webte nur wieder den Theuern tiefer in ihre Gedanken und Träume, selbst in ihre Gebete hinein. Er mußte so sein wie er war, sonst wär er nicht mehr er gewesen, und so wie er war, war er ihr auch recht, obwol sie sichs niemals gestand. So beständig nun auf ihn blickend, für ihn sorgend und betend, übersah sie stets die Kluft, welche sie wol für immer von ihm trennte. Wenn sie aber einmal daran dachte, so sagte sie sich, daß diese Welt eben kein Himmel sei und jeder Mensch seinen Theil zu tragen habe. Hierüber waren ihr erst in der Gaststube der Kronenwirtin die Augen aufgegangen. Da erst erfuhr sie recht, was alles im Leben sich zwischen die Menschen und ihr mit Aufopferung aller Kraft verfolgtes Ziel stellen kann, und welch verzweifelte Anstrengungen zur Beseitigung solcher Hindernisse gemacht werden. Von solchem Kämpfen und Treiben hatte sie auf dem friedlichen stillen Stighofe neben dem behaglichen Hans keine Ahnung bekommen. Seit sie vernahm, wie mans da und dort getrieben hatte, war es ihr leichter, den Vater zu entschuldigen und somit auch das ihm gegebene Versprechen etwas weniger wichtig zu nehmen. Je länger sie die Leute beobachtete, desto mehr kam sie dazu, alles nur der Gunst oder Ungunst der Verhältnisse zuzuschreiben. Menschliche Leidenschaften und Schwächen wurden selten so milde beurtheilt, wie von ihr, die bald fast in jedem Gesunkenen bloß noch einen Niedergebrückten sah, der endlich seiner Last erlegen war wie ihr Vater, und in jedem Waghals einen Helden, der auf gewöhnlichem Wege seine Pläne so wenig ausführen konnte als Jos und daher ohne Rücksicht auf das Urtheil der Menschen alle Schranken überspringe. Jeden von diesen begleiteten auf seinen gefahrvollen Wegen ihre Glückwünsche, seit sie stets für den Jos und ihren Bruder zittern mußte. Derlei Gedanken und Sorgen waren für sie große Wohlthaten. Womit sonst hätte sie sich beschäftigen, wie sich wieder ganz heraus bringen sollen aus der engen düstern Wohnung ihrer armen Eigenen, wenn sie nicht hätte zur Brunnenstube fliehen können in Gedanken oder ins Durcheinander des Lebens, wie man es in der Gaststube beobachten und innerlich mitleben konnte. Wie ihr in ihrer jetzigen Stimmung Dezembersturm und Schneegestöber lieber war, als ein stiller, warmer, nebliger Tag, so freuten sie auch recht lebhafte, mitunter fast gar zu laute Gäste weit mehr, als diejenigen, welche sich still hinsetzten und mit einer Amtsmiene ihr Geldlein zu verzehren begannen. Unter allen, die sie mit der öffentlichen Meinung und mit dem Hergebrachten im Kriege sah, war nur einer ihr lange Zeit recht von Herzen zuwider, nämlich der Andreas, Angelikas Gatte, dem sie gar keine menschlich schöne, liebsame Seite abgewinnen zu können meinte. Zuerst hielt sie ihn für einen verzogenen, reichen Bauern, der, immer am Gängelbande geführt, sich selbst nie habe weisen und leiten lernen, für einen Spielball jeder Laune der Menschen und des Zufalls. Auf diese Weise nun erklärte sie sich auch seine Verbindung mit der guten Angelika, die doch unmöglich aus dem Herzen der Beiden heraus gewachsen sein konnte. Ein Beweis für ihre Vermutung lag schon in dem, was sie damals auf dem Stighof sah und hörte, wie heimlich auch die Stigerin ihre Kämpfe mit Hansen gekämpft hatte. Bald aber kam sie zu der Ueberzeugung, daß eigentlich nur Angelika das Opfer elender Berechnungen geworden sei; dieser Andreas mit dem harten, abgewetterten Gesicht und der gewaltigen Stimme, neben der nichts Anderes mehr zu hören war, schien sich nie von etwas anderem als von seiner Leidenschaftlichkeit beherrschen zu lassen. Sagte doch der Trotzkopf es der Wirtin, die ihn einmal ernstlich an seine Gatten- und Vaterpflicht erinnern wollte, ganz offen wie eine schon ausgemachte Wahrheit, daß es für ihn da gar keine Pflichten gäbe. Die, welche nun einmal zu ihm gehörten, hätten ja noch immer mehr als genug daheim, um recht anständig leben zu können. Er gönne dem Weib die Freude, ihn die meiste Zeit gar nicht zu sehen; dafür nun müsse sie ihm, wohl oder übel, eine Kurzweil im Wirtshaus erlauben. Seine Schulden würden gewiß in der Ordnung bezahlt, und sonst brauche doch ein Mann in seiner Lage sich nicht um alle die altmodischen Hausmannsregeln zu kümmern und könne seines Besitzes auf seine Weise sich freuen, wenn er nur frei von der Dummheit sei, sich dabei noch viel um so hohle Worte wie Ehr und guten Namen zu kümmern.

So sagte der Andreas und machte dabei ein Paar Augen, daß wol mancher Mann am Platze der Wirtin sich vor seiner schon oft erprobten Faust gefürchtet und von Glück gesagt hätte, wenn gleich alles wieder aus gewesen wäre. Die Wirtin aber war durchaus nicht von der Art. Sie kümmerte sich auch nicht viel um die Kundschaft eines Mannes, der sich mit solchen Grund= sätzen groß that. Andreas mußte nun eine lange sehr gesalzene Predigt hören und so schnell kam Schlag auf Schlag und traf so richtig, daß ihm nicht einmal mehr einfiel, er könnte ja gehen und dadurch sich aus der wachsenden Verlegenheit retten. Ja, da die Wirtin ihm lebendig ausmalte, wie gut er es daheim hätte, wenn ein ordentliches Leben wieder den Segen Gottes auf sein Haus zöge, wie er aber statt dessen sich Weib und Kind entfremde, daß sie seiner sich schämen müßten — da wurde der Mann ordentlich weich und ließ die Wirtin nicht weiter ausführen, warum auch die ärmste Bettlerin mit Angelika noch lange nicht tauschen würde.

„Sie liebt mich nicht mehr und glaubt mir nicht, das treibt mich aus dem Hause zu anderer Kurzweil. Es wird nie mehr besser, und drum kann ich auch nichts verderben, wenn ich mich auch räche, daß sie durch ihren finstern Ernst mein Lebensglück zerstörte," rief Andreas trotzig, aber doch etwas weich. Der Wirtin gefiel diese Antwort durchaus nicht und sie verließ gleich die Stube. Dorothee dagegen, die neben der Stubenthür am runden

Haustische mit der großen Schiefertafel stand und des Pfarrers messingenen Bierkrugdeckel wieder glänzend fegte, glaubte aus dieser Rede des Andreas etwas wie eine Klage heraus gehört zu haben. Nun erschien ihr selbst dieser Mann in viel günstigerem Lichte, als ihn sonst die öffentliche Meinung sehen ließ. Angelika war wirklich nicht mehr wie früher. Das Finstere, Abstoßende ihres Wesens hatte Dorothee an jenem Abende vor der ungültigen Beicht auf ihrem Heimgang empfunden. Und beim Andreas kam dazu noch, daß sie mit besonderer Vorliebe von Stighausen zu erzählen schien. Jos hatte so ängstlich gefragt, ob sie, Dorothee, nicht mehr das Heimweh auf den Stighof habe; wie weh nun mußten dem Andreas von seinem Weibe dergleichen Andeutungen thun und ihm das Leben unter seinem eigenen Dache verbittern. Man sieht, wie sichs das Mädchen schon angelebt hatte, sich in die Verhältnisse der Gäste mit Benutzung aller früher gemachten Beobachtungen hineinzuleben und mit ihnen und für sie zu sinnen und zu sorgen. Schon zu oft hatte sie die wunderbare Wirkung eines lobenden, tadelnden oder beruhigenden Wortes wahrgenommen, um nicht zuweilen auch so ein schöpferisches Werde sprechen zu wollen. Besonders nöthig und auch nicht ganz vergebens schien ihr das jetzt beim Andreas. Freundlich, beinahe bittend sagte sie, daß der Mensch nie verloren sei, bis er sich selbst aufgebe, daß man aber bei Andern Einfluß und Achtung erst wieder gewinne, wenn man sich selbst und seiner Empfindlichkeit befehlen und sich wieder achten gelernt habe. Andreas antwortete so vernünftig, daß Dorothee sich in ein langes Gespräch mit ihm einließ und am Schlusse desselben schon recht viel ausgerichtet zu haben meinte.

Von jetzt an wendete sich Andreas immer nur an sie, so oft er kam, was immer häufiger geschah, und die Wirtin durfte ihm, auch nicht einen Schoppen mehr bringen, obwol er ▇▇ Dorotheen ebenfalls zuweilen hören mußte, daß ▇▇ genug sei, was er sich immer gleich beistimmen▇▇ ließ. Dorotheen freute das um so mehr, da e▇ ▇ nur ganz natürlich, nicht etwa bloß geheuchelt s▇▇ Seit lange schon machte wol niemand ihm ein freundliches Gesicht, als wer etwa dabei seinen Vortheil suchte. Mußte ihm nicht wohl werden, als er sich wieder freundlich behandelt sah von ordentlichen Leuten, so daß er auch in den Augen Anderer wieder ein wenig zu wachsen begann! Dorothee hatte die größte Freude, ihn fast jeden Abend noch stiller zu sehen, so daß endlich auch die Wirtin sein Benehmen zu loben begann. Wenn sie nur immer einen freien Augenblick gewinnen konnte, setzte sie sich zu ihm und begann ein Gespräch mit ihm anzuknüpfen, wie sehr dabei die andern Gäste dann auch die Köpfe zusammenstecken mochten. Die Wirtin war nämlich bei den Letzten unter allen, welchen das etwas verdächtig schien. Man erinnerte sich wieder daran, daß das Mädchen sich auch mit Stighansen so weit einließ, daß es aus dem Dienste treten mußte, damit es im Beichtstuhl wieder gehörig losgesprochen werde. Zwar wollte niemand etwas wissen und niemand etwas gesagt haben, aber das galt für eine ausgemachte Sache, daß das Mädchen reichen Leuten gegenüber ungemein schwach und blind sein müsse, sonst würde es wenigstens mit diesem landesbekannten Taugenichts nach den früher gemachten Erfahrungen in kein Gerede mehr gekommen sein.

Die Wirtin, die Dorotheen recht von Herzen liebte, würde dem Andreas gerne das Haus für immer verboten haben; aber sie fürchtete, d■■■■■■ nun einmal entstandenen Gerede noch einen ■■■■■ zu geben wie Hans, da er das arme Mädchen ■■■■ in der Zeit fortschickte. Wollte sie Dorotheen ■■■■■, so sagte diese: Sie habe solches Gelärm schon gewohnen müssen und wolle nun durch den vielgeschmähten unglücklichen Andreas beweisen, daß noch nicht jeder schlecht sei, den man verdamme, sondern mancher bloß durch solches Urtheil den Glauben an sich selbst verliere und wirklich schlecht werde. Wurde die Wirtin, die es recht gut meinte, über solche Antwort ärgerlich, so konnte sie Dorotheen wol zum Weinen, aber nie zum Nachgeben bringen. So saß die gute Frau eines Tages in der Stube bei ihrem Strickstrumpf und während Masche sich an Masche reihte, sann sie darüber nach, wie wol das unerfahrene Mädchen am besten von seiner Bekehrungssucht zu heilen wäre. Da polterte der Stighans herein und verlangte sogleich ein vertrautes Wort mit ihr zu reden.

Im Herrenstüble angelangt, zupfte der Bursche verlegen am Halstuch, während die Wirtin die Thüre schloß, und sagte dann rasch wie immer, wenn er kaum den rechten Anfang finden konnte: „Was ist denn anders worden in der Kronenwirthschaft, daß da ganz ein ordentliches Mädchen so ins Geschrei kommen kann?"

„Gerade so," versetzte die Wirtin, „hätte man vor kaum einem halben Jahr auch die auf dem Stighofe fragen können."

„Nein," widersprach Hans, „dießmal ists viel ärger und wer ihr zusieht, muß fast wider Willen glauben, was der Wein aus dem Ohrensprecher heraus redet."

„Aus welchem Ohrensprecher?"

„Natürlich dem Andreas."

„Was weiß denn der?"

„Kurz und gut, daß er bei Dortheen alles gelte, daß er sie fast um einen Finger wickeln könnte. Sicher sagt er zehnmal mehr als wahr ist, aber er sollte gar nichts zu sagen den Muth haben; und wenn mancher her kommt und beide so vertraulich thun sieht, glaubt er schon alles bestätigt. Ich kenne das Mädchen freilich besser, möchte denn aber doch erfahren, was es mit dem Andreas immer zu reden gibt. Du mußt das wissen, sonst würdest du es gewiß nicht leiden. Von der Art bist du nicht, daß du solche Goldvögel um jeden Preis fangen und rupfen lassen willst."

„Ich meine doch auch," sagte die Frau nicht ohne Selbstgefühl.

„Wie kann aber Dorothee so blind werden und nicht merken, wer der Mensch ist und wohin er sie bringen möchte?"

„Ja," sagte die Wirtin scharf, „sie muß sich beim Weinen über andere trübe Erfahrungen die Augen gewaltig verdorben haben. Andere, seit lange kurzsichtige Leute haben die gefährlichen Stellen im Gedächtniß, aber sie scheint eben an diesen Zustand noch nicht recht gewöhnt zu sein."

„Ich verstehe das nicht."

„Nun — dann werd ich dir mit einem Holzschlägel winken müssen. Wenn man von denen, die man schätzt und liebt, so wie sie dich geschätzt hat, nur feige Treulosigkeit erlebte, was um Gottes Willen soll man dann von Andern denken? Anfangs drückt so eine Erfahrung beinahe das Herz ab, später muß man an allem verzweifeln, oder alles entschuldigen. Dorothee nun ist zum Verzweifeln zu gut. Jetzt glaubt sie jedes Fehlers Ursprung zu wissen, der Mensch hat immer keine Schuld und alles ist nur durch die Verhältnisse so geworden. Sie muß das wol, um den Leuten ein freundliches Gesicht machen zu können, so auslegen. An dem nun bist gewiß du so viel als einer Schuld. Wie weh muß es ihr gethan haben, als ein dummes Gerede dich schwach machte. Nun will sie größer sein als du und den Glauben an das Urtheil der Menge hat sie verloren, weil sie weiß, wie unschuldig sie damals verschrieen und von dir verlassen wurde."

Hans stand eine Weile wie angedonnert, dann rief er: „Nur nicht aufbegehrt! Sie hätte nicht gar so schnell gehen müssen. Mich hat das mehr geärgert als alles Andere. Wärest nur du nicht auch noch dazwischen gekommen, so würde nun alles in schönster Ordnung sein."

„Damals," fiel die Wirtin, die aus diesen Reden

durchaus nicht klug werden konnte, ungeduldig ein, „damals hast du dich nicht so viel um des Mädchens Ehre bekümmert und um seinen guten Ruf wie heute."

„Damals," erwiederte Hans, „hab ich der Mutter gefolgt und heute meinem eigenen Herzen."

„Solches Geschwätz," fuhr die Wirtin auf, „hätt ich von dir nicht mehr zu hören erwartet. Jedes Kind weiß, wie ganz dich der Krämer in seiner Schublade hat, seit das auch der Mutter in ihren Kram paßt. Und nun kommt der Spitzbub und redet mir von seinem Herzen, als ob ich alles gerade so leicht entschuldigen thät wie Dorothee."

Hans fühlte sich jetzt viel zu sehr im Rechte, um so schnell wieder seine Fassung zu verlieren. „Die Mutter," sagte er, „hätte jetzt auch gegen Angelika nichts mehr. Aber das ist schon zu spät. Sie ist gebunden und ich kann sie nicht mehr erlösen, aber hoffentlich doch noch ein wenig etwas für sie thun."

„Für wen?"

„Muß ich auch noch mit dem Holzschlägel winken? Für Angelika —".

„Dann winke und deute nur zu, denn ich verstehe dich noch immer nicht."

„Dann bist du doch auch nicht gar so klug und hast alles gar so klar aus dem Kaffeesatz wie man meint. Ich bin der Hans, aber als Dorothee mit dem Andreas ins Gerede kommen ist, da ist mir doch gleich etwas eingefallen und dir kommt es jetzt noch nicht einmal in den Sinn. Ich hab mir eingebildet, wie weh dieses Gerede der Angelika thun müsse. Diese Vorstellung hat mir keine Ruh und an nichts mehr eine rechte Freude gelassen."

„An Angelika?" fragte die Wirtin erstaunt, „an die hättest du zuerst gedacht?"

„Allerdings, und hab ihr gewiß alles treulich nachempfunden, was die Arme litt. Ich kann das schon auch. Zwar bei so Mädchen, die jeder Wind herumdreht, kann kein Mensch errathen, aus welchem Dorfe sie eben wieder läuten zu hören meinen, und ich mag mich auch nicht besonders viel darum kümmern. Ein Weib aber hält vor allem, selbst vor ihrem Glück, an der Ehre des Hauses und hängt mit Leib und Seele fest an denen, mit welchen sie leben und Schand oder Ehre theilen muß."

„Du kennst die Weiber ziemlich gut," spottete die Wirtin, obwol oder gerade weil sie dem Burschen innerlich recht lassen mußte.

Hans aber sagte ganz ruhig: „Ich hätte schon lange geheiratet, wenn man gleich ein Weib nehmen könnte. So ein unerfahrenes Ding jedoch ist nur zum Kurzweilen, zum Singen und Springen recht."

Der Wirtin kam diese Ansicht so vernünftig vor, daß sie dieselbe Hansen schwerlich einmal zugetraut hätte. Noch etwas ungläubig fragte sie: „Ist dir das schon immer so vorgekommen?"

„Nein, der Verstand kommt einem erst mit den Jahren. Damals, als Angelika noch ledig und ein junges Mädchen gewesen ist, ja da hätt ich sie nicht anders wünschen können, — in keinem Stücke. Später ists mir so worden, und an den Mädchen gefiel mir das am besten, was dann zum Segen des Hauses mit in den Ehstand genommen werden kann. Es ist nicht die oder die gute Eigenschaft und ich wüßte nicht, wie ich alles zusammen was ich meine, ganz kurzweg nennen sollte. Auch Empfindlichkeit für die Ehre der Familie gehört dazu, drum hab ich mir gleich vorgestellt, wie weh der Angelika so ein Gerede thun müsse. Wol hat man schon früher hören können, daß er, wie ein Lediger, mit allen Kellnerinnen bis Bregenz hinaus bekannt sei; aber das war so allgemein und übertrieben, daß es viel weniger in die Augen stach, als was man jetzt von Dorotheen hört. Du nun kannst da viel ausrichten mit einem ernsten Wort und ich halte das auch für deine Pflicht."

„Du hast recht," sagte die Wirtin, und mehr konnte gewiß einer nicht verlangen, welcher kam, sie an ihre Pflicht zu erinnern. Hans gieng auch recht zufrieden heim, obwol er nicht wußte, wie leicht es ihm dießmal hätte fehlen können bei der Kronenwirtin, die sich noch von ganz Andern sehr ungern einreden und gar von der Ehre ihres Hauses vorpredigen ließ.

Nun wurde Dorothee sogleich ins Herrenstüble gerufen, die Thüre wieder geschlossen und ihr dann das ganze Gespräch mit Hansen mit nur wenigen Auslassungen mitgetheilt. Es war das anfangs nicht der Plan der Wirtin, doch als Dorothee sogar jetzt noch recht haben wollte, schien es ihr das Klügste, Hansen selbst, den doch nicht jedes leere Geschwätz in der Welt herum trieb, gegen sie auftreten zu lassen. Als nun das kam, was Andreas gesagt haben sollte, wechselte das Mädchen die Farbe. „Nun helfe mir Gott!" rief es mit tonloser Stimme, „denn ich weiß mir nicht mehr zu helfen. Drückt denn die Armuth so tief nieder, daß man in Allem was unsereins thut, nur etwas Schlechtes sehen kann?"

„Nun danke Gott für die Einsicht und glaube nicht, daß es dein Beruf sei, überall einzugreifen. Dazu muß man fester stehen als du. Denk an den faulen Apfel, der den frischen ansteckt, statt neben ihm frisch zu werden."

Schweigend verließ Dorothee das Herrenstüble und gieng still wieder an ihre Arbeit. Es war Sonnabend und gab daher noch viel zu thun für den morgigen Tag, für den man, wie jeden Sonntag, auf sehr viele Gäste rechnen konnte. Das Mädchen aber beeilte sich, um fertig zu werden, bevor der Andreas kam. Vielleicht gieng ihm auch alles um so schneller aus der Hand, weil es darauf hielt, seinen Unmuth zu verwerchen und keinen Augenblick zu sich selber zu kommen. Wol noch selten oder nie war die fleißige Magd so früh in ihr Dach= kämmerlein gekommen als heute. Zum Schlafen war sie freilich nicht aufgelegt, aber sie hatte schon genug daran, doch nun allein und unbeobachtet sein zu können. Aufathmend öffnete sie das Fenster und schaute hinaus über die eingeschneiten Häuser, aus denen man da und dort noch ein Lichtlein schimmern und wie ein immer breiter werdender bläulich gelber Streif über den Schnee vor dem Fenster hinaus leuchten sah; und hinauf zu den röthlich schimmernden Bergspitzen, deren eigenthümliches Glühen wol eine Sturmwoche verkünden mochte. Leise schlich die Aach hart neben dem Hause dahin, und Dorothee wollte sich zwingen, in Gedanken ihren Lauf bis zum Bodensee zu verfolgen in der Hoffnung, daß auf dem langen Wege doch irgend ein Zeitvertreib zu finden sein werde.

Es gelang ihr nicht, die Gedanken anzubinden. Schon vor der Hausthüre begegnete der aufgeregten Einbildung Andreas, wie er leibte und lebte, und sie begriff nicht mehr, wie sie sich um ihn so viel kümmern konnte, ihm es schon für ein großes hielt, daß er sich einige Male wie andere vernünftige Menschen zu benehmen suchte. Wenn er anders geworden wäre, hätt es ihn gewiß früher heimgetrieben zu Weib und Kind, daß man ihn daran nicht mehr hätte mahnen müssen. Das alles mußte Dorothee sich jetzt gestehen, und es war ihr dabei stets, als ob jemand mit durchbringenden Blicken sie verfolge. Schon wollte sie das Fensterchen schließen, da glaubte sie das Geräusch von Tritten zu hören und sah gleich darauf, wie ein schwer beladener Schlitten von zwei Männern vor dem Hause vorbei gezogen wurde.

Das Mädchen horchte. „Wenn doch nur der Sturm noch wartet, bis wir auch dem Krämer seine Sachen unters Dach gebracht haben," flüsterte der Eine.

Dorothee zitterte. Sie hatte die Stimme des Geliebten erkannt.

„Sei du zufrieden, wenn du deinen Plunder hast. Der Krämer kann mir einige Träger mitgeben ode meinetwegen alles bei der Brunnenstube verschneien laffen," verſetzte Hansjörg mit heiſerer Stimme.

Dorotheen wars, als ob der ſchneidende Windſtoß ihr den Geruch fauler Aepfel entgegentrüge. Erſchrocken fuhr ſie zurück und ſchlug das Fenſter vielleicht noch um so heftiger zu, damit die Beiden daran erinnert wurden, wie leicht man ſie belauſchen könnte. Der Schleichhandel kam ihr noch nie so verdächtig vor wie jetzt, aber mit den Beiden, die ſie eben gehört hatte, war ſie doch nicht so bald fertig wie mit dem Andreas. Es wär ein Büchlein davon zu ſchreiben, wie ſie von den ſchrecklichſten Gedanken, dann wieder von böſen Träumen gequält wurde, wie ſie ſann und betete, bis endlich — endlich das Morgenroth über die nahe Fluoh heraufdämmerte.

Zum lieben Glück hatte man dieſen Tag das Haus voll Gäſte, die das Mädchen kaum einen Augenblick zu ſich ſelbſt kommen ließen. Es waren viele da, die über Mittag trotz ihrer Sparſamkeit lieber im Wirtshaus blieben, als in ihre entlegenern Wohnungen eilten, da ſie es für eine Gewiſſensſache hielten, beſonders an einem so ſtürmiſchen Tag wie dem heutigen, wo Gott ſich ſeinen Zorn einmal recht anmerken ließ, auch den nachmittägigen Gottesdienſt nicht zu verſäumen.

Auch Andreas war über Mittag nicht heimgekommen und ſaß auf ſeinem alten Platze. Als Dorothee nun einmal einen freien Augenblick hatte, wollte er ſie, ohne die vielen Anweſenden zu berückſichtigen, ſogleich neben ſich auf einen Stuhl ziehen. Das Mädchen jedoch ſprang, einen Schrei ausſtoßend, mehrere Schritte zurück und schickte dann, als es von seinem Schrecken sich wieder ein wenig erholt hatte, die Wirtin an den Tisch, wo nun Andreas den Aerger an den in einem Weinglas auf= gestellten Cigarren auslassen zu wollen schien. „Ist das ein elendes Kräutlein, das nicht brennt und nicht geht, elend wie die ganze Wirtschaft," rief er immer wieder, versuchte ein Stück nach dem andern und warf es dann zum Fenster hinaus.

Der Wirtin ward das endlich zu viel, und als nun Andreas gar noch die Aeußerung fallen ließ, er denke nicht daran, die weggeworfenen Stücke zu bezahlen, sagte sie ihm vor allen Leuten die Meinung, daß er es zur Erforschung des Gewissens nicht besser und genauer hätte wünschen können. Er sagte auch spottend, hier könne man sich nun auf die Beicht gehörig vorbereiten, aber niemand lachte über diese Bemerkung, und ihn selbst er= schreckte die plötzlich entstandene Stille so, daß er, anfangs verlegen, sich nun erst recht in seinen Zorn hinein zu reden begann. Immer wieder dachte er ans Beichten. Noch nie kam er sich so schlecht vor als jetzt, da auch Dorothee ihn verließ, deren Freundlichkeit ihm doch so wohl gethan hatte. Aber weg mit solchen Gedanken, sagte er sich, ein volles Glas Wein hinunterstürzend und schrie: „Kein Gericht und kein Amt kann mich zwingen, geschmuggelte schlechte Waare zu zahlen, die hier um den Preis der guten verkauft wird. Zeigt mich nur an, dann werdet ihr Wunder sehen. Ich kenne die Waare schon auch."

„Sie ist von deinem Schwiegervater und noch kein Mensch hat sie getadelt," versetzte die Wirtin.

„Natürlich," spottete der Andreas, „weil die dummen Bauern was Rechtes gar nicht kennen. Ich aber will schon Zeugen bringen, welche sagen daß ichs kenne. Wer mit mir Händel anfängt, muß sie haben."

„Mache was du kannst," sagte die Wirtin.

Dorothee zitterte für den Geliebten und ihren Bruder. Alles Frühere für den Augenblick vergessend, näherte sie sich ihm und es gelang ihr leicht, den schon etwas Angetrunkenen zu besänftigen. Er zog sie neben sich und sagte: „Du Trotzkopf hast nicht einmal mehr mit mir dich unterhalten wollen."

„Ich will noch nicht," rief das Mädchen und machte eine vergebliche Anstrengung sich zu befreien. Die Wirtin eilte der noch Ringenden zu Hülfe, doch sie kam schon zu spät. Dutzende von Händen hatten den Andreas beim Kragen, bei den Haaren, den Händen, überall erfaßt, und eine Minute später lag er neben der steinernen Stiege vor der Thüre bei den zerstreuten Cigarren im Schnee.

„Das ist euch nicht geschenkt!" hörte man ihn keuchen, indem er sich aufrichtete. „So geht man nicht heim; ihr sollt aber merken, wohin ich gegangen bin, und bis dahin will ich nicht mehr in dieser Gemeinde übernachten; fort, fort!"

Und fluchend eilte er weg, wirklich nicht seiner Heimat, sondern dem Schnepfauer Walde zu.

Vierundzwanzigstes Kapitel.

Wie sich der Andreas rächt und was daraus entsteht.

Als Hans am Samstag aus der Krone heim gieng, wo er die Wirtin an ihre Pflicht als Hausmutter erinnert hatte, wurde er vom Krämer, der ihn nicht gern von Dorotheen kommen sah, zu einer Unterredung in die Stube gerufen. Ein Wort gab nun das andere und man trennte sich nicht mehr, bis Hansens Heirat mit der Zusel eine ausgemachte Sache war. Hans wünschte die Hochzeit noch zu verschieben, der Krämer jedoch war um so weniger dazu geneigt, weil er bei der Unterredung die unentschlossene Rath= und Thatlosigkeit des Burschen aufs neue kennen lernte. Schnell mußte da wol alles gehen, wenn es nicht wieder vergehen sollte. Daß er Dorotheen besuchte, nachdem diese von Zusels Freundinnen abermals ins Geschrei gebracht wurde, blieb jedenfalls verdächtig. Der Krämer that nun alles, um die Sache so schnell als möglich ins Reine zu bringen.

Er versprach dem stolzen Töchtermann sogar, nun als Mitglied einer angesehenen Verwandtschaft seine allerdings zuweilen entehrenden Händelchen, die böse Zungen Wucher zu nennen beliebten, für immer aufzugeben, sobald sein Laden geräumt sei. Hansen wurde schon um vieles leichter, als ihm endlich das Ja glücklich abgeschwätzt war. Nun hatte das Predigen der Mutter ein End und er war doch im Klaren darüber, was er zu thun hatte. Man thäte nicht recht, es nur dem vom Krämer aufgestellten Weine zuzuschreiben, daß ihm so wohl wurde neben dem schönen, heute seltsam stillen Mädchen und er spät Abends in der besten Stimmung das Haus verließ.

Den Krämer hatte es etwas nachdenklich gemacht, daß die Gläser des Paares beim Anstoßen keinen Klang von sich geben wollten, obwol er sah, wie ungeschickt der Bursche sein Glas in die Hand nahm. Schließlich aber lachte er über sich selbst, die gute Stimmung stellte sich wieder ein und er begann an der Erfüllung des gegebenen Versprechens zu arbeiten. Von jetzt an wollte er ganz ruhig und behaglich leben. Sogleich schrieb er an einige Geschäftsfreunde, um die in letzter Zeit gemachten Bestellungen zu widerrufen und erfreute sich dabei noch an dem Weine, welchen die Verlobten auf dem Tische hatten stehen lassen. Dann setzte er sich in den Lehnstuhl, kreuzte die Arme und malte sich seine Zukunft mit den lieblichsten Farben, bis Hansjörg kam und um einige Träger zur schnellen Beförderung der Waaren bat, die er glücklich bis zur Brunnenstube beim Liggstein gebracht habe.

Der Krämer gab ihm drei Thaler und sagte: „Da nimm und suche dir deine Leute selber aus, aber zuerst komm und trink."

Erstaunt sah der Schwärzer die Gläser auf dem Tisch. Dann that er einen herzhaften Schluck.

Der Krämer fuhr fort: „Bring alles zum Andreas in den Stadel. Ich mag nicht hinein, damit ich weniger verrathen werde. Jetzt schon gar nicht mehr, da nun doch alles bald aus ist. Der Vater der jungen Stighoferin treibt keine solchen Händel mehr und du kannst mir morgen deine Rechnung bringen."

Dem Hansjörg war es im Kopf, als ob ihm jemand unversehens eine recht gottserbärmliche Ohrfeige gegeben hätte. Alles drehte sich surrend um ihn herum, und ohne auch nur noch gute Nacht gesagt zu haben verließ er die Stube. Mit welcher Lust er nun an die Ausführung des Auftrages gieng, den er mit den drei Thalern erhielt, kann sich wol denken, wer noch so wenig als er vergaß, welche Hoffnungen ihm der Krämer einst im Wald ob der Halde gemacht und seither immer mehr oder minder genährt hatte. Trotzdem aber merkten die gedungenen Gehülfen, unter denen auch der Jos wieder war, nichts Besonderes an ihm, als seine Ermüdung, die sie natürlich fanden, sobald sie die Lasten sahen, die er den Tag über zur Brunnenstube geschafft hatte.

Am Sonntag, während in der Krone der Andreas hinausgeworfen wurde, rechneten Hansjörg und der

Krämer, der heute nicht karg war, im Frieden mit einander ab. Kein böses Wort wurde gewechselt. Hansjörg war dem Krämer sogar zu still, zu ergeben, und er hätte ein gesundes Aufbegehren weit lieber gehabt, als diese Ruhe, die weiß Gott was verbergen mochte. Es war eine förmliche Herausforderung, als der Krämer schließlich sagte: „Von der Heirat kannst du erzählen wem du willst. Am nächsten Sonntag wird sie freilich verkündet, aber es ist mir lieb, wenn die Leute schon jetzt wissen woran sie sind."

„Zu Befehl," sagte der Soldat trocken und gieng. Ihm that die Geschichte zu weh, als daß er hätte auf= begehren können. Nur Klagen hatte er, Klagen über seine Einfalt, die ihn ins Netz des bekannten Spitzbuben gerathen ließ, und über die böse Welt. Aber um alles hätte er seine Gefühle vor dem herzlosen Manne nicht äußern mögen.

Nun war der Krämer am Ziel. Er sah seine kühnsten Hoffnungen sich der Erfüllung nahen, und es waren doch elende Kleinigkeiten genug, ihm die Freude zu verderben. Zuerst lag das Klirren der Weingläser ihm in den Ohren, und nun hatte er stets Hansjörgs ernstes Gesicht mit dem unheilverkündenden Schatten vor sich. Schonungslos hatte der Mann jeden getreten oder geworfen, der ihm auf dem Wege zu seinen Zielen hindernd entgegentrat, und nun sollte er nicht einmal mit bloßen Einbildungen fertig werden. Leichter freilich wärs gegangen, wenn er Zuseln recht fröhlich gesehen hätte. Die aber schlich wie ein Schatten herum und

fragte wohl faft ein Dutzend Male: Was doch auch
Hansjörg zu der schnellen Wendung der Dinge gesagt
habe? Erst am Montag, als der Krämer das Haus
verließ und an seine neue Stellung in der Gemeinde, ja
sogar schon an Aemter und Ehrenstellen dachte, die dem
wohlhabenden Mitglied einer solchen Verwandtschaft in
seinem Ruhestand nicht mehr fehlen konnten, vermochte
er sich des Errungenen wieder ganz von Herzen zu freuen.
Er machte, damit Hans nicht in seinem Behagen geftört
werde und nur mit seiner Mutter über sein Vorhaben
rede, die zur Vorbereitung der Hochzeit nötigen Schritte
selbst und weidete sich an dem Erstaunen der Leute, daß
die Sache noch so schnell ins Reine gekommen sei. Ein
Vergnügen aber war ihm auch dafür zu gönnen, daß er
an einem so stürmischen Tage den Pfarrer und den
Vorsteher, Musikanten und Kleidermacherinnen auf=
suchen mußte. Sicher würden alle Häuser abgedeckt
worden sein, wenn nicht die allerdings nur noch unbe=
deutende Schneelaft die Schindeln festgehalten hätte.
Dabei stoben die großen Flocken herum, daß man halbe
Viertelstunden lang nicht von einem Hause zum andern
sehen konnte. Wer einen Gang zu machen hatte, kam
geschlossenen Auges auf dem verwehten Wege daher, als
ob er einen schwerbeladenen Schlitten nachziehen müßte.
Doch wenn ein vortheilhaftes Geschäft zu machen war,
pflegte der Krämer sich weder von Schloßen noch
Schneeflocken abschrecken zu lassen. Und galt es jemals
ein vortheilhafteres als heute? Am Sonntag mußte
Zufel sich als Braut gehörig stellen, und nun sollten

Schuster, Schneider und Nähterin den Arbeitszuwachs doch rechtzeitig erfahren.

Es gieng schon stark gegen Abend, als er, von seinen vielen Ständen und Gängen zurückkommend, vor dem Hause des Rößlewirts anlangte, dem er noch den gewiß willkommenen Auftrag hinterlassen wollte, daß er sich auf einen gehörigen Hochzeitsschmaus vorzubereiten habe.

Des alten Mannes übrigens noch ziemlich gute Augen waren von der Schneewolke, die ihn im Freien überall umgab und jeden dunkleren Ruhepunkt verhüllte, so angegriffen und geblendet, daß er einen Grenzjäger, der ihm unter der Hausthüre entgegen kam, beinahe noch umgestoßen hätte. Und noch war der Schreck über den unvermutheten Anblick des grünen Kragens ihm nicht aus den müden Gliedern, als ein kräftiger Arm ihn in einen Winkel schob und Hansjörgs aus tausenden zu erkennende Stimme ihm kühl und fast verächtlich einen guten Abend wünschte.

„Jetzt ists gefehlt!" klagte der fast zu Tod erschrockene Krämer und taumelte in die Stube.

Hier aber ward er nicht besonders freundlich empfangen. Mehrere Tausende der von ihm gekauften Cigarren hatte der Grenzjäger hier gefunden und für streng verbotene Waare erklärt. Nach dem Berichte des Wirtes war es nur dem Treiben und Fortdrängen Hansjörgs, der als des Grenzjägers Schlafkamerad noch viel bei ihm galt, und seinen listigen Antworten auf alle an den Wirt gerichteten Fragen zuzuschreiben, daß der Krämer nicht verrathen wurde.

"Er ist aber doch der Verräther. Niemand kann das wie er und hat so viel Grund, wenn er ein Auge hergeben will, daß ich beide verliere," jammerte der Krämer.

"Die Kronenwirtin," erzählte nun eine Magd, "hat viel eher deinen Töchtermann, den Andreas, im Verdacht. Er soll gestern bei ihr im Zorne fort sein und mit etwas Derartigem gedroht haben."

Der Krämer, nur Hansjörgen fürchtend, glaubte das nicht, aber mit Schrecken dachte er an die im Stabel versteckten Waaren. Sollten die ihn jetzt, wo er aufhören wollte, noch in Unglück und Schande bringen? Mit der Kronenwirtin mochte der Trunkenbold Händel haben, doch ihn, den Schwiegervater, durfte er wol schon aus Eigennutz nicht in eine so hohe Geldstrafe bringen. In der Krone fand die erste Haussuchung statt, Dorothee mochte dem Bruder das geschwind berichtet haben und nun ließ das Uebrige sich denken. Andreas machte die erste Dummheit nur, weil er nichts von der Waare in seinem Stabel wußte. Aber Hansjörg, der verkaufte, ins Joch gespannte, angelogene, ausgebeutete und weggeworfene Hansjörg mußte heute die Gelegenheit sich zu rächen mit Freude benützen. Dem sonst so weitsehenden Mann hätte einfallen sollen, daß der beeidete Soldat fürchten mußte, am tiefsten in die ihm gegrabene Grube zu fallen. Er meinte, der Kampf zwischen Verstand und Leidenschaft sei schwer zu berechnen, und da hatte er ganz recht. Selbst ihm gelang es nicht, sonst würde er viel ruhiger bei seinem Schoppen gesessen sein.

Hansjörg, der auch den Vorrath seines Freundes, den ganzen Reichthum des Jos und die Sparpfenninge seiner armen Freunde neben der Waare des Krämers verborgen wußte, war fast zu Tod erschrocken, als er vom Grenzjäger, den er zufällig antraf, erfuhr, warum er bei dem Unwetter mit dem betrunkenen Andreas ins Dorf gekommen sei. Wol redete der alte Bekannte so freundlich und offen, daß Hansjörgen alle Angst wieder vergangen wäre, wenn er nicht gefürchtet hätte, der Krämer könnte von einem der Wirte verrathen werden, um sich straffrei zu machen. Schon sich selbst und dem Jos zu lieb mußte der Spitzbube dießmal geschützt werden. Zum lieben Glücke kannte er den Grenzjäger als einen grundgemüthlichen Kerl, der gewiß kein Wässerlein trübte, wenns nicht von seiner traurigen Pflicht gefordert war. Da schien es das Klügste, gleich mit ihm in alle Wirtshäuser zu gehen, die durchsucht werden mußten, und mit Scherz und Ernst so viel als möglich alles abzuschneiden, was den pflichttreuen Freund etwa zu weitern Fragen und Untersuchungen zwingen mußte. Wol war das ein sehr gewagtes Spiel, aber der Schwärzer fand kein anderes Mittel, sich und diejenigen, an die sein Schicksal nun einmal gekettet war, zu retten.

Der Krämer aber legte den Eifer ganz anders aus, mit welchem Hansjörg sich dem Grenzjäger nach dem Berichte des Rößlewirts dienstbar zu zeigen suchte. Wenn er sein eigener Angeber wurde, so suchte er sich doch jedenfalls noch einen vielleicht mächtigen Fürsprecher zu gewinnen. Das erklärte alles, oder besser der Krämer

glaubte, daß er an Hansjörgs Platze so handeln würde.
An seinem Platz! Es war das erste Mal, daß der Krämer
sich in die Lage eines Menschen dachte, der ein Opfer
seiner Geldgier wurde. Jetzt aber that er das, gedachte
schaudernd der großen Rechnung, welche gestern nicht
ausgeglichen ward, und glaubte nun zu wissen, was er
zu erwarten habe.

Und was Hansjörg, dem er vielleicht zweimal sein
Lebensglück zerstörte, gegen ihn auch unternehmen mochte,
er konnte ihm nicht Unrecht geben. Ja das war noch
beinahe das Quälendste, daß bei allem dem ein herz=
liches Mitleid mit dem Armen sich in ihm zu regen
begann. Es litt ihn nicht lange bei seinem Schoppen.
Auf mußte er, fort, hinaus in Nacht und Sturm, wo er
wenigstens ungestört sinnen konnte.

Mit zitternder Hand legte er zwei Sechser neben
den kaum berührten Schoppen und gieng. Jetzt schien
ihm der verschneite Weg nicht mehr gar so schlecht zu
sein, auch peitschte der Sturm einem den Schnee nicht
mehr gar so arg ins Gesicht als Nachmittags. Nur
sehen konnte man auch jetzt nicht weit, das war wo
möglich schlimmer geworden; und doch hätte er es ver=
meiden mögen, unversehens jemandem zu begegnen, da
man ja leicht Verdacht schöpfen konnte, wenn man ihn
auf dem Wege sah, während ein Grenzjäger im Dorfe
verweilte.

Unwillkürlich verließ er den durchs Dorf hinein zu
der Wohnung des Andreas führenden Weg und merkte
nun, daß ihn der alte Schnee ganz vortrefflich trug. Er

lief also gerade so bequem ober unbequem ob dem Dorfe
hinein, als durch die verschneite und überdies unter der
glatten Decke des neugefallenen Schnees recht holperige
Gasse, mußte nicht zwischen Häusern hindurch und war
sicher, daß ihm kein Mensch begegne. Schon eilte er
hinauf, als ob es das Leben gelte. Schon mußte er
jedem, der im Dorfe war, in der Schneewolke verschwunden sein, und doch eilte er immer noch weiter
hinauf, bis er sich endlich ein wenig still zu stehen und
zu verschnaufen gezwungen fühlte. Bitter lachend sank
er zusammen. Es wurde ihm jetzt nicht so schnell zu
kalt auf dem neugefallenen Schnee. Er saß und sann,
während es im Thale dunkler und dunkler ward. Zum
Theil war es ihm doch noch lieb, daß Hansjörg sich zu
solchem verrätherischen Spitzbubenstreich fähig zeigte.
Nun hatte man wenigstens die Beruhigung, ihn an und für
sich schon für einen grundschlechten Kerl halten zu dürfen,
an dem wol nicht viel mehr zu verderben gewesen war.
Die tausend Gulden oder was der Spaß allenfalls kostete,
konnte er den Kindern ohne Sorge noch wegnehmen und
mithin war dann alles wieder aus. Alles? Wahrhaftig
nicht. Es blieb noch der heillose Spott und die fröm-
melnde Schadenfreude aller der Einfaltspinsel zu über-
stehen, die in den elenden Nestern ihrer Väter gewissen-
haft am Hungertuche nagten und schon längst gerne
sehen wollten, wie lang er es treiben könne bis ihm
endlich das Wasser in die Schuhe rinnen werde. Nicht
überstanden und sicher kaum zum Ueberstehen war das
Gejammer der alten Stigerin, die mit frommem Augen-

verdrehen jedes Abweichen von Gesetz und Ordnung zu
verdammen pflegte. Aengstlich malte der Krämer sich
die traurigen Folgen dieses verwünschten Zwischenfalles
aus, alles Mögliche, ja noch viel Unmögliches fiel ihm
ein, nur das nicht, daß Hansjörg ihn so gut als möglich
aus der Geschichte zu wickeln bemüht sei. Wäre er nur
sicher gewesen, daß die Beiden jetzt noch nicht im Stadel
herumschnüffelten, so würde er gleich hinab gegangen
sein, und wenigstens so viel als irgend möglich zu retten
versucht haben. Vielleicht noch das Meiste! Ja, und
dann wäre Hansjörg vergebens sein eigener Verräther
geworden! Es war zum Rasendwerden, ruhig hier
sitzen zu sollen, während da drunten weiß Gott was geschehen oder versäumt werden konnte. Traurig blickte
er über das Dorf, welches wie ein schwarzer Strich unter
ihm sich hinzog, wenn das Schneegestöber einmal für
eine Minute freie Aussicht ließ. Alles war dann ruhig
und still, die meisten Häuser mußten des Unwetters
wegen schon von allen Seiten geschlossen sein, denn nur
hie und da sah man den Schimmer eines Lichtes. Jetzt
saßen sie beim Nachtessen oder beim Abendrosenkranz,
still und behaglich wie er es früher daheim hatte, da die
Aeltern noch lebten und alles im Frieden beisammen
war. Welch ein unruhiges Leben hatte er durchlebt seit
damals, wie viel sich versagt und wie oft gegen die eigene
Ueberzeugung reden und handeln müssen, um schließlich
hier zu stehen wie ein Ausgestoßener, während der
Sturm jeden heim trieb und auch des elendesten Nestes
froh machte. — Regierte denn nicht Geld die Welt?

ober fehlte ihm das? Nein, er war einer der Wohl=
habendsten und sollte nicht mehr in sein Heimatsdorf,
etwa zu seiner armen Angelika und ihrem holden Kinde
gehen dürfen? Jetzt gleich wollte er es zeigen, und mochte
daraus entstehen was wollte, er konnte schon zahlen.
Nebenbei ließ sich dann wol erhorchen, wie es im Stadel
stand. Vielleicht gelang es ihm noch, wenigstens den
Tabak und das Schießpulver auf die Seite zu bringen,
und die ungestempelten Kalender, und den Kaffee, und
die Tuchballen, und alles. Dann konnte er später, so
zwischen Feuer und Licht, auch ganz behaglich daheim
sitzen, so behaglich als einer. Das bisherige Leben
war nur ein beständiger Krieg gewesen, nun aber mußte
Frieden werden für die letzten Tage. Ein Heimweh,
eine nie so empfundene Sehnsucht nach einem ruhigen
gottgefälligen Leben erfaßte ihn. Die Lichter da drunten
sah er nur noch in den Thränen schwimmen, die seinen
Augen entquollen. Er wollte gewiß ordentlich und fromm
werden, recht fromm, und zur Messe gehen und Stif=
tungen machen und alles — nur noch heute, zum letzten
Mal, sollten List oder Gewalt ihm irgendwie durchhelfen.
Hansjörg mußte noch ungefährlich gemacht und Zusel in
Ehren versorgt werden auf dem Stighof, sonst wars ja
gar nicht möglich, seinen guten Vorsätzen gehörig nach=
zukommen.

Mit solchen Gedanken beschäftiget war er, immer
schneller gehend, endlich beim Stadel seines Töchter=
manns angelangt. Derselbe stieß gegen die durchs
Dorf gehende Gasse hinab hart an den hintern Theil

des der Gasse entlang stehenden Hauses, den die Stallungen und Heulager einnahmen, während die Wohngebäude sich jenseits des mitten auf dem hohen Dachfirst aus dem Schnee hervorragenden Kamins befanden. Aber wie fern auch der Stadel der Wohnstube stand, hörte der Krämer doch, wie Angelikas Margrethle mit vor Weinen halb erstickter Stimme der Mutter rief. Zuerst glaubte er, sich jetzt um Wichtigeres kümmern zu müssen, als das Schreien eines Kindes, dessen Mutter gewiß in der Nähe war. Aber das Kind rief immer schmerzlicher, so daß er endlich, wenn auch mürrisch, hinüber fragte: „Wo ist denn die Mutter?"

„Beim Großvater."

„Das ist nicht wahr," sagte er etwas freundlicher. Das Mädchen mit den goldigen Locken und dem schnellen Blicke hatte längst sein Herz gewonnen und er spielte lieber mit ihm, als er früher mit seinen eigenen Kindern gespielt hatte. Das Margrethle wußte das und seine Stimme klang viel heiterer, als es dem schon Erkannten zurief: „Komm doch herein! Ich geh gleich mit, wenn die Mutter auch weg bleibt."

Der Krämer vergaß, warum er her kam und ging in die Stube. Das Mädchen war allein und erzählte, daß die Mutter schon vor dem Dunkelwerden das Haus verlassen habe. „Der Vater," klagte dann das Kind, „ist Nachmittag heim gekommen und hat nicht mehr gehen und kaum reden können. Dann ist er ins Bett. Die Mutter ist aufs Kanapee gefallen und liegen geblieben, aber sie hat nicht geschlafen. Geweint hat sie recht grausam und ich hab auch weinen müssen. Die Kühe haben das Futter viel zu spät bekommen, dann ist die Mutter fort zu dir und hat gesagt, sie frage dich, ob es nicht auch für uns noch Platz gäb in deinem Hause, weil es hier doch nicht mehr zum Aushalten sei."

Nun konnte der Krämer sich alles erklären. Es that ihm wohl, daß jetzt auch Angelika, die sich bisher immer etwas scheu stellte, zu ihm die Zuflucht nehmen und so das Werk ihrer stolzen mütterlichen Verwandten öffentlich verdammen wollte. Nun waren noch schöne Tage zu erleben in seinem Hause. „Möchtest du zu mir?" frug er freundlich.

Das Kind warf einen traurigen Blick nach dem Schlafzimmer des Vaters und antwortete: „Ich möchte nicht mehr da bleiben, wenn die Mutter gehen thät. Wenn doch nur der Vater nicht krank wär! O du hättest ihn heute sehen sollen! Er hat nicht einmal essen mögen und der fremde Mann mit dem langen Rock und dem grünen Kragen und dem großen Messer ist allein bei dem Braten gewesen, den Mutter schon gestern Abends für den Vater gerichtet und heute weinend wieder gewärmt hat."

Das erinnerte den Krämer wieder an den Statel. Hastig langte er nach der Laterne auf dem buntbemalten Wandschrank und indem er die darin stehende Lampe rasch anzündete, sagte er: „Die Mutter kommt schon, leg dich nur aufs Kanapee bis sie kommt und schlaf — oder bete."

Ohne sich noch um die Einwendungen des Kindes zu kümmern, verließ der Krämer die Stube und eilte dem Stadel zu. Seine Hast, die alle Vorsicht vergaß, mußte ihn verrathen, wenn irgend ein Beobachter in der Nähe war. Trug er doch sogar die Laterne ganz frei in der Hand, als ob es keinem Menschen auffallen könne, wenn er gesehen werden sollte. Von vorsichtigem Horchen vor Eröffnung des großen Thores war keine Rede mehr. Erst als er im Stadel war, dachte er daran, wie sehr er die Beiden schon hier zu treffen fürchtete. „Gott Lob und Dank!" hauchte er, als er alles in Ordnung fand. Auf dem Boden, unter welchem er seine Waaren versteckt wußte, lagen eine Menge Hobelspähne, wie sie Hansjörg immer herumzustreuen pflegte. Die in viele Theile zerlegt hier an der Wand aufgebeigten Heuwagen warfen lange, gespensterhaft aussehende Schatten an Wand und Decke, deren sonderbares Nicken und Winken dem Krämer grausig vorkam, einem Andern aber sicher nur das Zittern der Hand verrathen hätte, welche die Laterne krampfhaft fest hielt. Endlich stellte er sie auf den Boden und schrie vor Schrecken laut auf, als er dabei die Schatten länger werden und gegen ihn heraus fahren sah. Seine Hand war zu unsicher, sein Arm zu kraftlos, um gleich eines der schweren Bretter zu heben, welche lose neben einander gelegt, den Boden des Stadels bildeten. Er glaubte jemand reden zu hören und nun dachte er mit Schrecken an seine Vorsichtslosigkeit beim Hereingehen. Es war nichts Gewisses zu erhorchen, denn der Sturm, obwol er jetzt bedeutend nachgelassen hatte, pfiff, brummte und klapperte noch überall. Aber das nun — was war das? Sturmläuten in der Pfarrkirche! Der Krämer fuhr zuerst erschrocken auf, dann aber zog etwas wie ein Lächeln über sein Gesicht. Gott, nun bin ich sicher da, gewiß ganz sicher. Jetzt haben sie zu thun ohne mich. Wie doch alles auch wieder zu etwas gut ist! Es soll nur brennen meinet= wegen, wenn nur —"

Er eilte vor den Stadel, um zu sehen wo Feuer ausgebrochen sei. Aber er sah nichts und hörte, da es wieder windstill geworden war, die Glocke ganz regel= mäßig anschlagen, während die Wellen des Sturmes nur einzelne Klänge da herein getragen hatten. Ha, nur Feierabend läutete es, zur Ruhe und zum Gebet. Alle konnten daheim bleiben und sich wohl sein lassen, nur er nicht. Und da kamen auch noch Zwei schnellen Schrittes die Gasse herauf?! Der Eine just so groß wie der Grenzjäger, und auch der lange Rock und die Be= waffnung. Herrgott! und der Andere redete und war wie der ganze leibhaftige Hansjörg. O jetzt hätte es brennen sollen, fürchterlich, daß alles zu thun gehabt hätte. Fliehen? ein Alter zwei Jungen entrinnen? Unmöglich, und zudem hatte er sich vorhin schon mit der Laterne verrathen. Die Beiden kamen näher, näher — brennen mußte es oder er war verloren, gefangen neben den Beweisen wie ein Dieb. Und dann das Lächeln Hans= jörgs — und Dorotheens, wenn gar auch aus Zusels Heirat nichts mehr werden sollte. Das konnte man um keinen Preis erleben!

Wäre der Krämer noch wenige Sekunden auf seinem Platze geblieben, so hätte er die Beiden hinter

dem stattlichen Hause seines Töchtermanns wieder ver=
schwinden sehen. Aber es litt ihn nicht mehr auf seinem
Platze. Schon in der nächsten Minute mußten sie im
Stadel sein, daran hätte er seine Seligkeit setzen dürfen.
Nun, sie sollten schon Arbeit bekommen, daß er auf eine
Weile vergessen wurde. Als ob es das Leben gelte,
sprang er in den Stadel zurück, riß das Licht aus der
Laterne, zündete mit zitternder Hand in einen Haufen
Hobelspähne, und schon im nächsten Augenblick wälzte
sich die Flamme größer und größer werdend über den
Boden hin gegen die ordentlich aufgebeigten Heuwagen,
deren Schatten jetzt der Krämer mit furchtbarer Schnelle
kleiner und kleiner werden sah. Schon knisterte und
prasselte es, daß nichts mehr zu hören war vom Tosen
des Sturmes, der jetzt das Thor aufwarf und die schon
überall emporleckenden Flammen gegen den Holzvorrath
hintrieb, welcher in der dem Hause zugekehrten Ecke des
Stadels aufgehäuft war. Die Hitze wurde schon fast
unerträglich. Der Krämer hatte gleich fliehen und das
Löschen und Lärmschlagen seinen Verfolgern überlassen
wollen, jetzt aber stand er zitternd und innerlich ver=
zweifelnd vor seinem Werke, bis es ihm zu heiß wurde.
Sollte noch gar das Haus in Gefahr kommen und die
Nachbarschaft? Himmel, das hatte er nicht wollen!
Ohne noch an die Folgen zu denken, die es für ihn haben
mußte, wenn er hier von denen angetroffen wurde, die
zuerst zur Hülfe herbei eilten, trug er einen Arm voll
Schnee nach dem andern herein, um vielleicht die wach=
sende und wachsende Flamme doch noch ein wenig zu

zähmen. Erst als er gelbliche Streifen an der Decke herum ziehen sah, wie vorher die Schatten der jetzt in vollem Brande stehenden Heuwagen, und als draußen die Dachtraufe zu plätschern begann nicht nur, wie wenn der heißeste Frühlingstag den Schnee zu schmelzen beginnt, sondern gerade wie ein Brunnen, sank er vernichtet nieder und starrte gleich einem Wahnsinnigen in die immer wilder um sich schlagende Flamme, bis hart neben ihm ein Dachbalken herunterstürzte und zwei Bretter des Bodens brach, daß er nun auch sehen konnte, wie seine Waarenballen Feuer fingen. Mit einem lauten Schrei dachte er an das Schießpulver und stürzte hinaus. Ohne zu wissen, wohin er gieng, eilte er wieder ob das Dorf hinauf. Er hatte keinen andern Gedanken mehr, als den, dem Schießpulver und dem furchtbaren Gepraffel zu entrinnen. Ohne Furcht, sich zu verrathen, würde er um Hülfe gerufen haben, wenn er nicht durch den Schreck und die Angst um Besinnung und Stimme gekommen wäre. Aber die Nachbarn in ihren wohlverschlossenen Häusern hörten jetzt das Gepraffel und eilten hinaus. Die Ersten kamen mit leeren Händen auf den erhellten Platz, als eben das letzte Wasser des auf dem Dache geschmolzenen Schnees in das leise zischende Flammenmeer tropfte. Schon begann auch die Dachtraufe des Hauses zu rinnen und lawinenartig stürzte der Schnee vom hohen Dachstuhl nieder. Ein gewaltiger Windstoß trieb die weit über den Stadel hinwallende Flamme gegen das Haus, an dessen oberer Ecke sie schon im nächsten Augenblick mit der Schnelligkeit des Sturmes rechts und links emporklomm.' Das Feuer schwoll und schwoll, die einzelnen Flammenstränge liefen wie Bäche zusammen, der Sturm trug den ersten schrillen Klang der Sturmglocke wie einen Wehruf übers Dorf, dessen hintere Hälfte verloren war, wenn der Wind nicht ruhiger wurde. Die zum Löschen Herbeigekommenen jammerten, beteten und riefen den Bewohnern des weiter und weiter nach vorn in Brand stehenden Hauses. Viele Nachbarn eilten, um die eigene Habe noch zu retten, und dem mit Hansjörg herbeigekommenen Grenzjäger fehlte es wieder an Leuten, als er, um weiteres Unglück zu verhüten, das Haus niederzureißen befahl. Die Gegenwärtigen wollten nicht an ein so schönes Haus. „Und Andreas," riefen mehrere, „und Angelika!" schrie Hans, der in diesem Augenblick athemlos herbeistürzte. Während nun die Bauern, auf die Feuerspritze wartend, die Nachbarhäuser mit einer schützenden Schneemauer zu umgeben anfingen, sprang Hans, abwechselnd Andreas und Angelika rufend, um das Haus herum. Endlich polterte der Erstere in seinen Holzschuhen heraus und eilte den brüllenden Kühen zu. „Wo sind Weib und Kind?" fragte Hans in furchtbarer Aufregung. „Weiß nicht," war des Andreas kurze Antwort, dann eilte er in den schon überall brennenden Stall, um die brüllenden Thiere zu erlösen. Eben waren die ersten Männer mit Feuerhaken angekommen und hatten die Antwort des Andreas gehört. Daß er noch nicht ganz ernüchtert war, wußten sie nicht, und seine Herzlosigkeit kam ihnen so unnatürlich vor, daß sie wie erstarrt stehen blieben und den aus einer Rauchwolke heraus taumelnden Thieren nachsahen. Nur Hans war immer unruhiger. „Angelika!" schrie er, daß es den Leuten durch Mark und Bein gieng, und mit einer Schnelligkeit, die kein Mensch ihm zugemuthet hätte, sprang er durch den schon brennenden Schopf in das Haus. Zwei Flammensäulen schlugen hinter ihm zusammen und fuhren durch die nicht mehr ganz zugeworfene Thüre dem Burschen nach. Die Zuschauer sprachen ein stilles Gebet, bis sie in der Andacht gestört wurden durch ihren Aerger über Andreas, der jetzt seiner letzten Kuh nach aus dem Stalle schwankte.

Hunderte standen ums Haus herum und jeder wollte befehlen, obwol er selbst nicht wußte was er sollte. Einzelne sagten vom Niederreißen des Hauses, aber ihnen wurde erwidert: Es seien noch Leute drinnen, und so geschah denn eigentlich nichts, wie viel auch jeder that und wie günstig die Zeit auch gewesen wäre. Der Wind hatte gänzlich aufgehört und ruhig verglühten die letzten Reste des Stadels auf dem Boden. Andreas starrte eine Weile in die Glut, dann rief er: „Plündert das Haus, ihr Narren, werft alles heraus, das Geld, die Kleider, Herrgott und das Kind und — —"

Niemand wußte, ob die Hölle sich aufgethan oder der Blitz vom Himmel eingeschlagen habe. Auf einmal wars da wo der Stadel stand, hell, furchtbar gewaltig. Balken, Steine und Eisenzeug flogen aus der blitzartigen Flamme. Andreas lag schwer getroffen im Schnee, den das Blut des Bewußtlosen färbte.

Des Krämers Pulverfaß war in die Luft geflogen.

Fünfundzwanzigstes Kapitel.

Was an diesem Abend noch weiter geschah.

Auch Zusel und Angelika, die beisammen in der mit Heiligenbildern verzierten, ungewöhnlich stark eingeheizten Wohnstube saßen, hatten das nur in einzelnen Klängen vom Sturm da herüber geworfene Feierabendläuten gehört. Aber wie seltsam auch die Glocke klang, die beiden Schwestern dachten doch an gar nichts Besonderes. Stehend beteten sie laut den englischen Gruß und setzten sich dann wieder zu dem kleinen Tischchen, auf welchem Zusel die verschiedensten Seidenstoffe zur Auswahl für ihre Hochzeitsärmel ausgelegt hatte. Das Mädchen prüfte, verglich, stellte sich bald näher, bald ferner, wand jedes Stück um die schöngeformten runden Arme und schien über die Vorbereitungen zur Hochzeit alles Andere vergessen zu haben. Oder war es gar etwas noch Aergeres, als nur ihr Leichtsinn, was ihr bang machte, wenn Angelika von der Zukunft redete und sie sogar zum Weinen brachte, da die so unglücklich verheiratete Schwester sagte: daß nun sie den einsamen Vater zu pflegen und ihm nach Kräften frohe Tage zu machen gedenke? Angelika kam zu der Ueberzeugung, daß die Leidenschaft für Hansen, wol nur aus Trotz und Hochmuth entstanden, fast schon wieder mit den anfänglich im Wege stehenden Hindernissen vergangen sei. Hansens ehemaliger Geliebten that diese Bemerkung jetzt noch doppelt und dreifach weh. Sie konnte die Frage nicht mehr zurück halten: „Ob wol Dorothee und Hans einander unglücklich gemacht hätten?"

Zusels kleiner Mund konnte sich recht unschön verziehen bei dem Ausruf: „Du bist auch noch auf der Seite der Elenden, die mir Hansen hat weg nehmen wollen!"

„Sie hat ihn vielleicht so innig geliebt wie du."

„Das wär für so ein armes Ding schon anfangs eine Dummheit gewesen."

„Wenn aber so eine Neigung ohne jede Aussicht war, hättest du das arme Mädchen bedauern sollen statt sie mit den allergemeinsten Mitteln zu bekriegen, ja fast zu Grunde zu richten," sagte das Weib, und ohne das unfreundliche Gesicht der Schwester bemerken zu wollen, fuhr sie immer wärmer werdend fort: „Vor dir steht eine schöne Zukunft, wenn du nur nichts Böses mit hinein tragen mußt. Sonst aber wärs schade, wahrhaftig schad um alles. Denke dir nur, daß du jetzt nicht mehr bloß für dich allein da bist, sondern daß ein gewiß lieber guter Mensch nun sein Schicksal an das deine knüpfen will. Es wär schon grad zum Weinen, wenn du nicht einmal empfinden solltest, wie wichtig das ist. Hans gehört dein, du kannst glücklich werden, wenn dein Weg zum Glücke rein ist. Wäre doch die Welt so weit und groß oder der Mensch so gut und vernünftig, daß niemand gestoßen und getreten würde, wenn man auf diesem Wege vorwärts gienge! Euch beide will, muß ich glücklich sehen, das Gegentheil thät mir noch weher als alles Andere."

„Zur Unterweisung," antwortete Zusel spitz, „hat man uns auf den Freitag zum Pfarrer befohlen. Du bist mir gar nicht die Rechte zum Predigen über glückliche Ehen. Es fehlt da zu sehr am guten Beispiel."

„Aber nicht an Erfahrung."

„Gut, so benütze sie nur für dich!"

„Es ist schon zu spät, wenn man einmal gegen sein Herz, gegen sein Gewissen gehandelt hat in einer so wichtigen Sache — wenn das große Ja vor dem Altar nur eine Lüge gewesen ist. Ein kleines Unrecht, nur eine Verirrung ragt oft wie ein Schatten in die ganze Zukunft hinein. Ich bitte dich um Hansens, um deines Glückes willen, keinen Fluch mit in die Ehe zu nehmen. O die Tropfen sind furchtbarer Same des Unglücks, die über eine Verbindung in gerechtem Schmerz geweint werden! Denk an Hansjörg und an Dorothee."

„Das," lachte Zusel gezwungen, „sind freilich nur Schatten und vor denen fürcht ich mich nicht. Die sollen meinetwegen nur herein ragen!....."

In diesem Augenblicke begann die Sturmglocke zu läuten und vor dem Haus entstand ein gewaltiger Lärm. Aus dem Durcheinander von Fragen und Antworten brachte Angelika schließlich heraus, daß es hinten im Dorf irgendwo brenne, daß aber Genaueres in dem Schneegestöber nicht zu erkennen sei.

„Jesus Maria, mein Margrethle!" jammerte die junge Mutter schon unter der Stubenthür. „Um Gottes Willen, Schwester, komm!"

„Was kann ich thun?" fragte Zusel ruhig. „Es wird jetzt nicht gerade bei dir brennen müssen. Der Vater ist nicht da, jemand aber muß daheim sein. Ist mir eigentlich auch ganz recht. Wochen lang hätt ich keine Ruhe mehr bei Tag und Nacht, wenn ich so ein Elend mit ansehen müßte."

Der größte Theil dieser Rede war von Angelika nicht mehr gehört worden. Mit einem „Ach Gott!" stürzte sie die Stiege hinunter und befand sich jetzt schon mitten unter denen, die auch zum Retten und Helfen auf den Schauplatz des Unglückes eilten.

Der Schmied mit den jüngern Burschen der Gemeinde war fluchend bemüht, die Feuerspritze unbeschädigt durch die enge Gasse und noch überdieß zwischen Zaunpfählen, die starr aus dem Schnee herauf in den Weg herein ragten, halb zerfallenen Mauern und Holzbeigen hinein zu bringen. Es war aber nicht mehr möglich, auch bei dem hinter einem Hause rechts und links aufgehäuften Bauholz vorbei zu kommen. Mit unsäglicher Mühe mußte die Spritze wieder um die ganze Länge des Hauses zurück und aus der Gasse auf den Schnee gebracht werden, dessen untere Schicht zwar ziemlich hart, aber doch nicht fest genug gefroren war für solche Last.

Nur schrittweise war hier, wo keine Pferde mehr benützt werden konnten, dem brennenden Hause näher zu kommen. Auf den Ruf des Schmieds gieng es einen Ruck um den andern. Auch Weiber und Mädchen halfen ziehen und stoßen, oder waren doch wenigstens Andern am Platze. Sogar Angelika stand still und dachte ans Helfen. Aber die Angst der Mutter trieb sie bald wieder vorwärts auf dem schlechten Weg. Sie mußte doch vor Allem wissen, ob ja nicht ihr Haus bedroht oder gar von dem Unglücke getroffen sei.

Der Sturm ließ nach, das Schneegestöber legte sich und am bleiernen Himmel sah man da und dort ein Sternlein flimmern. Im Dorfe ward es immer heller und jetzt fuhrs über den Schnee wie der Blitz. Der gleich folgende Schlag war dem des fernen Donners ähnlich. Angelika hatte bei der furchtbaren Beleuchtung schon genug gesehen. Einen leisen Schrei ausstoßend sank sie zusammen, aber schon im nächsten Augenblick eilte sie über den Schnee, wie es nur eine Mutter konnte, der es das Leben des einzigen Kindes zu retten galt.

Das Auffliegen des Pulverfasses hatte auch dem Krämer, welcher ziemlich nahe dem brennenden Hause bewußtlos im Schnee lag, die Besinnung wieder geweckt. Erschrocken sprang er auf und sah, wie das stattliche Gebäude schon an drei Ecken in Flammen stand. Alles was er in den letzten Viertelstunden durchmachte, lag auf ihm mit furchtbarer Schwere und würde den Greis wieder in den frühern Zustand niedergedrückt haben, wenn er nicht noch ans Margrethle, das liebe gute Kind, gedacht hätte. Das lag nun in dem brennenden Hause, vielleicht von der erwarteten Mutter träumend, oder von ihm, während sich die Flamme näher und näher wälzte, immer lauter brummend und prasselnd, wie vorhin im Stadel. Diese Vorstellung gab dem Krämer alle seine Kräfte mit einem Mal wieder. Wie oft auch der Schnee jetzt unter seinen schweren hastigen Tritten brechen und er fast knietief einsinken mochte, dennoch kam er früher als Angelika vor dem Hause an. Ach, alle die Vielen sah er einzig mit der Rettung der andern Häuser beschäftigt. „Niemand," rief er verzweifelnd, „niemand hat ein Herz für das arme Kind, niemand, niemand!"

Kein Mensch hatte gesehen, was der Krämer litt, als er den Himmel röther und röther werden, die ernsten Felsenköpfe da droben immer heller leuchten sah, während die Sturmglocke läutete. Niemand wußte noch, daß auf ihm allein alles mit doppelter Schwere liege, was diese Stunde der ganzen Gemeinde brachte. Aber eine Empfindung davon weckte schon der Ton seiner Stimme. Es war etwas in seinem Ausruf, das alle schaudern machte und ihr Mitleid mit dem sonst so unbeliebten Mann erregte, daß auch die Nachbarn sogar nicht mehr an die Gefahr dachten, die ihren Häusern drohte. Es war nur den folgenden Worten des Krämers zuzuschreiben, daß man sich bald wieder von ihm abwandte und besorgt nach den immer mehr zusammenschmelzenden Schneemauern blickte. Der unglückliche Mann sah die Leute rath- und thatlos herum stehen. Er wußte nicht, daß alle mit Schmerzen warteten, bis Hans wieder komme, daß man dann das Haus niederreißen und wenigstens der ärgsten Gefahr ein Ende machen dürfe. Mit heiserer Stimme rief er: „Steht ihr denn alle müßig, wenn man aus Menschenliebe sich regen sollte? Regt euch nur, ihr thuts nicht umsonst! Hundert, tausend Gulden, alles dem, der mir das Margrethle wieder bringt!"

Ein unwilliges Gemurmel war die Antwort. „Er soll sein Geld nur behalten," hieß es. „Das Leben ist dafür niemand feil. Beim nächsten Windstoß ist alles aus, und besser wärs, wenn man das Haus gleich niederwerfen thät."

Der Schnee zum Erhalten der schützenden Mauern vor den Nachbarhäusern war immer schwerer herbeizuschaffen. Schon flogen brennende Schindeln von der Stubenwand darüber hinaus und fast alles eilte den bedrohten Gebäuden zu. Der Krämer schrie ihnen nach: „Seid ihr Menschen? Um alles nicht einmal Einer! und ich habe so viel gethan fürs Geld, alles ums Geld! Herr und Gott! ich, ich muß das Margrethle retten oder mit ihm sterben. Ja, sterben will ich, wenn man gar nicht mehr helfen kann."

Den Bauern fiel es in der Verlegenheit nicht ein ihm zu sagen, daß Hans schon hinein sei und gewiß das Mögliche thun werde. Prüfend schauten sie sich um; es schien schwer, noch ins Haus, und unmöglich später wieder heraus zu kommen.

Jetzt kam Hansjörg mit einer Leiter und lehnte sie vor der Wohnstube an. Viele wehrten ab und sagten:

„Das Haus muß zusammengestürzt werden, sobald Hans heraus kommt, oder gar noch früher."

„Ist Hans drinn?" fragte der Krämer, und ohne noch auf Antwort zu warten, die er schon aus den Gesichtern las, machte er sich auf die Leiter und rief: „Ich muß auch hinein und ihr mögt dann einen dreifachen Mord begehen. Ich muß retten. Hab ich alles das Elend im Stadel angerichtet, um nicht für einen Schleichhändler zu gelten, so will ich doch nun kein Mörder sein!"

Hansjörg wollte den Aufgeregten, Verzweifelnden zurückhalten. Der aber machte sich mit Anstrengung aller Kräfte los und schrie, daß es alle hörten: „Ich hab das Feuer angelegt im Stadel, als ich den Grenzjäger merkte, und ich will nun auch mit ihm kämpfen. Laßt den Mordbrenner retten oder zu Grunde gehen!" Ein Fenster klirrte und der Krämer verschwand hinter der ersten Flamme, die ein leiser Windstoß an dieser Seite des Hauses vorüber trieb.

Jetzt brannte das Haus auf allen Seiten. Hansen mußte das Entrinnen jeden Augenblick schwerer, ja schon fast unmöglich werden. Alles rief ihm zu, daß schon die Decken in den Zimmern sich zu senken begännen, aber dann fragte man sich erschrocken, wo er denn eigentlich noch heraus kommen sollte, da ja schon alle Löcher in den Wänden Flammen ausspieen.

Nochmals riefen alle Hansen und dem Krämer zu, sich doch um Gottes Willen gleich heraus zu machen. In den Lärm hatte sich eine Stimme gemischt, die jeder hörte und die jedem durch Mark und Bein gieng. Es war die Stimme Angelikas. Schon im Herbeistürzen hatte sie aus dem Lärm alles errathen können. „Vater, Margreth, Hans!" rief sie in einem fort. „Ja," glaubten endlich mehrere von innen antworten zu hören, und im nächsten Augenblicke sprang Hans mit dem zitternden Kind im Arme auf den Schnee, wie wenn jener Flammenstrom ihn herausgespieen hätte.

„Das werd ich dir nie vergessen!" jubelte die Mutter.

„Ich dir auch nicht," sagte Hans. „Da die alle hätten rufen können! Als das Kind gefunden war, sah ich mich überall eingesperrt. Schon war mir der Muth ganz vergangen. Ich machte Reu und Leid. Aber da hab ich dich gehört, gewaltig hat es mich erfaßt, eine neue Kraft ist in mir lebendig worden und hat getrieben, daß ich dann ich weiß selbst nicht wie heraus gekommen bin."

Jetzt stürzten mehrere Decken im Hause ein. „Nun ists aus mit dem Krämer!" jammerten sogar die, welche wie Angelika, neben dem geretteten Kinde alles Andere vergessen zu können schienen.

„Und wo ist Andreas?" frug Angelika mit unsicherer Stimme.

Die Bauern sahen sich verlegen an und meinten, er müsse noch neben dem Stadel im Schnee liegen. Einige jedoch wollten gesehen haben, daß der Verwundete von Jos, Dorotheen und noch einigen, die doch sonst nicht viel zu nützen glauben mochten, hinweggebracht worden sei.

Das war auch wirklich so gewesen. Dorothee, die

eben einen Gang ins Herrendorf zu machen hatte, war mit den Ersten auf dem Platze gewesen, und sprang sofort dem Unglücklichen bei, den alle Andern verließen. Später kam auch Jos so schnell, als ihm sein immer noch nicht ganz hergestellter Fuß zu gehen erlaubte. Um das Haus herumgehend sah er Dorotheen, und die Beiden wollten sich eben anreden, als der Krämer laut vor Allen seine Unthat bekannte. Beide schwiegen erschrocken still und erst nach einer Weile sagte das Mädchen: „Wie ist doch das eine schreckliche Stunde. Jener Fluch meines Vaters, wie furchtbar hat er gewirkt."

„Nein, Dorothee, das ist ja, wie du hörst, nur aus Mißtrauen und Schuldbewußtsein entstanden."

„Und aus dem unseligen Schleichhandel. O nehmet eine Lehre für euch, wenn ihr auch dießmal noch ungeschlagen durchkommt."

„Gar nicht so ungeschlagen," sagte Jos etwas bitter. „Auch mir und meinen Freunden ist hier der letzte Sparpfennig, alles zu Grunde gegangen."

„Dann," sagte Dorothee noch beinahe fröhlich, „hat euch doch auf euerm Weg nur ein ersetzbarer Schaden getroffen. Ihr seht nun, wie es noch gar zum Verbrechen führt, wenn man aus Gesetz und Ordnung heraustritt und nur an sich selber denkt."

Jos aber konnte seinen Verlust nicht so leicht verschmerzen. „Unseliges Mißtrauen!" rief er. „Es wär nie so weit gekommen, wenn auch der Krämer gemeinschaftliche Sache mit uns gemacht hätte. Aber der wollte den Hansjörg wegwerfen, drum hat er dann sich so vor ihm und dem Grenzjäger gefürchtet, als die Beiden kamen, um mich zu einem Schoppen einzuladen. Ja du haſt wol recht. Dieſe Stunde iſt ernſthaft und lehrreich für Arme und Reiche, die einander im Kriege gegenſeitig furchtbar werden."

„Und du verſprichſt mir nun wol, in Zukunft bei fleißiger friedlicher Arbeit dein Heil zu ſuchen?"

„Nicht nur ich," antwortete Jos, „wir alle ſollten den Vorſatz mit heim nehmen, uns gegenſeitig das Leben ſo zu geſtalten, daß jeder mit der beſtehenden Ordnung zufrieden wär und keiner auf Abwege getrieben würde, weder Arm noch Reich. Wenn man das thät, ſo wär's noch mehr als nur ſo ein Haus werth."

„Nun ſo mach den Anfang!" bat das Mädchen lächelnd. „Verſprich mir, in dieſer Weiſe das Deine zu thun!"

Sie reichten ſich die Hände und wechſelten einen herzlichen Druck. Dann drehte ſich jedes auf eine andere Seite und hatte mit dem Verwundeten zu thun, oder dafür zu ſorgen, daß er ſo ſchnell als möglich irgendwo untergebracht werde. Sie hätten nicht viel genommen, wenn ihr Geſpräch von Jemand auch nur geſehen worden wäre. Wie ſind die Leute! Ihr Urtheil iſt ſehr ſtreng und man verargt es einem, in ſolchen Augenblicken an ſich ſelber zu denken, obwol es faſt jeder thut. Nun aber bemühten ſie ſich auch deſto mehr um den Verwundeten, welcher mit Hülfe noch einiger Herbeigerufener in das nicht gar zu fern ſtehende Häuschen der Schnepfauerin gebracht wurde.

Nun glaubte Jos den Andreas in guten Händen. Er eilte wieder fort den Doktor zu holen und kam gerade recht an dem brennenden Hause vorüber, um Angelika noch geschwind Auskunft auf ihre Fragen über das Befinden des unglücklichen Gatten zu geben. „Er lebt, ist aber bewußtlos und scheint mir am Kopfe sehr bös von etwas getroffen," sagte Jos kurz; und machte sich, ohne noch auf weitere Fragen zu hören, wieder fort.

„Und mein Vater?" jammerte Angelika.

„Tröst ihn Gott im ewigen Leben!" riefen mehrere, die kein anderes Trostwort für die Unglückliche fanden.

„Hat er denn so aus der Welt gehen müssen? So schnell und unvermutet, sogar ohne Beicht!...."

„Er hat gebeichtet," sagten Einige, die dann aber erschraken, daß sie an sein schreckliches Geständniß erinnerten, und sich so schnell als möglich aus der Nähe der Unglücklichen machten, um nicht noch genauere Auskunft geben zu müssen.

Man redete wieder vom Niederreißen des Hauses, aber die Nachbarn, welche nach dem Dafürhalten Aller die Sache doch weitaus am allermeisten angieng, wollten durchaus nichts davon wissen. Seit der Sturm aufgehört habe, sei keine Gefahr mehr vorhanden, und auf der andern Seite wärs doch noch möglich, daß der Krämer lebte. Im Grunde glaubten das nur wenige, aber man schwieg, weil man Angelika nicht um die letzte Hoffnung bringen wollte. Sie stand auf dem alten Platze wie angebannt, während der glänzende Strahl aus der nun endlich angekommenen Spritze mitten in die zischenden

Flammen fuhr. Thränenlosen Auges starrte sie in die Gluth, nur wenn wieder etwas am Hause zusammen stürzte, fuhr sie auf, wie wenn sie selbst getroffen zu werden fürchtete, sonst aber schien sie nichts, nicht einmal das Weinen des ermüdet neben ihr in den Schnee gesunkenen Kindes zu bemerken.

Erst als Jos mit dem Doktor zurück kam, rief sie: „Der Vater ist als Retter in guter Absicht gestorben. Gott sei ihm gnädig."

Dann hob sie das zitternde Kind auf den Arm, küßte es und folgte den Beiden zum Gatten ins Häuschen der Schnepfauerin.

Mit immer besserm Erfolg arbeiteten Löschmannschaft und Spritze, da bald schon die letzten Dachbalken brachen und in den Gluthhaufen stürzten, dem nun auch mit Schnee, welchen man von allen Seiten auf Schlitten herbeiführte, ganz vortrefflich beizukommen war. Schon um zwölf Uhr wurden zwanzig Mann als Wache gewählt, damit die Andern heim gehen und sich zur Ruhe begeben könnten.

„Aber ihr Leute," rief Hans und alles drehte sich, um zu hören, was denn der so vielen zu sagen wage. „Uns allen," fuhr er fort, „ist ernsthaft zu Muth, und es ist natürlich, denn wir verlassen ein Grab. Beten wir noch die üblichen fünf Vaterunser."

Und alle knieten um den Gluthhaufen herum und beteten laut und mit einer Andacht, wie sie sonst sogar in der Kirche selten war.

Nachher wurde überall von dem traurigen Ereignisse

geredet. Den Krämer aber behandelte man so schonend, als ob in jenem Gebet ihm jeder die Hand zur Versöhnung gereicht hätte.

Wenn auch nicht alles über die Geschichte denken mochte wie Jos, es nahm doch jeder eine gute Lehre mit heim, die der seinen gerade nicht besonders unähnlich war.

Hans fragte nach der Zufel und erfuhr, daß die sich zu sehr fürchte und zu erschrocken sei über das Geschehene, um nur das Haus noch verlassen zu dürfen. Trotzdem gieng er gerades Weges ins Häuschen der Schnepfauerin, wo er eben recht kam, um den Andreas ins Haus des Krämers hinaus bringen zu helfen. Nach einer kurzen Untersuchung sagte der Arzt: „Es sei vergebens was man thun möge, wenn der Mann hernach nicht in Ruhe gelassen werde. Jetzt sei es windstill und es würde dem Unglücklichen am allerwenigsten schaden, wenn man ihn gleich jetzt wieder hinaus und ins Haus des Krämers brächte, wo nun doch vorläufig seine Heimat sein würde." Dabei gab er nicht undeutlich zu verstehen, daß er freilich nur noch für kurze Zeit ein Haus auf dieser Welt nöthig habe.

Bald war Andreas auf eine Tragbahre gebracht und schweigend trugen ihn vier kräftige Burschen dem Hause des Krämers zu. Angelika gieng langsam hinten nach und war so in trübe Gedanken verloren, daß sie nicht darauf hörte, als einige Bauern ihr erzählen wollten, wie und wo einstweilen ihre Kühe, die herrenlos im Dorf herum irrten, von Hansjörg und ihnen untergebracht worden seien. Anders aber wars, da das

Margrethle auf den Großvater kam und der Mutter sagte, wie er gleich auf den ersten Ruf zu ihm gekommen und so freundlich gewesen sei. Da horchte Angelika gleich auf und das Mädchen mußte jedes Wort wiederholen.

„Und dann?" fragte sie haftig.

„Dann," antwortete das Margrethle, „dann ist er mit dem Licht in den Stadel und gleich darauf hat es zu brennen angefangen. Mir ist angst worden bei dem Gepraffel und ich hab mich in den Keller versteckt, wo ich nichts mehr davon hören mußte."

„Und hat Hans dich erst dort gefunden?"

„Ja, ich bin nicht einmal gern mit ihm. Der Vater hat mir vorher auch gerufen, aber ich bin geblieben."

„Wie ist aber das Feuer ausgekommen?"

„Hans, rede du!" sagte Hansjörg. „Sie soll das nur vom Retter ihres Kindes hören."

„Ach Gott, was?" frug Angelika, von einer plötzlich erwachenden Ahnung erschreckt.

Hans erzählte, was er gehört hatte, doch würde seinen Gefährten zu einer andern Zeit aufgefallen sein, daß ihm seine fast ganz rücksichtslose Wahrheitsliebe solche Milderung der Thatsachen zuließ. Der Krämer erschien viel mehr von der Sorge um das Margrethle, als von dem unruhigen Gewissen in das durch ihn angelegte Feuer getrieben, und Hans endete mit der Behauptung, daß ihr Vater als Märtyrer gestorben sei.

Angelika dachte schaudernd noch immer an das ja

vom Vater selbst noch ausgesprochene Wort Mord=
brenner. Hans schien das zu vermuthen, denn er sagte
nach einer Weile: „Als Märtyrer oder auch als Büßer
ist er gestorben. Es gefällt mir nicht was er gemacht
hat, aber ihm selbst hat es auch nicht gefallen, als er es
gar so schrecklich werden sah. Nur weil eine Reue, wie
sie selbst unsereinen, nicht bloß den lieben Gott rühren
muß, ihn trieb, hat er seinen Fehler öffentlich bekannt
und sein Leben gewagt, um das des Kindes zu retten.
Solches Bußwerk bewirkt, daß es ernst ist mit der Beicht.
Gott wird ihn so gnädig richten als wir und ruhen lassen
im Frieden."

Jetzt war man bei dem Hause des Krämers an=
gelangt und Hans gieng voran hinein. Der Zusel, die
neben der Magd am Tische saß und den Rosenkranz
durch die Finger zog, machte er kein besonders freund=
liches Gesicht und gab ihr zu verstehen, daß sie in den
letzten Stunden wol etwas Anderes zu thun gehabt
hätte, als daheim sitzend zu beten.

„Warum aber," fragte das Mädchen, „bist denn
du nicht zu mir gekommen an diesem traurigen Abend?"

„Weil ich Wichtigeres zu thun hatte," war Hansens
kurze Antwort; dann hieß er sie streng für den Andreas
ein Bett herrichten, wenn auch das noch nicht ge=
schehen sei.

Zusel gestand, sie hab im Schreck noch an gar nichts
gedacht, als an den Tod des Vaters. Hans gieng kopf=
schüttelnd hinaus und befahl, den Unglücklichen einst=
weilen in die Stube zu bringen.

Angelika half nun der Schwester, die kaum wußte was sie that und sollte. Eine Viertelstunde später lag Andreas im Schlafzimmer des Krämers und ward ruhig und still, während er vorher in unzusammenhängenden Worten vom Feuer, von Dorotheen, dem Grenzjäger und seinen Kühen zu reden angefangen hatte. Bei der Untersuchung des Doktors, die ihn fürs Leben verloren erscheinen ließ, kehrte ihm das Bewußtsein auf Augenblicke zurück. Dann schien er wieder in tiefen Schlaf zu versinken. Angelika, Zusel, Hans und der Doktor saßen schweigend vor dem Bette.

Auf einmal öffnete sich die Thür. Hansens jetziger Knecht polterte so laut ins Zimmer, daß auch der Schlummernde erschrocken mit der Frage auffuhr: „Wo es denn wieder brenne?" Der Knecht aber schien außer Hansen gar niemanden zu beachten. Er sagte mit rauher Stimme: „Die Mutter läßt dich grüßen, du sollest heimkommen, da nun doch aus der Hochzeit nicht so schnell etwas werde. Sie hoffe nämlich als christliche Mutter eines anständigen Hauses — —"

„Gut," sagte Hans, der Zusel mit seltener Leidenschaftlichkeit das Wort abschneidend, „als christliche Mutter wird sie nichts dagegen haben, wenn ich nun dem Kranken den Pfarrer hole."

Das war die rechte Antwort, um über das Peinliche dieses Augenblickes so schnell als möglich hinaus zu kommen. Zwar war der Doktor dagegen, aber man kam nun doch wieder auf andere Gedanken, so daß es Hansen leichter war, das Zimmer zu verlassen. Er war sehr unzufrieden mit dem Knechte und folgte der Mutter weniger aus Gehorsam, als damit er sich nicht mehr von Angelika und den Andern um ihre Rede ansehen lassen müsse.

Angelika wollte nicht ins Bett und der Doktor mußte sie ernstlich daran erinnern, daß sie nicht nur für den Gatten, sondern auch für Margrethles Mutter zu sorgen habe. Es war schon spät, als sie den Kranken einigen von Zusel hergebetenen Nachbarsleuten überließ.

Also wieder im Vaterhause! Zum ersten Mal seit der Geburt ihrer Schwester, die der Mutter das Leben kostete und sie zuerst aus dem Hause und dann auch aus dem Herzen ihres Vaters verdrängte. Schlafen konnte sie nicht, oder war es etwa schon ein Traum, in dem sie, sobald sie das Licht löschte, wie noch in jeder großen Stunde die unvergeßliche Mutter vor sich stehen sah? Sie blickte jetzt wieder gerade so ernst, wie damals, als Angelika, zum Theil fast aus wunderlichem Trotze, sich dem Andreas versprechen wollte. Die Erscheinung schien Angelika das Buch ihres Lebens aufgeschlagen zu haben. Sie sah nicht Buchstaben, wol aber ihre Reden und Handlungen viel klarer, als das je vorher der Fall gewesen war. Ach Gott, an so vielem lag die Schuld auf ihr. Dem Hans verargte sie es, daß der Familienstolz der Mutter ihn schwach machen konnte, und sie selbst hielt diesen Stolz ihrer Basen vom Hause des Vaters fern! Freilich that ihr das weh, aber wol nicht weher als Hansen und auch dem guten Vater. Und dann ließ sie den Gatten empfinden, welches Opfer sie brachte, da sie sich mit ihm, statt mit Hansen verband. Sie wollte ob ihm stehen und seine Führerin sein, nicht sein Weib. Das nun hatte ihn aus dem Hause getrieben ins Weite, wo er an nichts gefesselt, von der ersten Strömung erfaßt und wehrlos fortgetrieben werden mußte.

Angelika lebte sich immer tiefer in das Elend ihrer letzten Jahre hinein. Eins nach dem Andern sah sie entstehen und wachsen in dem Riß, der zwischen ihr und dem Gatten sich aufgethan hatte. Sie sann und betete, bis der röthliche Morgen über die Berge herauf zog. Nun aber eilte sie ans Bett des kranken Gatten. Sie traf ihn furchtbar leidend, aber augenblicklich bei vollem Bewußtsein.

„Angelika, wir hätten uns nie heiraten sollen," sagte er mit schwacher Stimme. „Mir kommt das Feuer und alles wie eine Strafe Gottes vor, wenn ich auch nicht weiß, wie alles auf einander geht."

Angelika war unfähig zu antworten.

Andreas fuhr nicht ohne Anstrengung fort: „Es macht mich fast verrückt, wenn ich daran denke, wie schlecht ich in letzter Zeit worden bin. Wir haben keine guten Tage gehabt in dem hübschen Haus, und das Unglück, daß es zu Grunde gieng, ist wol bei weitem nicht das größte."

„Oh! es hat nicht am Hause gefehlt, sondern einzig an uns, hauptsächlich an mir!" klagte Angelika, die sich vergebens noch zu beherrschen suchte.

„Dann ist nichts was mich entschuldigt. Ich hab mir schon gedacht, mein Reichthum sei mein Unglück gewesen, weil er mich von jung auf daran gewöhnte, nichts und niemandem etwas nachzufragen.

„Mein Vater dagegen war arm," sagte des Krämers Tochter. „Der wurde unglücklich durch seine Geldgier. Tröst ihn Gott!"

„Ist er gestorben?"

„Ja," sagte das Weib und erzählte ganz kurz, wie er ihr Kind habe retten wollen.

„Er ist also doch noch viel besser als ich," jammerte der Kranke. „Er geht dem Kinde nach, ich aber komme im Schrecken bloß dazu, ihm zu rufen. Dann eile ich, der Verschwender, dem Stalle zu. So gehen wir jetzt beide als Retter zu Grunde. Gerechter Gott!"

Angelika setzte sich auf das Bett des Kranken, welcher zitternd nach ihrer Hand langte. „Gelt, es hat nur an uns gefehlt?" frug er mit schwacher Stimme.

„Ja."

„Sag herzhaft: nur an mir! Schone mich nicht mehr. Ich muß die letzte Rechnung machen."

„Wills Gott, nicht! Ich hab viel, viel noch gut zu machen an dir. Bisher war ich nur die Predigerin, aber ich hatte nicht Liebe, Demut und Billigkeit neben der strengen Wahrheit. Du warst nur trotzig gegen mich Stolze, nicht schlecht."

„So ist denn das doch wahr!" sagte er bemütig.

„Zu Zeiten hab ich das auch geglaubt. Aber ich wollte schlecht sein aus Hochmut und solchen zum Trotz, die doch nichts Gutes mehr von mir erwarteten. Ja diese Erfahrung hat mir weh gethan, und ich mußte sie mit Gewalt vergessen, ertränken. Drum gieng mir Dorotheens Freundlichkeit so tief ins Herz und war wie ein Strahl aus dem Himmel! Aber im unreinen Gefäße wird alles Wasser trüb. Sogar dieses Glücks hab ich mich unwerth gezeigt. Ich war damals schon zu weit."

„O vergib mir, daß ich dich so weit getrieben, statt dir dein Haus lieb, zu einem Tempel zu machen!"

„Und du mir auch!" bat er.

Der nun eintretende Pfarrer traf die Beiden Hand in Hand. „Es freut mich, daß das Wichtigste und Schwerste schon vorüber ist," sagte er freundlich.

„Nicht das Schwerste," widersprach der Kranke, mir ist lang nie so wohl gewesen innerlich als jetzt. Der Friede mit sich und der Welt thut einem so wohl, daß man sogar sein spätes Kommen nicht mehr bedauern kann."

Der Pfarrer schickte Angelika, deren Schmerz in heiße Thränen zu schmelzen begann, zum Zimmer hinaus, um dem Kranken seine Beicht abzunehmen.

Es war die höchste Zeit, denn immer seltener kehrte ihm das volle Bewußtsein zurück. Angelika aber galten diese Augenblicke für die wichtigsten ihres Lebens. Mit ihm glaubte sie an die geheimnißvolle Pforte getreten zu sein und läuterte sich von mancher Kleinlichkeit an dem auch sie furchtbar brennenden Schmerz der immer wachsenden Entzündung, der der Arzt vergebens wehrte.

Am dritten Tag verkündete die Glocke das Ende seiner Leiden. Mit ihm wurden die aus dem Schutt gefundenen Gebeine des Krämers beerdigt.

Sechsundzwanzigstes Kapitel.

Schluß.

Am folgenden Sonntage, an welchem Zusel neben Stighausen die ganze Verwandtschaft auf beiden Seiten zu einer Hochzeit einzuladen gedachte wie man sie noch selten erlebt haben sollte, gieng sie unter dem weißen Schleier der Leidtragenden mit brennender Kerze hinaus auf das Grab ihres wahrhaft geliebten Vaters. Neben ihr auf der Bank, welche das Weihwasserbecken trug, kniete die ältere Schwester und betete für ihren Gatten. Noch als nirgends mehr ein Kirchgänger zu sehen war, knieten sie stumm neben einander. Angelika konnte wenigstens doch weinen. Seit sie und Andreas in demütiger Selbstbeschuldigung sich die Hände reichten, war ihr Herz leichter geworden. Zusel aber fand noch keinen Gedanken, der die Tiefgebeugte nur ein wenig erhoben hätte. Bleiern und unbeweglich lastete auf ihr die Unthat des Vaters und sein trauriges Ende. Sie, die früher, wo es angeblich Hansens und Dortheens ewiges Heil galt, schon fast in den Ruf einer Betschwester kam, sie fühlte sich nun von den ihr eingegebenen Trostgründen der Religion fast noch mehr, als von jeder andern Vorstellung gequält. Die Unglückliche hatte, wenn auch sich selbst unbewußt, im vertrauten Umgange mit ihren frommen Freundinnen die Ueberzeugung gewonnen, welche der Krämer schon aus dem zuletzt plötzlich entstandenen Unfrieden des Aelternhauses mit nahm und später fast immer als maßgebend gelten ließ — nämlich die, daß fromme Worte für die erwachsenen Kinder so viel seien, als für die kleinen die Erinnerung an den heiligen Klaus*) oder an den heißen Rollhafen im Fegfeuer. Wer solche Worte brauche, wolle nur selbst einen Vortheil daraus ziehen. Zusel war ihrem Gotte nie ferner gewesen, als da sie so häufig von seinen Geboten redete. Da kam der letzte Montag und predigte der kalt und hart Gewordenen furchtbar eindringlich von einer gerechten Vergeltung. Auch da wieder nahm Zusel wie eine rechte Betschwester vor allem den Rosenkranz zur Hand, aber sie fühlte bald, daß ihr eigenes nun erwachtes Gewissen weniger leicht als ihre Nachbarschaft zu täuschen sei. Sie wagte nicht mehr zu beten. Jeder fromme Trostgedanke traf das tiefwunde Herz wie ein neuer Stich. Auch hier auf dem frischen Grabhügel betete sie nicht. Trockenen Auges starrte sie unverwandt auf die beiden Kreuze, bis sie hinter sich ein schwaches Hüsteln zu hören meinte. Schnell drehte sie

---

*) der am 6. December den Kindern Geschenke bringt.

sich um, während Angelika ganz ruhig blieb und nichts zu merken schien.

Bleich und zitternd lehnte das Mathisle drüben an der Kirchenmauer. Es verließ jedoch seinen Platz und kam dem Grabe näher, sobald es sich bemerkt sah.

Ein kalter Schauer durchrieselte das Mädchen beim Anblick des Mannes, dessen Kindern durch sie und den Vater so viel Unrecht angethan war. Ihre früher ganz guten Gründe dafür wollten sie nicht mehr beruhigen. Lange rang sie mit sich, bis ein Wort der Anrede gefunden war. Es paßte zwar noch nicht recht, aber es mußte nun einmal etwas gesagt werden. „Du hast wol noch kein Seelenalmosen erhalten?" begann sie mit möglichster Ruhe. — „Man denkt im Schrecken über solche Todfälle nicht mehr an alle die Armen, die man dann den Verstorbenen zu Hilf und zum Trost als Fürsprecher bei Gott gewinnen möchte. Nun klage nur nicht, daß du nicht mit dem Haufen abgefertigt worden bist. Heute Mittag kommst du hinauf und du wirst zufrieden sein."

Noch selten hatte Zusel sich zu etwas Gewalt anthun müssen, wie zu diesen Worten. Jetzt aber belohnte sie das Gefühl, ein gutes Werk gethan zu haben, und es ward ihr schon etwas leichter. Sie hatte die Mittel, dem armen Vater gegenüber manches noch gut zu machen, und der Vorsatz, es auch zu thun, gab ihr wieder Selbstgefühl und Kraft.

Das Mathisle hüstelte noch einmal, dann sagte es: „Um ein Seelenalmosen thät es freilich bitten, aber um eines, das man ihm auch da gleich geben könnte,

Verzeihung möchte es, daß es doch wieder einmal ruhig
leben und schlafen könnte." Und nun wurde des Langen
erzählt, wie und warum es des Himmels Strafruthe
dem Krämer gewünscht und Gott schon durch einen der
ältern Tochter abgezwungenen Eid und auf andere Weise
gleichsam zum furchtbaren Strafgerichte gezwungen
habe. Das Mathisle behauptete so bestimmt, an dem
ganzen Unglück schuld zu sein, daß auch die aufmerksam
gewordene Angelika zu erschüttert war, um gleich ein
Wort zum Widerlegen und Beruhigen zu finden. Zusel
war mit dem Gehörten vollkommen einverstanden. Mit
bebender Stimme lud sie den Mann zum Essen ein, dem
so großes Unrecht angethan war, daß der Himmel
seinen bösen Wunsch erhörte. Wol sah sie jetzt in ihm
den Mörder des geliebten Vaters; aber sie fand auch
den besten Trost darin, ihm Gutes zu thun und seinen
Dank zu verdienen, den sie wie den Segen der Ver=
söhnung empfand.

Wäre das Mathisle nicht auch in der Folge noch
zu sehr von seinem Gewissen beunruhiget worden, um
sich an Zusels reichlichen Geschenken recht zu freuen,
die es von diesem Tag erhielt, so würde dieses jetzt die
beste Zeit seines Lebens gehabt haben. Sein Lieblings=
wunsch war erfüllt. Es konnte von fremdem Ueberflusse
leben, aber keinen Augenblick war ihm dabei recht wohl.
Jeden Tag kam es ins Haus des Krämers, nachdem es
der Messe beigewohnt hatte, und blieb oft bis gegen
Abend sitzen. Wenn auch es und Zusel nichts Gemein=
sames zu haben schienen, als ihr unruhiges Gewissen

und das, daß sie den Tod des Krämers nicht mehr vergessen konnten; wenn sie sich auch eher fürchteten als liebten, war es ihnen doch Bedürfniß geworden, einander stets Liebes und Gutes zu erweisen, um sich gegenseitig zu überzeugen, daß das Vergangene allerdings nicht vergessen, aber doch vergeben sei. So kam man sich immer näher. Das Mathisle wurde so zu sagen Zufels Vertrauter. Sie theilte ihm bald auch ihre häuslichen Sorgen mit. Hauptsächlich, daß Angelika das vom Vater hinterlassene Durcheinander mit allem Fleiß nicht zu entwirren vermöge. Das Mathisle begann seinen Hansjörg und auch den Jos zu empfehlen, die als frühere Gehülfen sicher in Manchem Bescheid wüßten. Klüger und fleißiger nun wäre Jos, das wisse jetzt die ganze Gemeinde und auch der Vorsteher, aber eben darum sei dem schon so viel übergeben, daß er, wie gern er auch überall aushelfe, doch nicht so leicht Zeit haben werde als Hansjörg, der wenig anzufangen wisse, seit er an jenem Abend mit Jos das Schwärzen abgeschworen habe. Es kam auch wirklich bald dazu, daß Hansjörg von den beiden Schwestern als Geschäftsführer angestellt und bevollmächtiget wurde.

Zufel hatte schon Mathisles erste Andeutung für einen Wink des Himmels gehalten, wie sie dem vielleicht durch ihre Schuld herabgekommenen — guten Burschen wieder helfen und Gelegenheit geben könne, seine Fähigkeiten zu zeigen und sich schnell wieder zu Ehr und Ansehen zu bringen. Hansjörg sollte, mußte glücklich werden, darum war es ihr mehr zu thun als um das

Ordnen von Geschäften, um die sie sich nie viel gekümmert hatte. Angelika hätte sich anfangs, wo das beständige Zählen und Rechnen gar nicht zu ihrer Gemüthsstimmung passen wollte, weit lieber helfen lassen als jetzt, wo sie besonders im Verkehr mit allerlei Menschen das beste Mittel gegen die Schwermut fand, welche sie in müßiger Einsamkeit behalten wollte. Im Geschäfte gab sich's von selbst, daß sie den Spuren folgen mußte, welche der Vater hinterließ. Je mehr sie sich nun in sein Walten auf ihre Weise hineinlebte, desto mehr mußte sie den strebsamen Mann und seine Vielseitigkeit bewundern. Sie mochte sich wol täuschen, wenn sie zuweilen glaubte, daß sie nirgends besser als in so einen Laden passen würde, denn sonst hatte sie eben die Freude noch nie empfunden, die wol jede dauernde Beschäftigung auch dem Kummerbelasteten zu gewähren vermag; das aber war gewiß richtig, daß auch ohne Hansjörgs Beistand sie alles gehörig im Gang erhalten hätte. Trotzdem stimmte sie der Schwester freudig bei, sobald diese den ehemaligen Ladenschneider ins Haus nehmen wollte. Ja sie betrieb das nun selbst mit einem Eifer, der beinahe die Sorge verrieth, es könnte der jetzt gänzlich unberechenbaren Zusel schon über Nacht wieder anders werden. Angelika dachte dabei an die frühere Neigung, die in Beiden immer noch nicht ganz erloschen schien. Vielleicht . . . . Auf Hansen rechnete Zusel nicht mehr. Der hatte seit jenem Unglücksabend ihr Haus nicht mehr betreten. Aus einem beständigen Zusammenleben konnte doch noch etwas Gesundes für die

Gemüthskranke erwachsen. Ja, so mußte Zusel wieder geheilt werden!....

Früher würde das Mathisle seine größte Freude gehabt haben, Hansjörgen schon wie den Herren des Hauses walten zu sehen; jetzt aber war sogar das nicht mehr im Stande, die trübe Stimmung zu vertreiben, die seiner sich nun immer mehr bemächtigte. Wenn man mit ihm von Hansjörgs schönen Aussichten redete, so wehrte es sich gewaltig und sagte, daß es nicht seinen Sohn auf den Platz des Krämers habe fluchen wollen, wenn es schon sich erfrecht habe, vom Himmel das Verderben dieses Mannes zu fordern. Aus Fluch könne weder ihm noch den Seinen wahrer Segen werden. Es war vergebens, gegen diese Vorstellung anzukämpfen. Sie blieb in dem Unglücklichen, raubte ihm den Schlaf, verdarb ihm jeden Genuß und warf ihn endlich aufs Krankenbett, von dem er nicht mehr aufstehen sollte. Erst der Kaplan konnte dem Leidenden bei seiner letzten Beicht die Ueberzeugung beibringen, daß nicht sein Fluch, sondern die verfluchten Handlungen an allem Unglück schuld seien, und daß der barmherzige Gott nicht so strenge gestraft hätte, wenn nicht auch in dieser Strafe wieder nur lauter Segen wäre.

Unmöglich aber war es dem Kaplan, auch die Zusel von ihrer Schwermut zu heilen. Er bemühte sich um so mehr, weil ihre Beicht ihn überzeugte, daß der von seinen Betschwestern gewonnene Einfluß auch auf sie sehr nachtheilig gewirkt und deren gemeines Auftreten sie um das volle Vertrauen zu Allen gebracht habe, welche mit heiligen Worten auf Andere zu wirken suchten. Aber was der verlegene Kaplan auch sagen mochte, sie behauptete den Ruf Gottes an jenem schrecklichen Abende gehört zu haben in der Sturmglocke, und sich daher um Worte der Menschen wenig kümmern zu müssen. Sie wisse wol, daß sie niemandem recht sei, daß man sie für eine halte die sich hintersinne; doch sie wisse gerade so gut, daß zu der Zeit, wo sie das gethan, was sie jetzt so schmerzlich bereuen müsse, gar Allen Alles recht gewesen sei. Von den Frommen wäre sie auf den Händen getragen worden, und die, welche doch klüger gewesen als sie, hätten auf ihren Wunsch eine Predigt zu Stande gebracht, durch die dann die gute Dorothee noch um Ehr und guten Namen gekommen sei. So hätten*) es die Menschen! und sie möge schon gar keinen Zuspruch mehr von ihnen hören, seit ihr eigenes Gewissen erwacht sei.

So antwortete Zusel dem Kaplan und dabei blieb sie. Hansjörgs Anwesenheit im Hause vermochte nur wenig zu ändern. Angelika glaubte freilich bei der Schwester noch die alte Neigung zu gewahren, aber auch, daß Zusel sie wie etwas recht Sündhaftes mit aller Kraft bekämpfe. Hansjörg schien sich auch darum nicht mehr besonders viel zu kümmern. Er lebte ganz nur im Geschäft und für die Seinen, zu denen er auch den Jos mit Stolz zählte. Die Beiden verkehrten täglich mit einander und führten auch manche Neuerung im Laden ein,

---

*) d. h. hielten.

der ihnen gänzlich überlassen war. Auch Hansjörgs jüngere Schwester Mari, die seit dem Tode des Vaters ebenfalls hier im Hause war und neu aufzuleben begann, that dabei was sie nur konnte. Es war den beiden Burschen gelungen, ihre ganz besonders zierlichen Stickereien viel vortheilhafter als bisher zu verwerthen, und schon erlebten sie die Freude, daß auch andere Mädchen zu so kunstvoller Arbeit sich mehr Mühe und Zeit kosten ließen. Auch Weber und andere Handwerker hatten wol nie so viel zu thun gehabt wie jetzt. Hansjörg hörte stets auf den Rath seines Freundes und Jos wußte zu gut, wie einem armen Handwerker zu Muth ist, um recht dafür zu sorgen, daß das Geld und der gute Verdienst so viel als möglich in der Gemeinde bleibe. —

Des Frühlings lieblich duftender Odem hauchte wieder allen Wesen neues Leben ein. Das war ein Rauschen und Jubeln, ein Singen und Flüstern, als ob es immer und überall Sonntag wäre. Die Welt schien ganz neu geworden. Sogar die Berge ringsum trugen Blumensträuße und schauten freundlich ins Thal herab, wo die Menschen fröhlich ihre Feldarbeit begannen. Auch Angelika war im Freien, so oft es die ihr von der Schwester ganz allein überlassene Hausarbeit erlaubte. Sie wand Kränze aus den Blumen, die ihr Margrethle jubelnd zusammen trug. Wehmütig dachte sie an die eigenen Kinderjahre und wie sie da neben Hansen spielte.° Dann aber mußte gleich wieder eine Arbeit ersonnen werden, daß man vom Platz und auf andere

Vorstellungen kam. Zusel war die Alte geblieben. Sie schien keine der sie umblühenden Blumen zu sehen, als die, welche sie auf des Vaters Grab gepflanzt hatte. Auf dem Friedhof und nur dort mußte man sie suchen, wenn sie nicht zu Hause war.

Im Sommer wurde das etwas anders. Man rieth ihr, den Laden und alles aufzugeben, da doch nicht viel Gewinn dabei sei, wenn alles durch fremde Hände gehe. Dieser Rath kam von einigen geizigen Basen, denen das gemeinnützige Walten der beiden Burschen mißfiel, obwol es dem Geschäfte nur Vortheil brachte. Es traf Zusel um so schmerzlicher, weil sie darin einen Vorwurf empfand, daß sie auf so ein Geschäft, wie das, welches der Fleiß ihres Vaters errichtete, gar nicht passe, sondern eher in irgend einem abgelegenen Neste das alte Bäschen spielen sollte. Sie sagte kurz, „daß sie den Hansjörg nicht mehr aus dem Hause schicke, wenn sie ihm auch gar keine Arbeit hätt und er nur noch essen und vergessen müßte."

Diese Antwort weckte nun um so eher die Vermuthung, das Mädchen denke noch an eine Heirat mit dem Burschen, weil es als ausgemachte Sache galt, daß sonst wol nicht mehr der Hundertste des Krämers Töchtermann werden möchte.

Zusel gieng von jetzt an etwas weniger selten in den Laden als bisher. Hansjörg und Angelika glaubten damit schon viel gewonnen und gaben sich alle Mühe, sie nun auch in Verkehr mit der immer zahlreichern Kundschaft zu bringen. Das aber war nicht möglich.

Wenn sie auch einmal etwas half, so war ihr anzusehen, daß sie die Gedanken bei ganz etwas Anderem hatte.

So stand sie auch an einem Sonntag neben dem Zahltisch und sah dem Hansjörg zu, wie der ein von Angelika gebrachtes Schriftbündel durchsuchte. Es fehlte ihm die Rechnung mit Stighausen, welcher heute sagte, daß er mit dem Heu, welches Jos als Knecht ihm am ersten Tage heimholen half, noch nicht alles ganz im Ebenen habe. Davon war nun im Hauptbuche nichts zu finden, die Rechnung mußte daher unter den andern Papieren gesucht werden. Hansjörg überflog ein Blatt nach dem andern und schüttelte den Kopf. Endlich kamen nur noch Briefe. Diese sah der Bursche bloß an. Einen jedoch las er ziemlich weit hinein. Die Wangen glühten ihm und seine Hand zitterte, da er ihn plötzlich in die Tasche schob.

„Was machst du?" fragte Zusel.

„Diesen Brief braucht kein Mensch mehr zu sehen. Ich will ihn verbrennen."

„Aber er ist mein....."

„Gewiß.... drum darf ich ihn vernichten, wenn du es erlaubst."

„Aber ich erlaub es durchaus nicht."

„Wenn du mir nicht glauben willst, daß niemand ihn sehen darf, so künd ich dir gleich den Dienst."

„Ich will ihn ansehen, er ist mein."

„Ja das ist er," hauchte Hansjörg, warf den Brief auf den Tisch und bedeckte das Gesicht mit beiden Händen.

Zufel entfaltete den Bogen und sah mit Staunen die eigene Handschrift. Ein schwerer Seufzer verrieth, daß sie den Inhalt schon wußte. Regungslos stand sie da und starrte nur die zierlichen Buchstaben an.

„Was habt ihr denn?" frug Angelika näher tretend.

„Was wir haben?" fuhr Zufel auf, während eine unnatürliche Röthe ihr blasses Gesicht überflammte. „Unser verrathenes, verkauftes Lebensglück sehen wir in seiner Schöne. Diesen Brief hab ich an Hansjörg geschrieben. Er aber hat doch noch nicht an mich geglaubt, hat gewähnt, die Zufel verzweifle so bald als er. Der Elende redete von Liebe zu mir und empfand nicht, wie stark sie macht. Er glaubte schon alles verloren, da er mir nicht mehr vorschwätzen konnte, und doch redete mein Herz für ihn. Aber er hielt auch des Herzens Sprache nur noch für Geschwätz und verkaufte nur aus Eitelkeit und dummem Trotz diesen Brief mit ein paar andern um einige Gulden an meinen Vater. Nun hört, ob er nicht etwas werth war! Er fängt an: Innigstgeliebter, unvergeßlicher!"

„Um Gottes Willen hör auf," bat Hansjörg, welcher schon durch die unbestreitbare Einleitung tief getroffen, wie vernichtet auf seinem Stuhl saß.

Zufel aber las: „Von mir bist du noch nicht fort, überall hab' ich dich bei mir. Ich fürchte nicht einmal, du werdest mich vergessen in der weiten Welt draußen. Ich merke, wie schwer man das kann, und du wirst mir drum glauben."

„Ja," unterbrach sich das Mädchen, „für dich wie

du warst, ist nun das freilich kein Trost und vielmehr ein Absagebrief gewesen. Hier steht noch deutlich: „Du brauchst nur an das zu denken, was du an meinem' Platze thun würdest."

Das Mädchen schwieg. Es erschrak selbst über sein strenges Gericht. Die anfängliche Aufregung wich einer milden Stimmung und es klang eigen weich, als es, mehr sprechend als lesend, fortfuhr: „Der Vater ist freilich gegen dich, und wie er es nimmt, hat er auch recht. Ich weiß, er meint es immer gut mit mir. Ich hab ihn auch gern und könnte für ihn durch ein Feuer .... aber in diesem Stück...."

„Nein!" schrie das Mädchen plötzlich, daß es allen durch Mark und Bein gieng, und zerriß den Brief. „Ich kann das nicht mehr lesen, denn mir fehlt die Kraft, welche mir die Liebe gab."

„Du strenge Richterin," begann Hansjörg kaum hörbar. „Ich kann mich nicht einmal entschuldigen, da du mich schon durchschaut hast. Ich armer elender Tropf sah damals in dir nur das reiche, launenhafte Mädchen. Erst als ich wieder kam im letzten Herbst, hat eine wahre Neigung mich recht unglücklich gemacht."

„Und ich hab nach dem Osterfest im vorletzten Frühling, wo der Vater mir von deinem Streich erzählte, wol jeden Tag und jede Nacht daran gedacht, um recht bös auf dich zu werden. Ich hab es auch so weit gebracht, daß ich dir Schlimmes wünschte. Ja fast nur dir zum Possen hab ich anfangs den Stighans zu fangen gesucht. Jetzt aber hab ich dir — ich will dir verzeihen."

„So gefällt es mir," sagte nun Angelika. „Jetzt ist von früher alles klar und jetzt wird euerer Neigung niemand mehr im Wege sein."

„Gewiß ist niemand ärger dagegen als ich selbst," antwortete Zusel. „Einmal hielt ich sie nur noch für Mitleid. Ich bat ihn zu uns, nur um ihm Gutes zu thun, aber sein Fleiß verdient ja mehr als ich ihm gebe."

„So laßt jetzt um Gottes Willen die alten Rechnungen und denkt einmal an die Zukunft!"

„Ich hab schon daran gedacht."

„Und? —"

„Meinen Plan gemacht."

Das war nun einmal ein gutes Hören*) für Angelika, die Freude leuchtete ihr aus den Augen, während sie, der Antwort schon ziemlich sicher, lächelnd die Vermutung aussprach: „Sie werde wol den guten Hansjörg noch einige Jahre mit ihrer Wunderlichkeit plagen, jeden Tag seine Geduld auf die Probe stellen und dann am Ende —"

„Ich geh in ein Kloster!" sagte das Mädchen so leidenschaftlich, wie es noch selten auch den boshaftesten Bemerkungen widersprochen hatte.

„Ins Kloster?" frug Angelika noch fast erschrockener als Hansjörg.

Zusel war selbst erstaunt über das, was ihr da die Begierde zu widersprechen oder ihr Unmut oder der

---

*) eine gute „Hörat" sagt die Mundart.

heilige Geist eingab. Sie sann darüber nach und es war, als ob schon dieses Wort sie von vielem erlöst habe. Das war nicht nur ein Schreckschuß. Ja das war für sie, die alles schief ansah, die auf der Welt keine Ruhe, keinen Genuß mehr hoffte, und auch für die arme Seele des Vaters das Beste. Rasch entschlossen, richtete sie sich so stolz und trotzig auf wie früher. Dann aber sah sie den Hansjörg auf seinem Stuhl und sagte nun etwas unsicher: „Ja, Hansjörg, ins Kloster, denn dort hab ich viel zu thun und hier wird mich wol niemand mangeln."

Der Bursche schwieg. Angelika dagegen sagte: „Du hättest auch hier noch viel zu thun. Gott sieht es gewiß lieber, wenn wir das, was seine Güte verliehen hat, zum eigenen und zum Wohl des Nebenmenschen brauchen, als wenn wir alles in ein Kloster vergraben. Hansjörg weiß nicht mehr was er sagen soll, ich aber sage: durch dein sonderbares Wesen hast du euch beiden eine schöne Zukunft verdorben."

Vielleicht ärgerte dieser Vorwurf das Mädchen weniger, als daß Hansjörg schwieg, aber Angelika mußte nun doch dafür büßen. „Ich verderbe gar nichts mehr," sagte sie. „Er denkt nicht so schnell ans Heiraten und ich auch nicht wie du. Sonst aber wären wir schon selber eins worden und hätten keine Kupplerin gebraucht. Ich seh es euch an, daß ihr mich nicht mehr versteht, höret drum wie wunderlich die Zusel ist. Die Geschichte mit den Briefen wär noch unsere Sache, doch es steht auch Anderes zwischen uns. Um uns zu trennen hat der Vater wol in ganz guter Absicht alles aufs Spiel gesetzt und ist unglücklich worden vielleicht an Leib und Seele. Gewiß er hätte noch im Grab keine Ruh, wenn das alles nun gar nicht mehr geachtet würde."

Angelika meinte: "Im Fall, daß das aber eine Ungerechtigkeit gewesen sein sollte, wär der Vater gewiß froh, wenn sie nun aufhören thät."

"Ungerechtigkeit! Für mich ists geschehen, und wenn er fehlte, muß er für mich büßen. Soll ich nun jubeln und tanzen auf seinem Grab? Sollen wir beide vor Gottes Altar ihm zurufen mit unserem Ja, daß sein Tod uns recht glücklich und selbherr gemacht habe?"

"Ja du hast recht," sagte Hansjörg feierlich. Jetzt versteh ich dich einmal wieder, und wieder bist du größer, besser als ich mir vorstellen konnte. Deine Opferwilligkeit für die Deinen soll mir immer ein Beispiel sein. Auch ich will ihnen leben und früheres Versäumniß einbringen. Nicht beten, aber handeln kann ich für sie, und nicht wahr, auch das ist schön?"

"O, gewiß!" rief Zufel begeistert, und indem sie dem Burschen die Hand reichte, setzte sie bei: "Du bist und bleibst mein Bruder!"

"Aber," warnte die ältere Schwester, "bedenkt noch was ihr thut! Ins Kloster führen viele Wege, heraus nur noch der ins Grab. Jedermann, sogar der Pfarrer wird gegen diesen Schritt sein."

"Ich kenne sie," versetzte Zufel heftig, "sie, die einem immer aus- oder einreden wollen, und ich hab oft gesehen, warum sie das thun. Du brauchst mich ja nicht so zu verkuppeln, den Stighans laß ich dir freiwillig, wenn du den bekommst, und will ihn dir von Herzen gönnen."

In ihrer Aufregung hatten alle drei nicht bemerkt, daß die Ladenthür sich langsam öffnete. Erst jetzt sah Angelika den Letztgenannten in Lebensgröße hart neben ihr stehen und einen lauten Schrei ausstoßend eilte sie ins Nebenzimmer.

Noch nichts that ihr so weh wie dieser Vorwurf der Schwester. Litt sie nicht schon sonst genug an dieser unglücklichen — Liebe? und hatte sie nicht gerade darin Trost suchen wollen, wenigstens die Schwester glücklich zu machen? Hans kam seit jenem Unglücksabend nie ins Haus, und gerade heute nun mußte er kommen. Ihr Gesicht glühte, während sie in ihr Zimmer eilte und hinter sich die Thüre schloß.

Auch Zufel hatte sich, ohne noch ein Wort zu sagen, sofort aus dem Laden entfernt.

Hansjörg, wie sehr ihm auch die unterbrochene Unterredung noch im Kopfe war, hatte doch noch genug Fassung wieder gewonnen, um dem Angekommenen, bevor dieser zum Worte kam, die Mittheilung zu machen, daß die Rechnung nicht unter den vorhandenen Schriften und wahrscheinlich mit der Brieftasche des Krämers im Feuer zu Grunde gegangen sei."

„Dann," sagte der Bauer, „ists doch gut, daß ich die mitnahm, die mir Jos geschrieben hat."

Hansjörg begann mit gewohnter Sorgfalt nachzu=

zählen, während Hans über die beim Hereinkommen von Zusel gehörten Worte nachdachte. — Gleichgültig warf er die auf dem Blatt stehende Summe hin und fragte dann, welche Zimmerthür Angelika vorhin so gewaltig zugeschlagen habe?

Hansjörg machte sogleich den Führer, wobei er behauptete, daß auch geschlossen worden sei.

„Wer ist denn im Hause?" frug Hans.

„Niemand Fremdes als du."

„Dann hat sie meinetwegen geschlossen."

Hansjörg schwieg.

„Nun, sie soll auch meinetwegen wieder aufthun."

Das war bereits geschehen, aber jeden Augenblick wollte sie wieder schließen. Bald wünschte, bald fürchtete sie sein Kommen; dann sagte sie traurig: Er kommt nicht, und als sie seinen Tritt auf der Stiege hörte, hätte sie den Gang von dort bis zur Thüre wenigstens eine Stunde lang wünschen mögen, um sich noch zu besinnen, ob sie schließen sollte oder nicht.

Fest und sicher trat Hans herein, setzte sich aufs Kanapee neben das bebende Weib, und kurzweg, als ob sie täglich beisammen wären, frug er, was vorhin da drunten verhandelt worden sei?

„Zusel will nun gar noch in ein Kloster. Ich aber möchte das ihr ausreden. Es kommt mir vor, ob doch noch eine Versöhnung zwischen ihr und Hansjörg möglich sei. Sie wird mit der Zeit will's Gott wieder anders denken lernen und dann — —"

„Das ist ein Abweg," fiel Hans ein, „mach's nur

kurz und gut! Du sprichst ihr also gehörig zu — nun — und dann?"

"Dann heißt sie mich eine Kupplerin, und doch weiß Gott im Himmel —"

"Aber der Tausend! was sagte sie noch?"

"Sie möge gar nicht heiraten, auch dich nicht."

Eine Minute war alles still im Zimmer, dann sagte Hans: "Du wirst doch nicht halb und falsch gegen mich sein?"

Angelika richtete sich stolz auf und ihr Blick begegnete dem des Burschen so frei und offen, wie seit langer Zeit nicht mehr. Jetzt gleich sollt er die ganze Rede wörtlich hören, dieser Entschluß war ihr anzusehen. Aber es gieng nicht und gieng nicht. Aus war es plötzlich mit aller Selbstbeherrschung, und ihr Erröthen an seiner Brust verbergend, flehte sie: "Du hast es schon gehört, und gelt du plagst mich doch nicht mehr damit, es noch einmal zu sagen?"

"Ich weiß davon, daß sie mich dir geschenkt hat. Ich hab das auch nicht ungern, wenn du mich nur willst."

Angelika schob sanft den Arm weg, der sich um ihren Hals legte. "Wir hätten dieses traurige Spiel nicht noch einmal anfangen sollen," sagte sie wehmütig.

"Aber mir ists heiliger Ernst. Ich hab nun lange genug nur gespielt und mich Pontius und Pilatus gefügt, hab lange Predigten gehört und mit mir selber gehadert. Willst du mein Weib werden oder nicht? Wenn nicht — ja, dann freilich hätten wir uns nicht mehr sehen sollen."

„Gelt Hans?!"

Es war das eigentlich gar keine Antwort, aber der Bursche hörte doch schon ein Ja heraus und jubelte: „Also doch noch mein und es ist kein Traum mehr! Schon einmal hat deine Stimme mich durch die Flammen zu dir gerufen. Schon da ist es mir gewesen, ob ich und du und das Kind zusammen gehörten."

„Aber deine Mutter?" frug Angelika.

„Plagen wir uns doch nicht mehr mit dem Alten," bat Hans, der diese Frage wie einen Vorwurf empfand. „Wir haben schon genug darunter gelitten. Ich bin damals noch ein schwacher dummer Junge gewesen, du vielleicht zu empfindlich, zu rasch. Das ist nun vorbei, wenn wir es auch vorbei sein lassen und uns darum nichts mehr vorwerfen."

„Das will ich nicht, aber denke, was alles die Mutter jetzt erst gegen mich haben würde."

Hans richtete sich stolz auf und sagte fröhlich: „Wer einmal durchs Feuer ist, fürchtet sich schwerlich vor einem kleinen Hagelwetter. Und bös wird es nicht werden. Sie hat schon alles gesagt, ich fleißig zugehört, wie es einem Sohne Pflicht ist; aber ich hab nichts gehört, was so stark war wie meine Liebe. Ich hab alles erwogen, drum komm ich erst heut. Bisher gehts gut und ferner schon auch noch. Die Mutter hat mich überaus gern und will nur mein Glück, das zeigt sich sogar in dem, womit sie mir weh thut. O laß mich jetzt nur machen!"

So beinahe, wie damals im Bregenzerwalde nur

irgend ein „anständiges Paar", wären die Beiden sogar noch zum Küssen gekommen. Ganz freilich kamen sie nicht dazu, doch auch ohne das fühlten sie sich überglücklich. Ein Wonneschauer durchrieselte den Burschen, als des schönen Weibes weißer Hals willig seinen zitternden Arm trug, während ihr Köpfchen an seinem hörbar pochenden Herzen ruhte. Selbst als er immer ernstlicher vom Heiraten redete, sagte sie nicht mehr viel dagegen, und beim Abschied — es war schon spät — gaben sie sich die Hand darauf, im nächsten Frühling wo möglich neben Jos und Dorotheen vor den Traualtar zu treten.

————————

Alles was jetzt noch zu erzählen bleibt, könnte der freundliche Leser sich leichter selbst vorstellen als das Lächeln der Stigerin, mit dem sie sich, über Hansens Eigensinn staunend, nach einigem Sträuben in ihr Schicksal ergab, nun trotz allem und allem noch Angelikas Schwiegermutter zu werden. „Hans ist nicht mehr der Alte und Nachgeben wird wol das Klügste sein," sagte sie, sich dabei feierlich verwahrend vor aller Schuld an dem was daraus entstehen möge. Viel allerdings mochte neben Hansens wahrhaft männlichem Auftreten auch der Kaplan dazu beigetragen haben, daß es so gut gieng. Der war jetzt mit den Betschwestern gerade so streng wie der Pfarrer, mit dem er überhaupt im schönsten Frieden lebte und wirkte. Es wurde den frommen Ordensmitgliedern bei jeder Gelegenheit eingeschärft, daß sie ihr Lesen und Beten bloß in der Stille für sich, Andern gegenüber jedoch nur Geduld, Sanftmuth, Liebe und vor allem Demut üben sollten. Die Betschwestern murrten freilich über solchen Zuspruch und solche, die schon beinahe für den Orden gewonnen waren, wollten jetzt nicht mehr eintreten, da man diese Regeln ja jeden Sonntag in der Predigt sattsam hören könne. Jede Betschwester hatte die Andere im Verdacht, beim Kaplan das Spiel verdorben zu haben, und gab sich so liebsam, daß es für viele zum Staunen war, um ja selbst für nichts schief angesehen zu werden. Die so entstandene Verwirrung in dem Bunde, dessen Beschlüsse fast jeder Dorfbewohner bisher gefürchtet hatte, wenn er keines Fürsprechers in demselben sicher war, kam nun Hansen und seiner Angelika sehr trefflich zu statten. Die Stigerin hörte fast nur Liebes und Gutes über das Paar, so daß die Sorge um das Urtheil der öffentlichen Meinung ihr bald nicht eine Stunde Schlaf mehr kostete.

Der Kaplan sorgte Zuseln wider Willen um Aufnahme in ein Kloster, was in Anbetracht ihres hübschen Vermögens nicht viele Mühe machte. Dabei redete er immer noch dagegen, aber alles, was er als untergeordneter Geistlicher sagen durfte, war umsonst. Die Dorfbewohner fast durchweg fanden Zusels frommen Entschluß ganz in der Ordnung, und er trug nicht wenig dazu bei, daß man jetzt das Vergangene gänzlich ruhen ließ, weil man alles gesühnt sah. Ueberall kamen die Leute jetzt dem guten Mädchen, in dem sie schon ein höheres Wesen erblickten, mit scheuer Freundschaft entgegen und baten sie um ihr Gebet. So wurde ihr denn der Abschied vom

Dorf und von Bruder Hansjörg noch so schwer, daß sie
die Abreise verschob, ohne jedoch den Entschluß auf=
zugeben, in dem ihr ganzes Wesen wirklich wieder neue
Kraft und neues Leben gewonnen hatte. Angelika hoffte
darauf umsonst. Eines Morgens war Zusel fort und
auf dem Tische fand sich ein kurzer Abschiedsbrief mit
der Bemerkung, daß sie über ihr Vermögen brieflich
bestimmen und gewiß auch den Hansjörg nicht ver=
gessen werde.

Der Winter — es war ein mehr als halbjähriger
— vergieng den Dorfbewohnern ungewöhnlich schnell,
weil Hansjörg, der in der Welt draußen für alles ein
offenes Auge hatte, nun in der Lage war und die Mittel
besaß, manchen bisher unbekannten Erwerbszweig in der
Gemeinde einzuführen. Daß eigentlich Jos die Erinne=
rungen des weitgereisten Soldaten verwerthete, war kein
Geheimniß, aber dieser selbst gönnte seinem Freunde
gerne die Ehre des Erfinders. Das that ihm wohl und
brachte ihn wieder auf neue Pläne, mit deren Aus=
führung sich dann der Sohn der Schnepfauerin für
frühere Unbilden rächte.

Den Tag, welcher unsere beiden Paare für immer
verband, schmückte der Frühling mit aller seiner Pracht
und schien noch etwas mehr für dieses Fest besonders
aufbehalten zu haben. Vogelsang und Blumenduft
drang bis in die Kirche, wo trotz des wunderlieblichen
Morgens, der die Bauern zur dringenden Feldarbeit
einlud, beinahe die ganze Gemeinde versammelt war.
Jos, der jetzt wieder so sicher und aufrecht daher schritt,

trug lange fremde Kleider. Hans erschien in kurzen
Lederhosen und Kamisol neben der noch halb in Trauer
gekleideten Angelika. Dorothee, die Vielgeprüfte, trug
das Kränzchen. Es war zum letzten Mal, drum trug
sie es auch nach Ortsbrauch auf dem weißen Trauer=
schleier, der wahrscheinlich seinen Tod bedeuten soll.

Zu einer lärmenden Hochzeitsfeier waren die beiden
Paare nicht aufgelegt. Gegen Abend saßen sie in dem
damals recht geräumigen Schopfe des Kronenwirtshauses
bei einem einfachen Mahl. Aber wie still es auch, schon
der noch immer nicht vergessenen Todten wegen, zugehen
sollte, Abends wars doch allen recht, daß die Dorf=
musikanten mit ihrem fleißigen Kapellmeister vor dem
Hause sich aufstellten und ihre lustigen und anmuthigen
Weisen zu spielen begannen. Hans rief sie fröhlich her=
ein und war glücklich, ihnen viele jungen Leute, Bursche
und Mädchen, folgen zu sehen. Er schaffte überall zu
trinken an und lief selbst, um Gläser zu holen, während
Jos für hundert herzliche Glückwünsche dankte und vor
lauter Reden kaum noch an den Tisch kam, wo die an=
gesehensten Männer der Gemeinde neben Dorotheens
ärmlich gekleideten Verwandten Platz genommen hatten
und ungeduldig warteten, bis der kurzweilige Hochzeiter
sich mit seinen vielen Freunden abgefunden hatte.

Als er kam, stieß der Vorsteher kräftig mit ihm an
und sprach dann laut sein Bedauern darüber aus, daß
nun wahrscheinlich des Krämers Haus mit sammt dem
Laden in ganz andere Hände kommen werde. Die ganze
Gemeinde habe sich wohl befunden unter der jetzigen

Leitung. Das Häuschen der Schnepfauerin sei wahrhaftig zu eng für so unruhige Köpfe, so daß die leicht noch einmal über die Grenze kommen könnten. Wenn Mehrere, die auch etwas vermöchten, gesinnt und gesotten wären wie er, thät man zusammen stehen, um dem Jos mit den Seinen durch Bürgschaft und wie immer auf den Platz zu helfen. Er halte das für eine Gemeindeangelegenheit und habe daher öffentlich davon sprechen wollen.

Ein Beifallssturm, der nicht enden wollte, war diesen Worten gefolgt. Hunderte wol erzählten sich jetzt, daß auch ihnen diese Sorge die Freude des Festes ein wenig verdorben habe. Hans, der aufgestanden war, mußte lang warten, bis es wieder so stille war, daß er glauben konnte, seine kräftige volle Stimme werde nun doch einigermaßen gehört werden. Dann aber begann der reiche Bauer, während seine Wange sich röther und röther färbte, laut und feierlich: „Ich kann gar nicht gut reden, aber wenn mir einmal etwas auf dem Herzen liegt — ihr alle wißt es ja — dann muß es mir heraus und mag man darüber sagen was man will. Lange schon ist in mir ein Gedanke im Wachsen, der dem des Vorstehers gleicht wie ein Gänseblümlein dem andern. Heut nun, wo es doch so wunderbar warm ist und wie ein ganzer Frühling auf einmal, darf man sich nicht wundern, daß er plötzlich reif worden ist. Da der Jos mit der wackern Dorothee, Hansjörg und alles was drum und dran hängt, soll und muß im Hause bleiben. Ich will schon bürgen für den Preis, den Zusel fordert. Sie ist gern im Kloster und will dem ein Hübsches geben, aber auch uns hat sie noch nicht vergessen. Dem Jos wär also geholfen und er muß nicht mehr über die Grenze, damit er sich auch rühren könne; doch wie vielen mag es schon gegangen sein wie ihm und Hansjörg. Behalte drum, und allenfalls dem Jos zu Lieb, deinen guten Willen für dir. Versprich mir das. Du wirst sehen, es ist gut angewendet."

Der Vorsteher nickte Hansen beifällig zu.

Jos bemühte sich vergebens, ein Wort hervorzubringen, aber auch die beste Rede wäre nicht gehört worden im Jubel der Menge, die sich mit ihrem Lieblinge geehrt fühlte. Dorothee hatte große Tropfen in den schönen Augen und die Goldfäden in ihrem Kränzchen zitterten fort und fort. Angelika wollte Hansen sagen: „wenn Zusel diesen Tag noch hier mitgelebt hätte, wäre sie gewiß nicht mehr ins Kloster"; Hans aber hörte nichts in dem fröhlichen Lärm und verstand nur ihren dankbaren Blick. Auf einmal, man wußte nicht wer den Anfang machte, standen die zwei Paare auf und reichten sich die Hände. Lange hielten alle viere sich fest, die Musikanten begannen ein lustiges Stück zu spielen, und ohne daß jemand nach polizeilicher oder anderer Bewilligung frug, tanzte ein Paar nach dem andern um die Brautleute und den Tisch herum.

Endlich hörten die Musikanten auf. Die jungen Leute ruhten und jetzt konnte man wieder ein Wort reden. Das wollte nun aber auch alles benützen, um seinem Herzen Luft zu machen. Sogar Hansjörg, der anfänglich etwas still war, plauderte vertraulich mit der alten Stigerin, und sein Auge, ja sein ganzes Gesicht leuchtete, während er sagte: „Alles ist recht gekommen und auch gut, daß es wol die Kämpfe werth ist und die Leiden, die es gekostet hat."

„Freude am Glück Anderer ist doch auch Freude," sagte die Stigerin in einem Ton, so herzlich, wie mans gewiß von ihr nur selten hörte.

Und die arme Schnepfauerin, die man vor vielen, vielen bösen und guten Jahren gleichsam da herein ge= schmuggelt hatte, wie still und selig saß die Demüthige dort an der Tischecke grad im Schatten des wohlbeleibten Gemeindevorstehers, und ihr Herz wollte doch beinahe springen vor Freude, da dieser mit ihrem Jos anstieß auf eine Zukunft, so glücklich wie er und sein wackeres Weib es verdienten. O! schon das war dem guten Mütterlein zu viel, viel zu viel. Es ward ihm angst vor so hoher Ehre, so großem Glück. Und nun kam auch noch des Vorstehers Antrag, Hansens Rede, und dann standen sie Hand in Hand, die schönen kräftigen Gestalten. Wars nicht ein Traum? Hatte nicht ihr Geliebter sie in den Himmel geholt? Nein, auch die Welt konnte so viel geben! Die arme, aus der Heimat Verstoßene kam sich jetzt hier fast noch fremder vor als damals. Hatte sie denn das verdient? Wunderbarer, gerechter, heiliger Lenker aller Schicksale! Ja, der hatte geholfen, daß sie nun ihren armen Jos als den Liebling aller gefeiert sah. Wie gönnte sie ihm das, und doch schwindelte ihr auf dieser Höhe. Fast wollte sie zaghaft werden und klein=

mütig, aber ein Blick schon in des Lieblings funkelndes Auge gab ihr die feste Zuversicht, daß er das alles noch verdiene und daß noch gar nicht zu viel geschehen sei. O wie gern hatte sie den Lärm, der ihr nun doch laut zu jubeln, zu beten und zu weinen erlaubte.

Sie hielt sich für ganz unbeachtet, aber nach dem Tanz, als man wieder sprechen konnte, wendete der Gemeindevorsteher sich um und ließ etwas Licht auf sie fallen. „Stoß an, Schnepfauerin!" rief er fröhlich das Glas erhebend! „Und nun sag mir," fuhr er nach einem herzhaften Schluck fort, „ob du nicht das Heimatsrecht noch in aller Form bekommen habest? Man sollte halt keinen Menschen ganz wegwerfen aus Gewinnsucht oder vorgefaßter Meinung; denn was er wird, kommt viel auf andere an. Dein Jos da, der herzhafte, fleißige, belesene Sappermenter, hat sich nun einen Heimatschein in viele Herzen geschrieben. Er lebe hoch!"

„Hoch! hoch! hoch!" scholl es von allen Ecken.

Jetzt aber konnte, mußte Jos reden. „Was ich gethan hab — und so ein armer Tropf kann wenig — ist zum großen Theil auch aus Hochmut geschehen," rief er aus. „Tag und Nacht hab ich geschafft und mich neben der Sorge fürs Brot um alles und jeden angenommen; aber viel geschah wieder nur, damit man sehe, wer in mir geschimpft und verhöhnt worden sei. Aber jetzt, o wie geht mir das Herz auf! Was für einen Schatz von Liebe gibt mir dieser Tag. Einen Schatz, mit dem sich das Vergangene wett machen, dann aber auch die ganze Zukunft davon zehren läßt. Ja, dieser Tag macht mich zu allem stark."

„Dieser Tag," sprach feierlich der Kaplan, den man bisher nicht beachtet hatte, „wird hoffentlich nicht nur unsern Gefeierten ein Segen fürs ganze Leben sein. Wir alle, Reich und Arm, wie wir eben sind, freuen uns gemeinsam mit gleicher inniger Freude, wie das gewöhnlich nicht auf Hochzeiten vorkommt, sondern bloß da, wo alles durch irgend welches Ereigniß eine schwere, drückende Last abgeworfen, etwas Wichtiges, Folgenreiches gewonnen fühlt. So ein Gewinn, wie der dieses Tages, ist für uns die Erkenntniß des hohen Menschenwerthes und ein Funken christlicher Liebe. Wo diese fehlen, ist auch der Reiche recht, recht arm und der Arme ist es dreifach; wo sie aber sind, ja da kann man gewiß nicht bloß bei einem äußern Anlaß, sondern ganz von selbst und jeden Tag ein Fest feiern."